Erwerb eigener Aktien

Europäische Hochschulschriften
Publications Universitaires Européennes
European University Studies

Reihe II
Rechtswissenschaft

Série II Series II
Droit
Law

Bd./Vol. 3536

PETER LANG
Frankfurt am Main · Berlin · Bern · Bruxelles · New York · Oxford · Wien

Christian Bosse

Erwerb eigener Aktien

Rechte des Aktionärs vor dem Hintergrund des Gesetzes zur Kontrolle und Transparenz im Unternehmensbereich (KonTraG)

PETER LANG
Europäischer Verlag der Wissenschaften

Die Deutsche Bibliothek - CIP-Einheitsaufnahme

Bosse, Christian:

Erwerb eigener Aktien : Rechte des Aktionärs vor dem Hintergrund des Gesetzes zur Kontrolle und Transparenz im Unternehmensbereich (KonTraG) / Christian Bosse. - Frankfurt am Main ; Berlin ; Bern ; Bruxelles ; New York ; Oxford ; Wien : Lang, 2002
(Europäische Hochschulschriften : Reihe 2, Rechtswissenschaft ; Bd. 3536)
Zugl.: Heidelberg, Univ., Diss., 2002
ISBN 3-631-50150-1

D 16
ISSN 0531-7312
ISBN 3-631-50150-1

www.peterlang.de

Die vorliegende Arbeit wurde im Sommersemester 2002 von der Juristischen Fakultät der Ruprecht-Karls-Universität Heidelberg als Dissertation angenommen.

Herrn Prof. Dr. Peter-Christian Müller-Graff gebührt mein herzlicher Dank für die mir in jeder Hinsicht zuteil gewordene Förderung und Unterstützung. Mein Dank gilt auch meinen geschätzten Kollegen der Kanzlei Schelling & Partner für die Unterstützung meiner wissenschaftlichen und anwaltlichen Tätigkeit.

Mein besonderer Dank gilt meiner Frau Petra, meiner Mutter Sibylle Bosse und meinem Vater Dr. Wolfgang Bosse, der durch seine fachkundigen Anregungen und seine Unterstützung diese Arbeit ermöglicht hat.

Für Petra

INHALTSVERZEICHNIS

I. Einleitung

Die gesetzlichen Neuregelungen durch das Gesetz zur Kontrolle und Transparenz im Unternehmensbereich (im folgenden: KonTraG)[1] ermöglichen es deutschen Aktiengesellschaften erstmals, den - bislang nur eingeschränkt zulässigen - Rückkauf eigener Aktien verstärkt einzusetzen. Damit beabsichtigt der Gesetzgeber, die internationale Wettbewerbsfähigkeit deutscher Aktiengesellschaften zu steigern[2]. Der Rückkauf eigener Aktien hat sich in den USA sowie in zahlreichen europäischen Nachbarstaaten bereits zu einem beliebten Instrument zur Regulierung der Eigenkapitalquote entwickelt, während in Deutschland eine vergleichbare Verbreitung von Aktienrückkäufen aufgrund der bislang restriktiven Gesetzeslage nicht zu verzeichnen war.

Unter den gesetzlichen Neuregelungen zum Erwerb eigener Aktien nimmt die Vorschrift des § 71 Abs. 1 Nr. 8 AktG eine zentrale Stellung ein. Auf der Erörterung dieser Norm, die als „Generalklausel zum Erwerb eigener Aktien“ die weiteren Tatbestände des § 71 Abs. 1 AktG voraussichtlich in ihrer praktischen Bedeutung zurückstufen wird, liegt der Schwerpunkt der vorliegenden Arbeit, die sich zunächst mit einer Bestandsaufnahme des derzeitigen geltenden Rechts des Erwerbs eigener Aktien unter Berücksichtigung der historischen Entwicklung beschäftigt (vgl. II.).

Mit der Regelung des § 71 Abs. 1 Nr. 8 AktG hat der Gesetzgeber den Versuch unternommen, dem Bedarf der Unternehmen nach Zulassung von Aktienrückkäufen entgegenzukommen, zugleich aber den in der deutschen Rechtspraxis seit der Weltwirtschaftskrise 1931 bekannten Gefahren des Erwerbs eigener Aktien zu begegnen. Die inzwischen in großem Umfang getätigten Aktienrückkäufe zeigen mit aller Deutlichkeit die Aktualität und praktische Relevanz dieses aktienrechtlichen Instituts. Zugleich wird aber ersichtlich, dass Voraussetzungen und Folgen des Erwerbs eigener Aktien sowie der anschließenden Veräußerung eigener Aktien von der Rechtswissenschaft noch nicht systematisch aufgearbeitet sind, und dass ein erheblicher Bedarf an wissenschaftlicher Diskussion über die in Deutschland zulässigen Ausgestaltungen des Rückkaufs eigener Aktien sowie über die Rechtspositionen der Aktionäre beim Erwerb eigener Aktien besteht. Die Öffentlichkeit reagierte auf die neuen gesetzlichen Regelungen zum Erwerb

[1] Gesetz zur Kontrolle und Transparenz im Unternehmensbereich vom 27. 4. 1998, BGBl I, 786.

[2] Begründung zum KonTraG Regierungsentwurf BT-Drucks. 13/9712, S. 13.

eigener Aktien überwiegend positiv. Es wurden aber auch Bedenken dahingehend angemeldet, dass die Gefahr einer Ungleichbehandlung von Aktionären im Rahmen von Aktienrückkäufen bestehe[3].

Die undifferenzierte Übertragung der zum Erwerb eigener Aktien entwickelten US-amerikanischen Lösungsansätze kann die im deutschen Rechtskreis anstehenden Probleme nicht lösen. Auch der Gesetzgeber selbst zeigt im KonTraG allenfalls die Richtung von Lösungsansätzen auf. Eine Regelung des Verfahrens für An- und Verkäufe eigener Aktien ist im Gesetz nur rudimentär formuliert. Der Gesetzgeber bemerkt hierzu[4] lediglich:

„Die strikte Geltung des Gleichbehandlungsgrundsatzes macht ausdrückliche gesetzliche Verfahrensvorschriften zum An- und Verkauf entbehrlich.“

In der Vorschrift des § 71 Abs. 1 Nr. 8 AktG wurde nur das Verfahren der Veräußerung eigener Aktien nach deren Erwerb dahingehend geregelt, dass bei einer Veräußerung eigener Aktien, bei der nicht alle Aktionäre zum Erwerb berechtigt sind, die Vorschriften über den Ausschluss des Bezugsrechts Anwendung finden (§ 186 Abs. 3 und 4 AktG). Eine entsprechende Regelung erfolgte für den Rückkauf eigener Aktien nicht. Damit bleibt offen, ob im Fall eines Erwerbs eigener Aktien jeder Aktionär der Gesellschaft seine Aktien – entsprechend seiner bisherigen Beteiligung – andienen darf, oder ob die Gesellschaft eigene Aktien gezielt von einzelnen Aktionären zurückkaufen kann. In der US-amerikanischen Rechtspraxis hat diese Form des Erwerbs eigener Aktien eine nicht zu unterschätzende Bedeutung erlangt[5]. Beim Rückkauf eigener Aktien kommt dem Andienungsrecht der Aktionäre eine besondere Bedeutung zu. Der pauschale Verweis auf die Geltung des Grundsatzes der Gleichbehandlung der Aktionäre (§ 53a AktG) reicht nach Ansicht des Gesetzgebers zum Schutz der Aktionäre aus. Diese Arbeit möchte aufzeigen, dass dieser Schluss unzutreffend ist. Dadurch klammert das Gesetz entscheidende Probleme, wie die Möglichkeit eines Ausschlusses des Andienungsrechts von Aktionären beim Rückkauf eigener Aktien, aus. Mit der vorliegenden Arbeit wird deshalb der Versuch unternommen, mitgliedschaftliche Rechtspositionen des Aktionärs beim Erwerb und der Veräußerung eigener Aktien zu entwickeln.

---

[3] Vgl. FAZ vom 4.8. 199, S. 13 “Gleichbehandlung der Aktionäre gefährdet”.
[4] Begründung zum KonTraG Regierungsentwurf BT-Drucks. 13/9712, S. 13.
[5] Coment/Jarell 1991, p. 1253-1258.

Der Schwerpunkt der Erörterung wird dabei in der Betrachtung der Durchführung des Erwerbs sowie der anschließenden Veräußerung eigener Aktien liegen. Die Frage, ob der einzelne Aktionär ein subjektives Recht zur Teilnahme am Erwerb eigener Aktien sowie der Veräußerung eigener Aktien hat, wurde bislang in der juristischen Literatur nicht diskutiert. Auch die Rechtsprechung hatte bislang keine Gelegenheit, sich mit dieser Frage zu befassen[6]. Der Gesetzgeber selbst hat durch den Verweis auf § 186 Abs. 3 und 4 AktG unterstrichen, dass eine Absicherung der Rechtsposition des Aktionärs beim Erwerb eigener Aktien zumindest bei der Veräußerung eigener Aktien erforderlich ist. Denn der Ausschluss des Bezugsrechts ist – abgesehen von dem praktisch eher unbedeutenden Ausschluss des Aktionärs aus der Gesellschaft – der stärkste Eingriff in die Mitgliedschaft[7].

Es soll in den nachfolgenden Überlegungen nachgewiesen werden, dass dem Aktionär ein aus der Mitgliedschaft folgendes Recht zur Teilnahme beim Erwerb eigener Aktien („Andienungsrecht“) sowie an der anschließenden Veräußerung der eigenen Aktien („Erwerbsrecht“) zusteht. Aus dieser Rechtsposition soll dann ein Informationsrecht des Aktionärs abgeleitet werden, das die vollständige Information des Aktionärs über Beginn und Ende des Erwerbs eigener Aktien zum Inhalt hat[8].

Nach der gesetzlichen Regelung ist die Angabe eines Zwecks des Erwerbs eigener Aktien nicht erforderlich. Damit wurde ein wichtiger Ansatz des Referentenentwurfs zum KonTraG[9] verworfen, der eine zwingende Zweckangabe im Ermächtigungsbeschluss der Hauptversammlung vorgesehen hatte. Die Darstellung der Gefahren des Rückkaufs eigener Aktien[10] weist auf eine erhebliche Missbrauchsgefahr hin. Es ist daher korrespondierend zu dem Informationsrecht des Aktionärs der Katalog der bislang gesetzlich vorgeschriebenen Pflichtangaben im Beschluss der Hauptversammlung zum Rückkauf eigener Aktien im Rahmen dieser Arbeit um die Angabe des Zwecks des Rückkaufs eigener Aktien zu erweitern [11].

---

[6] Soweit ersichtlich hat sich als erstes deutsches Gericht das LG Berlin in seinem Urteil vom 15.11.1999 (DB 2000, 765f) mit den Voraussetzungen des § 71 Abs.1 Nr. 8 AktG beschäftigt.
[7] Lutter in: Kölner Kommentar, § 186 Rn. 50.
[8] “Informationsrecht“, vgl. hierzu unter III 7.
[9] Veröffentlicht in: ZIP 1996, 2129 ff; vgl. hierzu Seibert, WM 1997, S. 1 (9).
[10] Vgl. hierzu unter II. 4.
[11] Vgl. hierzu unter II. 6. B. § 2.

Um die Rechtspositionen des Aktionärs beim Rückkauf und der anschließenden Veräußerung eigener Aktien zu entwickeln, wird zunächst das Institut des Rückkaufs eigener Aktien in seinen Grundzügen dargestellt (vgl. hierzu II. 1.).

Dabei werden auch die Gefahren und die Vorteile des Rückkaufs eigener Aktien erörtert (vgl. hierzu II. 4.). Die historische Betrachtung (vgl. hierzu II. 2.) fördert Erstaunliches zutage. So hat die Frage der Berechtigung zur Teilnahme beim Erwerb eigener Aktien bereits die rechtswissenschaftliche Literatur zu Anfang des letzten Jahrhunderts beschäftigt. Die Rechtslage in Deutschland wird systematisch aufbereitet (vgl. hierzu II. 6.).

Im Schwerpunkt dieser Arbeit (vgl. hierzu III.) werden dann auf der Basis der vorangehenden Überlegungen die Rechtspositionen des Aktionärs beim Erwerb eigener Aktien (das „Andienungsrecht" vgl. hierzu III. 3.) sowie der Veräußerung eigener Aktien (das „Erwerbsrecht" vgl. hierzu III. 5.) im Einzelnen herausgearbeitet. Dabei wird jeweils erörtert, in welchem Umfang die bestehenden gesetzlichen Regelungen die im Rahmen dieser Arbeit entwickelten Rechte der Aktionäre wahren. Soweit der Gesetzeswortlaut hierfür nicht ausreichend erscheint, werden durch historische und systematische Ansätze Möglichkeiten einer aktienrechtskonformen Auslegung der Vorschriften betreffend den Erwerb eigener Aktien aufgezeigt.

Daran anschließend wird die prozessuale Absicherung der entwickelten Rechtspositionen der Aktionäre beim Erwerb eigener Aktien und der anschließenden Veräußerung erörtert (vgl. VI.) Dabei wird schließlich auch die Frage ergänzender, klarstellender gesetzlicher Regelungen zu stellen sein (vgl. hierzu III. 6).

Zur Ergänzung der Ausführungen in dieser Arbeit hat der Verfasser eine Umfrage zum Rückkauf eigener Aktien bei deutschen börsennotierten Aktiengesellschaften durchgeführt, die zur Gewinnung von praktischen Erfahrungen dienen soll (vgl. hierzu den Anhang 2).

II. Der Erwerb eigener Aktien im historischen Überblick und im System des geltenden Rechts – Grundlagen und Grundbegriffe

1. Grundbegriffe und Definitionen

Das Aktienrecht verwendet den Begriff der „eigenen Aktie" unter anderem in den
§§ 71 ff AktG, ohne diesen jedoch näher zu definieren. Die Grundbegriffe der eigenen Aktie (vgl. hierzu nachfolgend A.), der Erwerbsvorgang (vgl. hierzu nachfolgend B.) und die anschließende Veräußerung der eigenen Aktien (vgl. hierzu nachfolgend C.) werden daher zunächst herausgearbeitet.

A. Der Begriff der eigenen Aktie

Der Begriff der Aktie wird im Aktiengesetz unter verschiedenen Bedeutungen verwendet[12]. Die Aktie ist zunächst rechnerische Größe als Bruchteil des Grundkapitals (§ 1 Abs. 2 AktG). Ferner umfasst der Begriff der Aktie alle Rechte und Pflichten, die dem Einzelnen infolge seiner Beteiligung an der Aktiengesellschaft zustehen. Diese zweite Bedeutung der Aktie kann als Mitgliedschaft bezeichnet werden.

Neben der Aktie kennt das Aktienrecht auch Nebenpapiere sowie weitere Instrumente der Kapitalbeschaffung. Soweit diese materiell einer Aktie gleichzustellen sind - was im einzelnen zu prüfen ist - kommen auch sie als Objekte eines Rückkaufs eigener Aktien in Betracht. Zunächst sollen daher die verschiedenen Erscheinungsformen der Aktie sowie die oben erwähnten weiteren Instrumente der Kapitalbeschaffung erläutert werden.

§ 1 Bedeutung der Aktienart für den Rückkauf eigener Aktien.

Das Aktienrecht erlaubt die Wahl zwischen der Ausgabe von Inhaber- und Namensaktien (§ 10 Abs. 1 AktG). Inhaber- und Namensaktien bilden eine Aktiengattung (§ 11 AktG)[13]. Die Übertragung der Namensaktie kann von der Zustimmung der Gesellschaft abhängig gemacht werden (vinkulierte Namensaktie, vgl. § 68 Abs. 2 AktG). Es ist jeweils nur die Ausgabe einer Aktienart zulässig. Für die Betrachtung des Rückkaufs eigener Aktien ist daher die Frage, ob ausgegebene Inhaber- oder Namensaktien zurückgekauft werden,

---

[12] Vgl. hierzu Kraft in: Kölner Kommentar, § 1 Rn. 30 ff.

[13] Hüffer, § 11 Rn. 7.

ohne Bedeutung. Entsprechend ist auch die Differenzierung zwischen Nennbetrags- und Stückaktien zu beurteilen, da jeweils nur entweder Nennbetrags- oder Stückaktien ausgegeben werden können.

Vorzugs- oder Stammaktien bilden verschiedene Gattungen im Sinne von § 11 AktG[14]. In der Praxis werden oftmals beide Gattungen ausgegeben, um den Altaktionären den unternehmerischen Einfluss zu erhalten oder um eine feindliche Übernahme zu verhindern[15]. Vorzugsaktien können im Gegensatz zu Stammaktien ohne Stimmrecht ausgestattet werden, vgl. §§ 12 Abs. 1 S. 2, 139 ff AktG. Unternehmen, die Stamm- und Vorzugsaktien ausgegeben haben, kaufen vereinzelt gezielt Vorzugsaktien zurück, um den Anteil von Stammaktien zu erhöhen[16].

Der Vollständigkeit halber sei die der eigenen Aktie ähnliche sog. Verwaltungsaktie erwähnt. Diese kann nach derzeitiger Rechtslage nicht mehr ausgegeben werden[17]. Diese Aktien wurden mit der vorgefassten Absicht an einen Dritten ausgegeben, der Verwaltung der Aktiengesellschaft die Ausübung sämtlicher Rechte aus diesen Aktien zu gewähren. Die Bindung des Dritten an Weisungen der Gesellschaft wurde in der Regel durch vertragliche Verpflichtungen oder durch Überlassung der Aktien an eine Tochtergesellschaft erreicht. Die Verwaltungsaktien konnten im Rahmen einer Kapitalerhöhung, im Rahmen der Gründung sowie durch den Rückkauf eigener Aktien und die anschließende Wiederveräußerung geschaffen werden[18].

§ 2 Ausdehnung des Begriffs der eigenen Aktie auf Umgehungstatbestände

Unabhängig von der Aktienart und – gattung ist die eigene Aktie von den übrigen ausgegebenen Aktien zu unterscheiden. Eine Aktie ist als „eigene“ einzustufen, wenn das Grundkapital der Gesellschaft in genau diese Aktien zerlegt ist (vgl. § 1 Abs. 2 AktG). Ein Erwerb eigener Aktien liegt damit stets vor, wenn eine Gesellschaft Aktien erwirbt, in die ihr Grundkapital zerlegt ist. Für eine Tochtergesellschaft der Aktiengesellschaft sind die eigenen Aktien der

---

[14] Hüffer, § 11 Rn. 7.
[15] Von dieser Möglichkeit haben beispielsweise die SAP AG, MAN AG, RWE AG sowie die Metro AG Gebrauch gemacht.
[16] Vgl. hierzu unter II. 3. A. § 7.
[17] Vgl. zum Begriff auch Ruth, Eigene Aktien und Verwaltungsaktien, S. 13 ff; die Terminologie ist hier nicht einheitlich, die Verwaltungsaktien wurden auch als Vorrats- oder Schutzaktien bezeichnet.
[18] Vgl. hierzu Ruth, Eigene Aktien und Verwaltungsaktien, S. 13.

Muttergesellschaft nach dieser Definition keine eigenen Aktien, denn das Grundkapital der Tochtergesellschaft ist nicht aus diesen Aktien zusammengesetzt. Ein Erwerb von Aktien durch Dritte kann damit kein Erwerb eigener Aktien sein. Das deutsche Aktienrecht sieht aber in bestimmten Fällen auch durch Dritte erworbene Aktien als eigene Aktien der Gesellschaft an[19].

Ob Aktien als „eigene" anzusehen sind, ist unter Berücksichtigung des Erwerbers der Aktien[20] sowie eines etwaigen Rechtsverhältnisses[21], das die rechtlichen Beziehungen zwischen der Gesellschaft und dem Erwerber der Aktien regelt, zu bestimmen. Auf diese unter dem Stichwort „Umgehungstatbestände" einzuordnende Abgrenzung wird nachfolgend eingegangen.

a) Der Umgehungstatbestand des § 71a AktG

aa) Allgemeines

Die Vorschriften der §§ 71a, 71d und 71e AktG bezwecken den Schutz vor Umgehungen des in § 71 AktG statuierten Verbots des Erwerbs eigener Aktien. Dabei betrifft § 71a AktG die Gewährung von Finanzierungshilfen durch die Gesellschaft beim Erwerb eigener Aktien.

bb) Von § 71a Abs. 1 AktG erfasste Rechtsgeschäfte

Die Vorschrift des § 71a Abs. 1 AktG verbietet der Gesellschaft die Gewährung von Vorschüssen, Darlehen sowie die Leistung einer Sicherheit zur Finanzierung des Erwerbs eigener Aktien. Die Rechtsform der gewährten Sicherheit ist gleichgültig[22]. Der Tatbestand der Vorschrift ist erfüllt, wenn ein Dritter dem Aktienerwerber einen Kredit gewährt, und die Gesellschaft das Risiko des Dritten durch ihre Mittel übernimmt oder mildert. Das Finanzierungsgeschäft muss sich auf den Erwerb von Aktien der Gesellschaft beziehen. Dies ist dann der Fall, wenn die Gesellschaft und ihr Vertragspartner

---

[19] Vgl. § 71d S. 3 AktG.
[20] Vgl. § 71d AktG.
[21] Vgl. §§ 71a, 71e AktG.
[22] Hüffer, § 71a Rn. 2; Hefermehl/Bungeroth in: Geßler/Hefermehl/Eckardt/Kropff, § 71a Rn. 9.

sich darüber einig sind, dass die Leistung der Gesellschaft zum Erwerb von Aktien dieser Gesellschaft verwendet werden soll[23].

Damit wird die Abgrenzung zu allgemeinen Kreditgeschäften der Gesellschaft mit Aktionären und Dritten erreicht. § 71a Abs. 1 AktG greift auch ein, falls das Finanzierungsgeschäft erst nach dem Erwerb der Aktien abgeschlossen wird. Für die Frage einer Gefährdung des von der Gesellschaft eingesetzten Kapitals macht es keinen Unterschied, ob dieses vor oder nach Erwerb eingesetzt wird[24]. Das Verbot wird durch § 71 d S. 4 AktG auch auf mit der Gesellschaft verbundene Unternehmen und vergleichbare Sachverhalte erstreckt. Der Verstoß gegen das Verbot bewirkt nach § 71 a Abs. 1 S. 2 1. HS AktG die Nichtigkeit des schuldrechtlichen Geschäfts. Das dingliche Geschäft bleibt wirksam[25].

cc) Die Ausnahmetatbestände des § 71a Abs. 1 S. 2 1. HS AktG

Durch die Vorschrift des § 71a Abs. 1 S. 2 1. HS AktG werden zwei Fallgruppen vom Verbot des § 71a Abs. 1 S. 1 AktG ausgenommen. Dies sind Finanzierungsgeschäfte und Sicherheitsleistungen, die durch ein Kreditinstitut im Rahmen des laufenden Geschäfts vorgenommen werden, sowie Finanzierungsgeschäfte und Sicherheitsleistungen, die den Erwerb von Belegschaftsaktien zum Ziel haben.

b) Der Umgehungstatbestand des § 71d AktG

Der Erwerb eigener Aktien durch das Tochterunternehmen führt materiell zu einer Umgehung der Schutzvorschriften der §§ 71 ff AktG. Dies hatte der Gesetzgeber in Deutschland bereits bei Erlass der Notverordnung von 1931[26] erkannt. Die Vorschrift des § 226 Abs. 4 HGB unterstellte daher den Erwerb eigener Aktien durch das Tochterunternehmen bereits den Vorschriften über den Erwerb eigener Aktien. Diese Regelung wurde mit kleinen Veränderungen auch in den Folgejahren beibehalten. Im europäischen Recht wurde erst Ende 1992

[23] Lutter in: Kölner Kommentar, § 71a Rn. 6; Hefermehl/Bungeroth in: Geßler/Hefermehl/Eckardt/Kropff, § 71a Rn. 6.

[24] Hüffer, § 71a Rn. 3 mit zutreffendem Hinweis auf den Wortlaut der zugrundeliegenden EG Richlinie ("im Hinblick auf den Erwerb").

[25] Hüffer, § 71a Rn. 4; Lutter in: Kölner Kommentar, § 71a Rn. 8; Hefermehl/Bungeroth in: Geßler/Hefermehl/Eckardt/Kropff, § 71a Rn. 10.

[26] Verordnung des Reichspräsidenten über Aktienrecht, Bankaufsicht und über eine Steueramnestie vom 19. November 1931; RGBl. I, 493.

ein Art. 24a in die Kapitalrichtlinie eingefügt[27], der den Erwerb von Aktien der Muttergesellschaft durch die Tochtergesellschaft regelt. Dieser Sachverhalt war in der den §§ 71 ff AktG zugrundeliegenden 2. Rechtsangleichungsrichtlinie für das Gesellschaftsrecht[28] noch nicht berücksichtigt worden. Dieser Umgehungstatbestand spielt eine erhebliche Rolle, da eine Kapitalgesellschaft regelmäßig Anteile an Tochtergesellschaften hält.

Nach der Vorschrift des § 71d Abs. 1 S. 1 AktG dürfen im eigenen Namen, aber für Rechnung der Gesellschaft handelnde Dritte Aktien der Gesellschaft nur dann erwerben, wenn dies der Gesellschaft nach Maßgabe der §§ 71 Abs. 1 bis 5, 7 und 8 sowie § 71 Abs. 2 AktG gestattet wäre. Nach § 71d Abs. 1 S. 2 AktG gilt dies auch für den Erwerb oder Besitz von Aktien durch ein abhängiges oder im Mehrheitsbesitz der Gesellschaft stehendes Unternehmen. Abhängige Unternehmen sind gem. § 17 Abs. 1 AktG rechtlich selbständige Unternehmen, auf die ein anderes Unternehmen unmittelbar oder mittelbar einen beherrschenden Einfluss ausüben kann. In Betracht kommt hier eine Abhängigkeit kraft Mehrheitsbeteiligung[29], allerdings kann auch eine Minderheitsbeteiligung ausreichen, falls sie tatsächlich wie eine Mehrheit wirkt[30]. Der Abschluss eines Beherrschungs- und Gewinnabführungsvertrages (§ 291 Abs. 1 AktG) begründet ebenfalls ein Abhängigkeitsverhältnis[31]. Diese Fälle werden hier vereinfacht unter dem Begriff der Tochtergesellschaft i.S.v. § 71d S. 2 AktG zusammengefasst. Die Rechtsform der Tochtergesellschaft ist dabei gleichgültig. Die Ausdehnung der Regeln zum Erwerb eigener Aktien hat ihre Ursache im Schutz des gebundenen Vermögens[32].

Wird die Abhängigkeit dagegen durch einen Beherrschungsvertrag begründet, ist die Problematik der Kompetenzverteilung sowie der Verwaltungsstimmrechte angesprochen. In diesem Fall soll vor allem eine

---

[27] Richtlinie 92/101/EWG des Rates vom 23. November 1992 zur Änderung der Richtlinie 77/91/EWG über die Gründung der Aktiengesellschaft sowie die Erhaltung und Änderung ihres Kapitals, Abl. EG Nr. L 347 v. 28. 11. 1992, S. 64.

[28] Zweite Richtlinie des Rats v. 13. Dezember 1976 (77/191/EWG) zur Koordinierung der Kapitalschutzbestimmungen („Kapitalrichtlinie").

[29] Vgl. die Vermutung des § 17 Abs. 2 AktG.

[30] Als Beispiel sei hier eine niedrige Präsenz auf der Hauptversammlung genannt, vgl. die weiterführenden Beispiele bei Hüffer, § 17 Rn. 9; einschränkend Lutter in: Kölner Kommentar, § 71d Rn. 11.

[31] Hüffer, § 17 Rn. 12; Lutter, in: Kölner Kommentar, § 71d Rn. 10.

[32] Lutter, in: Kölner Kommentar, § 71d Rn. 7; Hefermehl/Bungeroth in: Geßler/Hefermehl/Eckardt/Kropff, § 71d Rn. 3.

indirekte Einflussnahme der Verwaltung in der Hauptversammlung durch Stimmrechte der Tochter verhindert werden.

Die Rechtsfolge des unzulässigen Erwerbs eigener Aktien durch das Tochterunternehmen ergibt sich aus § 71 Abs. 4 AktG, auf den § 71d S. 2 mit S. 1 AktG verweist. Demnach ist das schuldrechtliche Rechtsgeschäft zwischen Mutter- und Tochtergesellschaft bei einem Verstoß gegen § 71 Abs. 1 oder 2 AktG gem. § 71 Abs. 4 S. 2 AktG nichtig. Wirksam ist dagegen das dingliche Rechtsgeschäft, § 71 Abs. 4 S. 1 AktG. Die Verpflichtung des Unternehmens oder des Dritten zur Übertragung der erworbenen Aktien auf die Gesellschaft würde sich als rechtlich unmöglich erweisen[33], falls auch das dingliche Grundgeschäft nichtig wäre. Damit wird die Rückübertragung der Aktien auf die Gesellschaft abgesichert (§ 71d S. 5 AktG).

Durch den Verweis des § 71d S. 4 AktG auf § 71b AktG stehen der Tochtergesellschaft aus den Aktien der Mutter keine Rechte zu. Damit ist auch das Recht auf eine Dividende ausgeschlossen. Dies kann insbesondere dann problematisch sein, wenn sich nicht alle Anteile der Tochtergesellschaft in der Hand der Muttergesellschaft befinden[34], da die übrigen Gesellschafter des Tochterunternehmens durch den Ausschluss unmittelbar in ihren Rechtspositionen betroffen sind. Dabei ist nach dem Wortlaut des Gesetzes keine Unterscheidung erforderlich, ob die Aktien zulässig oder unzulässig erworben wurden[35].

c) Zwischenergebnis

Der Begriff der eigenen Aktie erfährt unter Berücksichtigung der §§ 71a , 71d AktG eine ausdrücklich normierte Erweiterung. Gesetzgeberische Intention dieser Ausdehnung ist die Verhinderung der Umgehung des in § 71 AktG geregelten grundsätzlichen Verbots eigener Aktien.

§ 3 Ausdehnung des Begriffs der eigenen Aktie auf aktienrechtliche Nebenpapiere und Instrumente der Kapitalbeschaffung

Neben der auf die Umstände des Erwerbs eigener Aktien bezogenen Erweiterung des Begriffs der eigenen Aktie ist eine Zuordnung von

---

[33] Vgl. § 306 BGB.

[34] Vgl. zu dieser Frage Benkendorff, S. 274 f.

[35] Hüffer, § 71d Rn. 18; Lutter in: Kölner Kommentar, § 71d Rn. 66.

aktienrechtlich anerkannten Instrumenten der Kapitalbeschaffung und aktienrechtlichen Nebenpapieren zum Begriff der eigenen Aktie zu erörtern.

Eine Gleichbehandlung der genannten Instrumente der Kapitalbeschaffung mit eigenen Aktien ist dann erforderlich, wenn die spezifischen Besonderheiten, die für die eigene Aktie gelten, auf diese im Einzelfall übertragbar sind.

a) Zwischenscheine gem. § 10 Abs. 3 , 4 AktG

Zwischenscheine (früher: Interimsscheine) sind Anteilsscheine, die den Aktionären vor der Ausgabe von Aktienurkunden erteilt werden, § 8 Abs. 6 AktG. Sie verbriefen das Recht vorläufig, nämlich bis zur Ausgabe der Aktienurkunden. Ihr Zweck besteht in der vorläufigen Sicherung, da die Ausgabe von Inhaberaktien vor Leistung des vollen Nennbetrages sowie eines Agios nicht zulässig ist (§ 10 Abs. 2 S. 1 AktG). In diesem Stadium können Zwischenscheine ausgegeben werden. Die Zwischenscheine sind als Vorstufe von Aktien anzusehen. Gem. § 8 Abs. 6 AktG finden die für Aktien geltenden Vorschriften entsprechende Anwendung für Zwischenscheine. Es ist aufgrund dieser Gleichstellung konsequent, Zwischenscheine in vollem Umfang den Regelungen zum Erwerb eigener Aktien in §§ 71 ff AktG zu unterstellen[36].

b) Gewinnanteilsscheine und Erneuerungsscheine

Das Recht des Aktionärs auf die festgestellte Dividende wird in einem besonderen Wertpapier, dem Gewinnanteilsschein (oder auch Dividendenschein bzw. Coupon) verbrieft. Diese Scheine sind selbständig übertragbar. Die Gesellschaft kann an jeden Inhaber mit befreiender Wirkung zahlen. Die Gewinnanteilsscheine sind lediglich ein aus der Aktie abgeleitetes Vermögensrecht. Maßgebliche Rechte wie das Stimmrecht und das Dividendenrecht können nur aus der Aktie abgeleitet werden. Als abgeleitete Rechte können Gewinnanteilsscheine daher den eigenen Aktien nicht gleichgestellt werden[37].

---

[36] Lutter, in: Kölner Kommentar, § 71 Rn. 13; Ausdrücklich erwähnt waren sie noch in der Verordnung des Reichspräsidenten über Aktienrecht, Bankaufsicht und über eine Steueramnestie vom 19. November 1931; RGBl. I, 493.

[37] Hüffer, § 71 Rn. 5; Lutter in: Kölner Kommentar, § 71 Rn. 13.

c) Instrumente der Kapitalbeschaffung

Die Vorschrift des § 221 AktG läßt die Ausgabe von Wandelschuldverschreibungen, Gewinnschuldverschreibungen von Genußrechten und Optionen auf Aktien der Gesellschaft zur Kapitalbeschaffung zu.

Die Wandelschuldverschreibung verbrieft das Recht auf Rückzahlung des Nennbetrages nach Ablauf der Laufzeit und ist in der Regel fest verzinst. Statt der Rückzahlung des Nennbetrags kommt auch eine Wandlung des Nennbetrags in Aktien der Gesellschaft in Betracht. Die ihr ähnliche Optionsanleihe räumt neben den oben genannten Rechten zusätzlich das Recht ein, Aktien der Gesellschaft zu beziehen. Der Inhaber der Anleihen ist lediglich Gläubiger der Gesellschaft, diese vermitteln keine Mitgliedschaftsrechte. Daher sind beide Formen der Kapitalbeschaffung den eigenen Aktien nicht gleichzustellen[38].

Die Gewinnschuldverschreibung ist eine Anleihe, die zusätzlich zum Rückzahlungsanspruch Rechte verbrieft, die mit Gewinnanteilen von Aktionären in Verbindung gebracht werden. Sie gewährt nur schuldrechtliche Ansprüche gegen die Aktiengesellschaft und ist daher ebenfalls der eigenen Aktie nicht gleichzustellen.

Gleiches gilt für Genußrechte. Diese vermitteln dem Inhaber ebenfalls lediglich Gläubigerrechte schuldrechtlicher Natur. Der Berechtigte erhält vermögensrechtliche Ansprüche gegen die Aktiengesellschaft[39].

Optionen gewähren wie Bezugsrechte das Recht, Aktien der Gesellschaft zu einem bestimmten Preis zu erwerben. Beide vermitteln aber lediglich das Recht auf den Bezug der Aktie, nicht deren Rechte. Eine Gleichsetzung mit der Aktie ist daher ausgeschlossen[40]. Verlieren im Gesellschaftsvermögen gehaltene eigene Aktien an Wert, so trifft dieser Wertverfall auch auf diese Aktien bezogene Optionen. Wird der Basispreis der Optionen bis zum Fälligkeitsdatum unterschritten, dann sind diese wertlos. Aufgrund dieser „Hebelwirkung" treffen Kursverluste von ihren eigenen Aktien die Gesellschaft in weitaus höherem Maße, wenn sie Optionen auf eigene Aktien hält. De lege ferenda ist

---

[38] Lutter, in: Kölner Kommentar, § 71 Rn. 13; Hüffer, § 71 Rn. 5.
[39] Hüffer, § 221 Rn. 25.
[40] Hefermehl/Bungeroth in: Geßler/Hefermehl/Eckardt/Kropff, § 71 Rn. 14.

daher zu empfehlen, auch auf eigene Aktien bezogene Derivate in das Verbot des Erwerbs eigener Aktien aufzunehmen.

Die Aktiengesellschaft kann weder Optionen noch Bezugsrechte auf eigene Aktien ausüben. Eine Verwertung muss durch Veräußerung erfolgen. Dies folgt unmittelbar aus dem Verbot der Zeichnung eigener Aktien (§ 56 Abs. 1 AktG).

B. Der Erwerbsvorgang beim Rückkauf eigener Aktien

§ 1 Unmittelbarer Erwerb

Der Erwerb der Aktie setzt ein Rechtsgeschäft voraus, das die Aktiengesellschaft auf Dauer oder auch nur vorübergehend zum Inhaber oder Mitinhaber der Aktie macht[41]. Demnach liegt ein Erwerb vor bei einer Übereignung nach §§ 929 ff AktG (bei Verkörperung der Aktie) sowie bei einer Übertragung nach §§ 398, 413 BGB. Bei Aktien, die in Form der Girosammelverwahrung gelagert werden, ist der Erwerb des Miteigentumsanteils an der Globalurkunde ausreichend. Unerheblich ist, welches Rechtsgeschäft diesem Erwerb zugrunde liegt. Wird die Aktiengesellschaft nicht Inhaberin der Aktien, so ist kein Erwerb gegeben. Zielt das Rechtsgeschäft lediglich auf die Erlangung der Verfügungsbefugnis durch die Aktiengesellschaft, dann liegt ebenfalls kein Erwerb vor. Daher wird die Verwaltungstreuhand nicht von den §§ 71 ff AktG erfasst[42].

§ 2 Mittelbarer Erwerb

Erwirbt die Aktiengesellschaft Anteile an einem Unternehmen, das seinerseits Anteile der erwerbenden Aktiengesellschaft hält, dann erwirbt diese mittelbar auch eigene Aktien. Steht das Unternehmen im Mehrheitsbesitz der Gesellschaft (vgl. § 17 Abs. 2 AktG) oder ist es ein abhängiges Unternehmen (vgl. § 17 Abs. 1 AktG), dann sind die von dem Unternehmen gehaltenen Aktien als eigene Aktien der Gesellschaft anzusehen[43]. In diesem Fall liegt ein Erwerb eigener

---

[41] Lutter in: Kölner Kommentar, § 71 Rn. 18; Hüffer, § 71 Rn. 4.
[42] Hüffer, AktG 4. Aufl. § 71 Rn. 6; Hefermehl/Bungeroth in: Geßler/Hefermehl/Eckardt/Kropff, § 71 Rn. 23.
[43] Vgl. § 71d S. 2 AktG.

Aktien vor. Es sind hier ferner die für wechselseitige Beteiligungen geltenden Grundsätze zu beachten[44].

Erfolgt der Erwerb durch einen Dritten auf Rechnung der Gesellschaft oder auf Rechnung eines im Mehrheitsbesitz der Gesellschaft stehenden oder abhängigen Unternehmens, so ist dies ebenfalls ein (mittelbarer) Erwerb eigener Aktien durch die Gesellschaft[45].

C. Veräußerung der erworbenen eigenen Aktien

Die Veräußerung eigener Aktien schließt sich dem Erwerb an, falls die eigenen Aktien nicht eingezogen oder dauerhaft gehalten werden. Auch für den Fall, dass zum Erwerb eigener Aktien eine Ermächtigung durch die Hauptversammlung erforderlich ist, bedarf die Veräußerung dieser Aktien keines erneuten Beschlusses der Hauptversammlung.

Der Erwerb und die Veräußerung eigener Aktien ist eine Maßnahme der Geschäftsführung und fällt daher in die alleinige Kompetenz des Vorstands (§§ 76,77 AktG[46]). Er kann aber durch die Satzung oder kraft ausdrücklichen Beschlusses der Hauptversammlung der Zustimmung des Aufsichtsrats unterworfen sein, § 111 Abs. 4 S. 2 AktG. Soweit ein Hauptversammlungsbeschluss zur Ermächtigung des Vorstands zum Erwerb eigener Aktien erforderlich ist[47], kann dieser weitere Einzelheiten festlegen. Auch die Veräußerung eigener Aktien kann im Rahmen dieser Ermächtigung von einem erneuten Beschluss der Hauptversammlung abhängig gemacht werden.

2. Historische Entwicklung des Erwerbs eigener Aktien

Der Erwerb eigener Aktien kann auf eine wechselhafte Geschichte zurückblicken. Die rechtlichen Grundlagen für wesentliche Teile der heutigen Regelung wurden bereits im 19. Jahrhundert gelegt. Bevor auf die mit dem Erwerb eigener Aktien verbundenen Gefahren eingegangen wird, soll daher

---

[44] Vgl. § 19 AktG.
[45] Vgl. § 71d S. 2 AktG.
[46] Lutter in: Kölner Kommentar, § 71 Rn. 16.
[47] Bei § 71 Abs. 1 Nr. 6,7 und 8 AktG.

dessen historischer Hintergrund beleuchtet werden. Dabei soll die Betrachtung der historischen Entwicklung des Erwerbs eigener Aktien allgemein vor der Erörterung der Rechtspositionen der Aktionäre beim Aktienrückkauf im historischen Zusammenhang erfolgen.

A. Unbeschränkte Zulässigkeit des Erwerbs eigener Aktien vor 1870

Das Preußische Allgemeine Landrecht enthielt keine Regelungen zum Erwerb eigener Aktien durch die Aktiengesellschaft. Dies war angesichts der geringen Verbreitung dieser Gesellschaftsform (in Preußen existierten vor 1800 nur fünf Aktiengesellschaften) auch entbehrlich[48]. Der Erwerb eigener Aktien wurde jedoch durch den starken Zuwachs an Aktiengesellschaften[49] Gegenstand einer Diskussion in der Rechtswissenschaft. Der Erwerb eigener Aktien erfolgte in dieser Zeit vornehmlich zum Zwecke der Amortisation[50]. Auch die Stabilisierung des Aktienkurses war ein Motiv für den Rückkauf eigener Aktien[51]. Die eigenen Aktien wurden nach dem Rückkauf eingezogen, das Grundkapital entsprechend herabgesetzt[52]. Der Gesichtspunkt einer möglichen Benachteiligung von Gläubigern spielte zu diesem Zeitpunkt in der rechtswissenschaftlichen Diskussion noch keine Rolle[53]. Um Missbräuchen vorzubeugen, forderte die herrschende Literatur lediglich, dass eine Vollamortisation des Anlagekapitals ausgeschlossen werden müsste, da ansonsten die Existenz der Gesellschaft in Frage gestellt werde[54]. Außerdem sollte der Erwerb eigener Aktien dahingehend eingeschränkt werden, dass für den Erwerb notwendiges Kapital ausschließlich aus Gewinnrücklagen stammen

[48] Hopt, Ideelle und wirtschaftliche Grundlagen, S. 128, 135.
[49] Nach dem Jahr 1870 betrug die Anzahl der Aktiengesellschaften in Preußen bereits 203, vgl. Hopt Ideelle und wirtschaftliche Grundlagen S. 128, 135.
[50] Pöhls, Das Recht der Aktiengesellschaften S. 250f; Brinkmann/Endemann, Lehrbuch des Handelsrechts, S. 254.
[51] Bösselmann, Entwicklung des Aktienwesens, S. 160.
[52] So kaufte die Pommersche Provinzial Zuckersiederei bereits zwei Jahre nach ihrer Gründung im Zeitraum von 1837 bis 1847 10 % ihres Grundkapitals zum Zweck der Kapitalherabsetzung zurück. Vgl. hierzu Bösselmann, Entwicklung des Aktienwesens, S. 159.
[53] Bösselmann, Entwicklung des Aktienwesens, S. 160.
[54] Pöhls, Das Recht der Aktiengesellschaften, S. 251.

dürfe[55]. Teilweise war der Erwerb eigener Aktien durch die Satzung ausgeschlossen[56].

B. Grundsätzliches Verbot des Erwerbs durch die Aktienrechtsnovelle von 1870

Mit der steigenden Anzahl von Aktiengesellschaften erhielt auch der Rückkauf eigener Aktien Mitte des 19. Jahrhunderts eine zunehmende Bedeutung. Es waren Fälle des Missbrauchs dieses Instituts zu verzeichnen. Die Rheinische Eisenbahn Gesellschaft kaufte beispielsweise im Jahr 1838 eigene Aktien zurück, auf die der Ausgabebetrag erst zu 20 % geleistet war. Danach wurde eine gesamte Kapitalerhöhung, die nicht platziert werden konnte, zurückgekauft[57]. Insbesondere Gesellschaften, die zum Zweck der Schuldentilgung in Aktiengesellschaften umgewandelt worden waren, kauften in großem Ausmaß eigene Aktien zurück. Daneben wurden eigene Aktien zum Zweck der Einziehung „ausgelost“[58], um einen Rückfall des Vermögens an den ursprünglichen Eigentümer zu erreichen[59]. Die Auslosung trat dann an die Stelle von Aktienrückkäufen, wenn der Kurs der Aktien auf eine bestimmte Höhe gestiegen war oder wenn das Angebot der Aktien nicht ausreichend war. Teilweise wurde durch den Rückkauf eigener Aktien eine künstliche Nachfrage geschaffen, die den Kurs der Aktien erheblich steigerte, ohne dass dies durch Fundamentaldaten der Gesellschaft gerechtfertigt gewesen wäre[60]. Die

---

55 Brinkmann/Endemann, Lehrbuch des Handelsrechts, S. 254.

56 Die Satzung der Ritterschaftlichen Privatbank bestimmte: “Die Bank darf das Stammkapital weder durch Rückzahlung an die Aktionäre noch durch Ankauf der Aktien, noch durch Zinszahlung auf das Aktienkapital verkleinern.” Vgl. Bösselmann, Entwicklung des Aktienwesens, S. 160.

57 Vgl. Bösselmann, Entwicklung des Aktienwesens, S. 160.

58 Vgl. hierzu ; Brodmann, Aktienrecht, § 227 Anm. 1; Der Inhaber ausgeloster Aktien schied gegen eine Abfindung aus der Gesellschaft aus.

59 Die M. Stinnessche Handlungs AG hatte folgende interessante Bestimmung in ihrer Satzung: „Ergibt die Bilanz einen höheren Überschuß als zur Zahlung einer Dividende von 5 % erforderlich ist, erhalten die Aktionäre dennoch nur 5 %. Das Plus des Überschusses wird zur Einlösung von Aktien nach dem Nominalbetrage mittels Verlosung verwandt. Der Inhaber der ausgelosten Aktien scheidet aus der Gesellschaft, und sobald in dieser Weise alle Aktien amortisiert sind, hört die AG auf, und das Vermögen wird Eigentum der Geschwister Stinnes” vgl. Bösselmann, Entwicklung des Aktienwesens, S. 163.

60 Vgl. Bösselmann, Entwicklung des Aktienwesens, S. 163.

Vorstellung von einem garantierten Grundkapital war zu diesem Zeitpunkt noch nicht gefestigt[61].

Gegen die grundsätzliche Zulässigkeit des Erwerbs eigener Aktien wurde in der Literatur eingewandt, diese käme einer Herabsetzung des Grundkapitals gleich. Der Erwerb sei mit der Funktion und Zielsetzung der Aktiengesellschaft nicht zu vereinbaren[62]. Da der Erwerb für nicht vereinbar mit dem Wesen der Aktiengesellschaft gehalten wurde[63], erfuhr diese Frage 1870 erstmals eine restriktive gesetzliche Kodifizierung. Mit dem Bundesgesetz betreffend die Kommanditgesellschaften auf Aktien und die Aktiengesellschaften vom 11. Juni 1870[64] wurde der Erwerb eigener Aktien grundsätzlich ausgeschlossen. Die betreffende Vorschrift des Art. 215 Abs. 3 ADHGB lautete wie folgt:

„Die Aktiengesellschaft darf eigene Aktien nicht erwerben. Sie darf eigene Aktien auch nicht amortisieren, sofern dies nicht durch den ursprünglichen Gesellschaftsvertrag oder durch einen, den letzteren abändernden, vor Ausgabe der Aktien gefaßten Beschluss zugelassen ist“

Dieses strikte Verbot wurde von Anfang an in der juristischen Literatur erheblich kritisiert[65]. Die Kritik stützte sich hauptsächlich darauf, dass die Regelung legitime Geschäfte verhindere und deutsche Aktiengesellschaften aus diesem Grund behindere[66]. Insbesondere der Erwerb eigener Aktien zum Zweck der Herabsetzung des Grundkapitals wurde als wichtige Maßnahme für die Aktiengesellschaft genannt[67]. Das Reichsoberhandelsgericht stellte zudem fest, dass ein Verstoß gegen die Regelung die Unwirksamkeit der auf den Erwerb eigener Aktien gerichteter Geschäfte zur Folge hat[68]. Die damit verbundene Gefahr einer Rückabwicklung des gesamten Erwerbsvorgangs verstärkte die Kritik an dieser Regelung[69]. Teilweise wurde das Verbot grundsätzlich begrüßt,

---

[61] Bösselmann, Entwicklung des Aktienwesens, S. 166.
[62] Auerbach, Das Actienwesen, S. 93.
[63] In den Motiven eines Entwurfs (Drucks. Nr. 86/1869 des Bundesraths des Norddeutschen Bundes) wird auf S. 11 folgendes festgestellt: “Ein derartiger Ankauf (eigener Aktien) steht mit dem Wesen der Aktiengesellschaft nicht im Einklange...” .
[64] Gesetz vom 11. Juni 1870, Bundesgesetzblatt 1870, Nr. 21, S. 375 ff.
[65] von Kräwel, Busch's Archiv 29, S. 12 ff.
[66] Löwenfeldt, Refomvorschläge, S. 490.
[67] Goldschmidt, ZHR 21 (1876), S. 1 (4).
[68] ROHG 17, 381 (384).
[69] Auerbach, Das Actienwesen, S. 92.

allerdings wurden dann Ausnahmetatbestände gefordert[70]. Von dem Verbot versprach man sich Schutz gegen künstliche Kursstützungen insbesondere bei der Emission neuer Aktien[71]. Es wurde ferner kritisiert, dass die Vorschrift leicht durch den Erwerb der Aktien durch der Gesellschaft nahestehende Dritte umgangen werden konnte[72].

C. Erleichterung des Erwerbs eigener Aktien durch die Aktienrechtsnovelle von 1884

Durch die Aktienrechtsnovelle von 1884[73] wurde das Verbot unter dem Eindruck der erheblichen Kritik[74] eingeschränkt. Die Vorschrift des Art. 215d ADHGB bestimmte daher:

„Die Aktiengesellschaft soll eigene Aktien im geschäftlichen Betriebe, sofern nicht eine Kommission zum Einkauf ausgeführt wird, weder erwerben noch zum Pfande nehmen. Sie darf eigene Interimsscheine im geschäftlichen Betriebe auch in Ausführung einer Einkaufskommission weder erwerben noch zum Pfand nehmen. Eine Amortisation der Aktien ist zulässig, sofern sie unter Beobachtung der für die Zurückzahlung oder Herabsetzung des Grundkapitals maßgebenden Vorschriften erfolgt. Ohne Beobachtung derselben darf die Gesellschaft ihre Aktien nur aus dem nach der jährlichen Bilanz sich ergebenden Gewinn und nur in dem Falle amortisieren, dass dies durch den ursprünglichen Gesellschaftsvertrag oder durch einen, den letzteren vor Ausgabe der Aktien abändernden Beschluss zugelassen ist."

Ein Verstoß gegen die Regelung führte nicht mehr zu einer Unwirksamkeit des Geschäfts, sondern zu einer Schadensersatzpflicht[75]. Die gesetzliche Regelung sollte es der Gesellschaft ermöglichen, eigene Aktien aufgrund von Schenkung, Erbschaft, im Wege der Zwangsvollstreckung sowie im Rahmen einer Einkaufskommission zu erwerben[76]. Allerdings wurde teilweise gefordert, dass diese Aktien lediglich einen Durchlaufposten bilden dürften, die Gesellschaft

---

[70] Auerbach, Das Actienwesen, S. 93.
[71] Auerbach, Das Actienwesen, S. 92.
[72] Auerbach, Das Actienwesen, S. 92.
[73] Gesetz betreffend die Kommanditgesellschaften auf Aktien und die Aktiengesellschaften vom 18. Juli 1884, RGBl. No. 22, S. 123.
[74] Bertheim, Erwerb eigener Aktien, S. 69.
[75] Von Völderndorff, Reichsgesetz, S. 510, Art. 215d.
[76] Entwurf eines Gesetzes über Aktiengesellschaften (1883), S. 340.

also zur unverzüglichen Veräußerung verpflichtet sei[77]. Diese Sollvorschrift wurde bei Verabschiedung des HGB 1897[78] mit kleineren sachlichen Änderungen in die §§ 226, 227 HGB übernommen. Zweifelhaft und umstritten war vor allem die Frage, was der Gesetzgeber unter „regelmäßigem Geschäftsbetriebe“ verstand[79]. Teile der Literatur forderten im Hinblick auf die Gefahr des Handels in eigenen Aktien sowie übermäßiger Kurspflege eine sehr weite Auslegung dieses Begriffs[80]. Nach dieser Auffassung sollte der Handel in eigenen Aktien und die Kurspflege unter den Begriff des „geschäftlichen Betriebes“ fallen mit der Folge, dass beides grundsätzlich verboten war. Es wurde zusätzlich eine Zwangslage der Gesellschaft als ungeschriebenes Tatbestandsmerkmal gefordert[81]. Insbesondere die veränderten wirtschaftlichen Rahmenbedingungen hatten aber zur Folge, dass die Auslegung des Begriffs des „regelmäßigen Geschäftsbetriebs" einen Wandel erfuhr[82]. War zunächst eine Ausnahme für den Erwerb zur Kursregulierung von der herrschenden Literaturauffassung abgelehnt worden, hatte die engere Auslegung zur Folge, dass die Kursregulierung für zulässig gehalten wurde[83]. Hintergrund dieser Auslegung war die Tatsache, dass die Regelung des § 226 HGB unproblematisch zu umgehen war[84]. Diese Auffassung bekam zunehmend Rückendeckung durch die juristische Literatur[85]. Mit dieser Entwicklung wurde der Grundstein für die massiven Aktienrückkäufe in den Jahren der Weltwirtschaftskrise 1929 bis 1931 gelegt, die noch dazu durch die Wirtschaftspresse als notwendige Kurspflegemaßnahmen verlangt wurden[86]. Damit konnten sich diejenigen Gesellschaften, die eigene Aktien zur Stützung des Kurses kauften, auf die öffentliche Meinung und auf die juristische Literatur berufen[87].

---

[77] Reichsgesetzgebung, S. 511; aA Goldschmit, Aktiengesellschaft, § 226 Anm. 3, der auch die Bildung eines Reservefonds aus eigenen Aktien befürwortet.
[78] RGBl. No. 23, S. 219.
[79] Hierzu ausführlich Bertheim, Erwerb eigener Aktien, S. 70 f; Brodmann, Aktienrecht, § 226 Anm. 3.
[80] Brodmann, Aktienrecht, § 226 Anm. 1 a).
[81] Goldschmit, Aktiengesellschaft, § 226 Anm. 2.
[82] Flechtheim, BankA 1931, S. 10 (11).
[83] Neufeld, JW 1931, 3040; Pinner, JW 1931, 2930.
[84] Flechtheim, BankA 1931, S. 10 (11).
[85] Hachenburg sprach sich in der Kölnischen Zeitung v. 17.5.1931 dafür aus, daß die Aufnahme eigener Aktien zur Stützung des Kurses nicht im regelmäßigen Geschäftsbetriebe der Gesellschaft liege, und daher zulässig sei, vgl. Flechtheim, BankA 1931, S. 10 (11) sowie S. 66.
[86] Sammlung von Presseartikeln bei Koeppel, BankA 31/32, 74 f.
[87] Flechtheim, BankA 1931, S. 10 (11).

D. Erhebliche Beschränkung des Erwerbs eigener Aktien durch die Notverordnung von 1931

Im Zuge der Wirtschaftskrise in Deutschland in den Jahren 1929 bis 1931 nahm der Umfang von Aktienrückkäufen sehr stark zu. Ausgangspunkt hierfür war ein massiver Kursverfall der Aktien. Dieser Entwicklung versuchte eine Vielzahl von Aktiengesellschaften mit verstärkten Rückkäufen eigener Aktien entgegenzuwirken[88]. Betroffen von dieser Entwicklung war in besonderem Maß der Bankensektor. Maßgebliches Motiv war zunächst, die nach Auffassung der Gesellschaften zu niedrige Bewertung der eigenen Aktien auszunützen[89]. Dies war aus Sicht der betroffenen Gesellschaften um so mehr geboten, als sich der Geschäftsumfang infolge der Krisensituation stark verringert hatte, anderweitige Anlagemöglichkeiten damit nur eingeschränkt vorhanden waren. Die Kursstützung war neben diesem Aspekt zunächst erwünschte Nebenwirkung[90].

Damit wurden in ganz erheblichem Umfang wichtige liquide Mittel gebunden. Diese Kurspflegemaßnahmen konnten den anhaltenden Verfall der Kurse allerdings nicht verhindern. Weitere Rückkäufe eigener Aktien durch die Gesellschaften waren die Folge[91], die Kursstützung wurde maßgebliches Motiv der Rückkäufe[92]. Diese erfolgten teilweise ohne Rücksicht auf vorhandene Liquidität. Damit erreichte der Erwerb eigener Aktien ein für die Gesellschaften gefährliches Stadium. Die Aktionäre wurden ungleichbehandelt, da gezielt von einzelnen Aktionären zurückgekauft wurde. Die Verwaltung erhielt durch die erhebliche Anzahl von gehaltenen eigenen Aktien eine Machtstellung, die gesetzlich nicht vorgesehen war[93]. Die Rückkäufe hatten zur Folge, dass erhebliche Anteile des Vermögens der Gesellschaften aus eigenen Aktien bestanden. Mit dem Kursverfall waren massive Wertberichtigungen auf die eigenen Aktien erforderlich, die eine Aufzehrung des Eigenkapitals zur Folge hatten. Einige Unternehmen konnten den Zusammenbruch nicht verhindern[94]. Die zurückerworbenen Aktien hatten im Falle der Liquidation weder für die Gesellschaft noch für ihre Gläubiger einen Vermögenswert.

---

[88] Schön, Geschichte und Wesen der eigenen Aktie, S. 16; Flechtheim, BankA 1931, S. 10 (11) spricht von einer “Welle von Aktienrückkäufen”.
[89] Schön, Geschichte und Wesen der eigenen Aktie, S. 16.
[90] Flechtheim, BankA 1931, S. 10 (11).
[91] Düringer/Hachenburg-Flechtheim, § 226 Anm. 1.
[92] Flechtheim, BankA 1931, S. 10 (11).
[93] Vgl. Gadow in: Großkommentar , § 65 Anm. 1.
[94] Bertheim, Erwerb eigener Aktien, 1933, S. 8; Es kam zum Zusammenbruch der Danat-Bank und der FAVAG, vgl. Eckardt in Geßler-Hefermehl, AktG Vorb Rn. 13.

Die nachfolgende Tabelle soll den Umfang der Aktienrückkäufe bei den sechs deutschen Großbanken im Juli 1931 verdeutlichen.

Bank	Aufgekaufte Aktien (nominal)	Grundkapital	In % vom Grundkapital
Barmer Bankverein	23 Mill.	36 Mill.	63,9
Adca	22 Mill.	40 Mill.	55,0
Commerzbank	37 Mill.	75 Mill.	49,3
Dresdner Bank	55 Mill.	100 Mill.	55,0
D.D. Bank	105 Mill.	285 Mill.	36,8
Danat Bank	35 Mill.	60 Mill.	58,3

Quelle: Bertheim, Erwerb eigener Aktien, 1933, S. 10

Durch die Notverordnung von 1931[95] wurde der Erwerb eigener Aktien grundsätzlich ausgeschlossen. Die neugefasste Vorschrift des § 226 HGB hatte fünf Absätze und lautete wie folgt:

Die Aktiengesellschaft darf eigene Aktien oder Interimsscheine erwerben, wenn es zur Abwendung eines schweren Schadens von der Gesellschaft notwendig ist; der Gesamtnennbetrag der zu erwerbenden Aktien darf zehn vom Hundert oder einen etwa von der Reichsregierung festgesetzten niedrigeren Hundertsatz des Grundkapitals nicht übersteigen. Im übrigen darf die Aktiengesellschaft eigene Interimsscheine nicht, eigene Aktien nur erwerben, wenn auf sie der Nennbetrag oder, falls der Ausgabebetrag höher ist, dieser voll geleistet ist und wenn

die Gesellschaft damit eine Einkaufskommission ausführt oder
der Gesamtnennbetrag der zu erwerbenden Aktien zusammen mit anderen eigenen Aktien, die der Gesellschaft bereits gehören, zehn vom Hundert oder einen etwa von der Reichsregierung festgesetzten niedrigeren Hundertsatz des Grundkapitals nicht übersteigt und die Aktien zur Einziehung erworben werden; als hierzu erworben gelten die Aktien nur, wenn sie binnen sechs Monaten nach Erwerb eingezogen werden.

---

95 Verordnung des Reichspräsidenten über Aktienrecht, Bankaufsicht und über eine Steueramnestie vom 19. November 1931; RGBl. I, 493.

Die Wirksamkeit des Erwerbs eigener Aktien wird durch einen Verstoß gegen die Vorschriften des Abs. 1 nicht berührt, es sei denn, dass auf sie der Nennbetrag oder, falls der Ausgabebetrag höher ist, dieser noch nicht voll geleistet ist.

Dem Erwerb eigener Aktien und eigener Interimsscheine steht es gleich, wenn eigene Aktien oder eigene Interimsscheine zum Pfand genommen werden oder wenn Aktien der Gesellschaft von einem anderen für Rechnung der Gesellschaft oder unter Übernahme einer Kursgarantie durch die Gesellschaft erworben werden.

Steht eine Handelsgesellschaft oder bergrechtliche Gewerkschaft auf Grund von Beteiligungen oder in sonstiger Weise unmittelbar oder mittelbar unter dem beherrschenden Einfluß einer Aktiengesellschaft oder Kommanditgesellschaft auf Aktien (abhängige Gesellschaft), so darf sie Aktien oder Interimsscheine der herrschenden Gesellschaft nur nach Maßgabe der für den Erwerb eigener Aktien vorgesehenen Bestimmungen der Abs. 1 bis 3 erwerben oder als Pfand nehmen. Sie darf ferner Aktien der herrschenden Gesellschaft nicht zeichnen; Die Wirksamkeit einer solchen Zeichnung wird durch einen Verstoß gegen diese Vorschrift nicht berührt.

Das Stimmrecht und der Anspruch auf den Reingewinn aus eigenen Aktien, die der Gesellschaft oder einem anderen für ihre Rechnung gehören, ruhen.

Die Regelung statuierte ein grundsätzliches Verbot des Erwerbs eigener Aktien[96], und ließ den Erwerb in drei Ausnahmefällen zu. Die als problematisch empfundene Formulierung des regelmäßigen Geschäftsbetriebs wurde beseitigt. Neu eingeführt wurde die Ausnahme eines schweren Schadens für die Gesellschaft, die 10 % Grenze sowie die Zulässigkeit des Erwerbs zum Zwecke der Einziehung eigener Aktien. Unbeschränkt zulässig war der Erwerb voll eingezahlter Aktien im Falle einer Einkaufskommission. Bemerkenswert ist ferner die Regelung des Abs. 5, der erstmals die Frage des Stimmrechts und des Dividendenrechts aus eigenen Aktien regelte. Auch die Frage der Bilanzierung eigener Aktien wurde erstmals mit der Vorschrift des § 260a Abs. 3 Nr. 2 HGB geregelt. Danach war die Gesellschaft dazu verpflichtet, den Bestand an eigenen Aktien offenzulegen und die eigenen Aktien im Umlaufvermögen als selbständigen Posten anzuführen. Die Vorschrift des § 227a HGB statuierte eine

[96] Schubert/Hommelhoff, Aktienrechtsreform, S. 150.

Schadensersatzverpflichtung des Vorstands und Aufsichtsrats bei Verstößen gegen diese Vorschrift.

Ausgeschlossen sollte nach der neuen Gesetzeslage die Kurspflege sein[97]. Die Gefahr von Kurssprüngen wurde nicht als schwerer Nachteil für die Gesellschaft betrachtet.

E. Kleinere Änderungen im Zeitraum bis 1978

§ 1 Die Aktienreform 1937

Im Rahmen der Aktienreform 1937[98] wurde die Regelung des § 226 HGB weitestgehend unverändert in die Vorschrift des § 65 AktG übernommen. Die Einziehung eigener Aktien wurde separat im § 65 Abs. 2 AktG geregelt, und war aufgrund eines Beschlusses der Hauptversammlung uneingeschränkt zulässig. Außerdem wurde erstmals der unentgeltliche Erwerb eigener Aktien als vierter Ausnahmetatbestand ausdrücklich zugelassen. Das Erwerbsverbot wurde durch § 65 Abs. 5 AktG erstmals auch auf abhängige Unternehmen erstreckt. Nach § 65 Abs. 6 AktG war auch eine schuldrechtliche Verpflichtung zum Erwerb eigener Aktien nichtig, soweit dieser Erwerb nicht nach der Vorschrift des § 65 AktG erlaubt war. Mit der Vorschrift des § 65 Abs. 7 AktG wurde klargestellt, dass der Gesellschaft auch keine Bezugsrechte sowie kein Liquidationserlös aus eigenen Aktien zustehen[99]. Die Vorschrift des § 65 AktG 1937 lautete wie folgt:

Die Aktiengesellschaft darf eigene Aktien erwerben, wenn es zur Abwendung eines schweren Schadens von der Gesellschaft notwendig ist; der Gesamtnennbetrag dieser Aktien darf zusammen mit dem Betrag anderer Eigener Aktien, die die Gesellschaft bereits zur Abwendung eines schweren Schadens erworben hat und noch besitzt, zehn vom Hundert des Grundkapitals nicht übersteigen; der Reichswirtschaftsminister kann im Einvernehmen mit dem Reichsminster der Justiz Ausnahmen zulassen. Sonst darf die Aktiengesellschaft eigene Aktien nur erwerben, wenn auf sie der Nennbetrag oder der höhere Ausgabebetrag voll geleistet ist und wenn

---

[97] Gadow in: Großkommentar, § 65 Anm. 1.
[98] AktG vom 30. 1. 1937, RGBl. I S. 107, 588, 1140.
[99] Hierüber herrschte bis zur Reform Unklarheit, vgl. Gadow in: Großkommentar, § 65 Anm. 25.

Der Erwerb unentgeltlich geschieht oder

Die Gesellschaft mit dem Erwerb eine Einkaufskommission ausführt.

Der Erwerb eigener Aktien unterliegt den Beschränkungen des Abs. 1 nicht, wenn er aufgrund eines Beschlusses der Hauptversammlung zur Einziehung nach den Vorschriften über die Herabsetzung des Grundkapitals geschieht.

Die Wirksamkeit des Erwerbs eigener Aktien wird durch einen Verstoß gegen die Vorschriften des Abs. 1 und 2 nicht berührt, es sei denn, dass auf sie der Ausgabebetrag noch nicht voll geleistet ist. Ein schuldrechtliches Geschäft über den Erwerb eigener Aktien ist nichtig, soweit der Erwerb gegen Abs. 1 und 2 verstößt.

Dem Erwerb eigener Aktien steht es gleich, wenn eigene Aktien als Pfand genommen werden

Ein abhängiges Unternehmen darf Aktien der herrschenden Gesellschaft nur nach den Vorschriften über den Erwerb und die Inpfandnahme eigener Aktien erwerben oder als Pfand nehmen.

Ein Rechtsgeschäft zwischen der Gesellschaft oder einem abhängigen Unternehmen und einem anderen, wonach dieser berechtigt oder verpflichtet sein soll, eigene Aktien der Gesellschaft für Rechnung der Gesellschaft oder des abhängigen Unternehmens zu erwerben oder als Pfand zu nehmen, ist nichtig, soweit der Erwerb oder die Inpfandnahme der Aktien durch die Gesellschaft oder das abhängige Unternehmen gegen Abs. 1, 2 4 und 5 verstößt.

Aus eigenen Aktien stehen der Gesellschaft keine Rechte zu. Gleiches gilt für Aktien, die ein anderer für Rechnung der Gesellschaft erworben hat.

Der Vorschrift des § 65 Abs. 1 AktG wurde im Jahr 1959 die Möglichkeit des Rückkaufs eigener Aktien zum Zwecke der Mitarbeiterbeteiligung hinzugefügt[100].

---

[100] Gesetz über die Kapitalerhöhung aus gesetzlichen Mitteln, BGBl. I (1959), S. 789, 792.

§ 2 Die Aktienreform 1965

Im Zuge der Aktienrechtsreform 1965[101] wurde die Vorschrift des § 65 AktG (1937) als neuer § 71 AktG (1965) gefasst. Die Änderungen der Vorschrift waren geringfügig. Es wurde erstmals der konzernrechtlich relevante Erwerb eigener Aktien zur Abfindung außenstehender Aktionäre beim Abschluss eines Beherrschungs- und Gewinnabführungsvertrages sowie der Abfindung von ausgeschiedenen Aktionären bei der Eingliederung in dem neu eingefügten § 71 Abs. 1 Nr. 3 AktG erlaubt. Ebenfalls erlaubt wurde der Erwerb durch Gesamtrechtsnachfolge, der allerdings auch vor der ausdrücklichen Regelung allgemein für zulässig gehalten wurde[102]. Bei der Berechnung der 10 % Grenze waren im Hinblick auf die Regelung des § 16 AktG nun auch eigene Aktien zu berücksichtigen, die ein im Mehrheitsbesitz befindliches Unternehmen besaß. Durch die Gesetzesänderung war nun auch die Inpfandnahme eigener Aktien durch Kreditinstitute zulässig.

F. Neufassung der Vorschriften zum Erwerb eigener Aktien durch die Umsetzung der europäischen Kapitalrichtlinie 1978

Durch die Neufassung im Rahmen der Umsetzung der Kapitalrichtlinie 1978[103] wurde der Erwerb eigener Aktien abschließend in den Vorschriften der §§ 71-71e AktG geregelt. Außer der Verteilung auf sechs Paragraphen brachte die Neuregelung inhaltliche Verschärfungen, wie die Einbeziehung von Umgehungsgeschäften (§ 71a Abs. 1 AktG) sowie die Pflicht zur Rücklagenbildung („Kapitalgrenze“) gem. § 71 Abs. 2 S. 2 AktG, die Notwendigkeit voller Einlageleistung in den Fällen des § 71 Abs. 1 Nr. 1 sowie 2 AktG mit sich. Außerdem wurde mit § 71a AktG das Verbot der Gewährung von Finanzierungshilfen zum Erwerb eigener Aktien neu eingeführt. Die Vorschrift des § 71c AktG regelte jetzt eine Veräußerungspflicht der Gesellschaft für verbotswidrig erworbene Aktien.

---

[101] AktG 1965 vom 6. 9. 1965; BGBl. I S. 1089.
[102] Gadow in: Großkommentar, § 65 Anm. 5.
[103] Zweite Richtlinie des Rats v. 13. Dezember 1976 (77/191/EWG) zur Koordinierung der Kapitalschutzbestimmungen („Kapitalrichtlinie“).

G. Reform des Aktienrechts im Rahmen des KonTraG

Die Reform des Erwerbs eigener Aktien durch das KonTraG[104] ermöglicht die verstärkte Nutzung des Erwerbs eigener Aktien. Damit beabsichtigt der Gesetzgeber, die Finanzierungsmöglichkeiten der deutschen Aktiengesellschaften an die in anderen nationalen Rechtsordnungen geltende Praxis anzugleichen[105] und somit deren Wettbewerbsfähigkeit zu steigern. Die Regelungen zum Erwerb eigener Aktien bilden ein Kernelement in den sich quer durch das gesamte Aktienrecht und Handelsrecht ziehenden Änderungen. Mit § 71 Abs. 1 Nr. 8 AktG wurden die rechtlichen Voraussetzungen des Erwerbs eigener Aktien im Rahmen des KonTraG erheblich erleichtert.

3. Der Erwerb eigener Aktien als wirtschaftlich sinnvolles Instrument der Unternehmenspolitik und als Vorteil für die Volkswirtschaft

Nach der Einführung der Neuregelungen des KonTraG kann man einen starken Anstieg von Aktienrückkäufen beobachten. Die Vorteile und Motive des Rückkaufs eigener Aktien sollen nachfolgend dargestellt werden.

A. Erwerb eigener Aktien aus strategischen Gründen

§ 1 Verwendung eigener Aktien für Unternehmenskäufe

Die zurückgekauften Aktien können als Tauschwährung für Unternehmenskäufe genutzt werden. Dies ist nach den ersten praktischen Untersuchungen das Hauptmotiv für den Erwerb eigener Aktien in Deutschland[106], und hat in der Praxis eine überragende Bedeutung erreicht. Dabei wird der Kaufpreis für den Erwerb einer Beteiligung oder eines Unternehmens nicht in bar, sondern mit eigenen Aktien bezahlt („Tauschwährung"). Dies ist dann von Vorteil, wenn eine solche Zahlungsweise vom Verkäufer gewünscht wird oder aus steuerlichen

---

[104] Vgl. hierzu die ausführliche Darstellung von Claussen in: DB 1998, 177ff; DAV Stellungnahme in: WIB 1997, 159; Zimmer, NJW 1998, 3521ff; Lingemann/Wasmann, BB 1998, 853ff; Wiese, DB 1998, S. 609; zur Vorgeschichte Piepenburg, BB 1996, S. 2582; Pluta, Erwerb eigener Aktien; vRosen, Erwerb eigener Aktien sowie die Stellungnahmen zum KonTraG im AG Sonderheft 1997.

[105] Vgl. die Begründung zum KonTraG Regierungsentwurf BT-Drucks. 13/9712, S. 13.

[106] Deutsches Aktieninstitut: Erwerb eigener Aktien 1999, S. 5.

Gründen angezeigt ist[107]. Diese Verwendung der eigenen Aktien hat zur Folge, dass die Aktionäre keine Gelegenheit erhalten, die von der Gesellschaft erworbenen Aktien anzukaufen[108]. Im Gegensatz zum klassischen Instrument zur Bezahlung bei Akquisitionen, dem genehmigten Kapital gem. §§ 202 ff AktG, erfolgt bei der Bezahlung mit eigenen Aktien keine Kapitalerhöhung (unter Bezugsrechtsausschluss). Die eigenen Aktien müssen aber unter Einsatz von Liquidität zunächst von der Gesellschaft erworben werden. Der Vorteil dieser Verwendung eigener Aktien beschränkt sich daher auf diejenigen Fälle, in denen eine Barzahlung nicht gewünscht wird und ein genehmigtes Kapital nicht zur Verfügung steht (oder eine Kapitalerhöhung unter Bezugsrechtsausschluss unerwünscht ist).

§ 2 Eingehen von wechselseitigen Beteiligungen, Umwandlungsfälle

Die wechselseitige Beteiligung ist in der deutschen Wirtschaft besonders im Versicherungsbereich sehr beliebt[109]. Die Gewährung von Anteilen als Ausgleich für den Übergang des Vermögens[110] ist ein wesentliches Element der Verschmelzung und Spaltung nach dem UmwG[111]. Dieses Strukturprinzip des Umwandlungsrechts berührt das vom strengen Prinzip der Kapitalaufbringung- und Erhaltung geprägte Aktienrecht und kann zu Kollisionen führen[112]. Der (gegenseitige) Besitz von Aktienpaketen am späteren Partner für eine Verschmelzung ist in der Praxis weit verbreitet[113]. Mit dieser rechtlichen Konstruktion[114] wird eine verbesserte strategische Zusammenarbeit erreicht.

---

[107] Vgl. zu den Motiven des Rückkauf aus Bankensicht auch Eberstadt, WM 1996, S. 1809 f.
[108] Zu dem damit verbundenen Ausschluss des Erwerbsrechts vgl. 2. Teil, VI. E.
[109] Koppensteiner in: Kölner Kommentar, § 19 RN 4; Konzentrationsenquette BT Drucks. IV/2320, S. 63.
[110] Vgl. hierzu Bungert/Hentzen, DB 1999, S. 2501 ff.
[111] Vgl. §§ 2, 131 UmwG.
[112] Vgl. zum Kapitalschutz im Rahmen von Umwandlungen grundlegend Korte, WIB 1997, S. 953 ff.
[113] So halten beispielsweise die jüngst fusionierte Dresdner Bank AG und die Allianz AG nennenswerte Bestände an Aktien des anderen Unternehmens.
[114] Rechtlich gesehen eine wechselseitige Beteiligung gem. § 19 AktG, vgl. hierzu Cahn/Farrenkopf, in: AG 1984, S. 178; Wastl/Wagner AG 1997, S. 241; Schmidt, Wechselseitige Beteiligungen im Gesellschafts- und Kartellrecht; Wastl/Wagner, Das Phänomen der wechselseitigen Beteiligung aus juristischer Sicht, 1997; Adams AG 1994, S. 148.

§ 3 Abwehr von feindlichen Übernahmeversuchen

Der Rückkauf eigener Aktien kann als Schutz gegen eine feindliche Übernahme dienen. Dieses Motiv spielt in den USA seit den achtziger Jahren eine dominierende Rolle[115]. Durch die Verknappung der Gesamtzahl der Aktien steigt in der Regel der Kurs der sich noch auf dem Markt befindlichen Anteile. Außerdem wird die Gesamtzahl der verkaufswilligen Aktionäre durch den Rückkauf eigener Aktien verringert. Dadurch kann der potentielle Erwerber zur Abgabe eines höheren Übernahmeangebots gezwungen sein. Weitere Folge des Rückkaufs eigener Aktien ist ein Abbau von liquiden Mitteln, die den Anreiz für fremdfinanzierte Übernahmeversuche mindern[116]. Durch den Rückkauf eigener Aktien und anschließende gezielte Veräußerungen können außerdem Aktienbestände bei einer befreundeten Gesellschaft oder einem Großaktionär placiert werden. In diesem Fall liegt allerdings eine Verletzung des Gleichbehandlungsgrundsatzes nahe[117]. Ein attraktives Rückkaufsangebot kann aber auch während einer Übernahme unschlüssige Aktionäre daran hindern, Aktien des Übernahmekandidaten zu verkaufen. Die Abwehr eines Übernahmeversuchs ist auch denkbar, falls ein potentieller Käufer Aktien der Gesellschaft erworben hat und mit der Abgabe eines Übernahmeangebots droht. Dies kann durch den Abkauf des erworbenen Pakets mit einem erheblichen Zuschlag zum Börsenpreis verhindert werden[118].

§ 4 Auskauf opponierender Aktionärsgruppen

Im Zusammenhang mit dem Schutz vor feindlichen Übernahmen steht die Möglichkeit des Auskaufs opponierender Aktionärsgruppen[119]. Sieht eine bestimmte Gruppe ihre Interessen in der Gesellschaft nicht als ausreichend gewahrt an, so wird sie in der Regel im Rahmen eines Rückkaufs ihre Aktien vor den zufriedenen Aktionären abgeben. Werden diese Aktien gezielt zurückgekauft, so sinkt die Gefahr, dass große Aktienpakete in die Hände von Dritten fallen und damit eine Übernahme der Gesellschaft vorbereitet wird[120].

---

[115] Huber, in: Festschrift für Bruno Kropff, S. 101 (106).
[116] Hampel, Erwerb eigener Aktien, S. 7.
[117] Ablehnend daher Huber, in: Festschrift für Bruno Kropff, S. 101 (106).
[118] Huber, in: Festschrift für Bruno Kropff, S. 101 (107).
[119] Vgl. hierzu Kessler, AG 1995, S. 120 (130); Schlauss, AG 1988, S. 113 ff.
[120] Hampel, Erwerb eigener Aktien, S. 8.

Als dem Verfasser bislang einzig bekanntes Aktienrückkaufsprogramm wurde das der Berliner Elektro Holding AG von ihrer Hauptversammlung abgelehnt. In der Hauptversammlung 1999 wollte sich der Vorstand ermächtigen lassen, eigene Aktien über die Börse zu erwerben um diese entweder einzuziehen oder als Akquisitionswährung zu benutzen. Der Verwaltung wurde vorgeworfen, sie beabsichtige, mit den eigenen Aktien Anteilseigner, die ihr genehmer sind als der Großaktionär, zu gewinnen. Der Vorschlag der Verwaltung wurde daher abgelehnt[121].

§ 5 Kontrolle des Aktionärskreises bei geschlossenen Gesellschaften und Familiengesellschaften

Scheidet ein Aktionär einer Familien- oder geschlossenen Gesellschaft auf eigenen Wunsch aus, so stellt sich die Frage, wer das Aktienpaket übernehmen soll. Ist die Aktiengesellschaft nicht börsennotiert, so scheidet der Weg über eine Veräußerung der Aktien über die Börse aus. Dies ist in der Regel auch nicht erwünscht, um den Aktionärskreis überschaubar zu halten. Nach bisheriger Rechtslage musste das Paket von einem Mitgesellschafter unter Aufwendung von erheblicher Liquidität übernommen werden, da ein Rückkauf eigener Aktien zu diesem Zweck nicht zulässig war. Nach der Liberalisierung durch das KonTraG kann nunmehr auch die Gesellschaft das Aktienpaket unter den Voraussetzungen von § 71 Abs. 1 Nr. 8 AktG übernehmen. Damit wird ein Ausscheiden der Gesellschafter erleichtert. Dies kann auch dazu dienen, einen störenden Gesellschafter auszukaufen. In der Gesellschaft mit geschlossenem Aktionärskreis ist der Erwerb eigener Aktien zudem oft eine notwendige Zwischenstufe beim Ausschluss eines Gesellschafters. Besonders für die vom Gesetzgeber beabsichtigte Förderung der nicht börsennotierten „kleinen Aktiengesellschaft" ist diese Möglichkeit ein wichtiges Instrument der Flexibilisierung des Gesellschafterkreises. Zu beachten ist in diesen Fällen aber, dass sich der Vorstand der Gesellschaft beim Rückkauf eigener Aktien strikt neutral zu verhalten hat[122]

§ 6 Elimination von in Streubesitz befindlicher Anteilsbeständen

Die starke Streuung des Aktionärskreises kann sich als Kostenbelastung für das Unternehmen erweisen. Der Verwaltungsaufwand ist bei einem breit gestreutem

---

[121] Vgl. Börsenzeitung vom 1.7.1999, S. 13.

[122] Vgl. zu den diesbezüglichen Pflichten des Vorstands grundlegend Hopt, ZGR 1993, S. 535 ff.

Anlegerpublikum sehr hoch. Durch gezielte Aktienrückkäufe kann dieser Kostenfaktor verringert werden, was insbesondere in den USA als Motiv für den Erwerb eigener Aktien genannt wird[123]. In diesen Zusammenhang gehört auch der Erwerb als Vorstufe zu einem Rückzug der Gesellschaft von der Börsennotierung, also die Umstrukturierung einer Publikumsgesellschaft in eine Gesellschaft mit geschlossenem Aktionärskreis. Dies war Anfang des 19. Jahrhunderts ein bedeutendes Motiv des Erwerbs eigener Aktien. Nachdem die Aktiengesellschaft aufgrund eines notwendigen Abbaus der Verschuldung zum Börsengang und damit zur Aufnahme von Eigenkapital gezwungen war, versuchte das Management durch massive Aktienrückkäufe (allerdings des gesamten Grundkapitals) einen Rückfall des Vermögens an die früheren Eigentümer zu erreichen[124]. Eine für die Aktionäre sehr wichtige Nebenfolge ist eine verstärkte Kontrolle des Managements, falls die Aktien in den Händen weniger Aktionäre konzentriert sind. Der Großaktionär hat durch eine angemessene Vertretung im Aufsichtsrat einen verstärkten Einfluss auf die Geschäftsleitung.

§ 7 Gezielte Reduzierung des Anteils an Vorzugsaktien

Ein weiteres mögliches Motiv des Rückkaufs eigener Aktien ist der gezielte Aufkauf sowie die anschließende Einziehung von Vorzugsaktien, um deren Anteil am Grundkapital der Gesellschaft zu reduzieren. Damit wird den Bedürfnissen des internationalen Kapitalmarkts Rechnung getragen, der Vorzugsaktien eher ablehnend gegenüber steht. Das aus dem angelsächsischen Raum übernommene „one share, one vote“ Prinzip soll auf diese Weise durchgesetzt werden.

Die RWE AG hat beispielsweise ihren Vorstand ermächtigt, 55 Millionen der insgesamt emittierten 84 Millionen Vorzugsaktien zurückzukaufen und anschließend einzuziehen. Damit soll die als nicht mehr zeitgemäß empfundene Benachteiligung der Vorzugsaktionäre aufgrund des fehlenden Stimmrechts abgeschafft[125] und die Stammaktien aufgewertet werden.

Solche Maßnahmen bedürfen aber einer ausdrücklichen Ermächtigung durch die Hauptversammlung. Erheblicher Kritik sah sich die Unternehmensleitung der

---

[123] Vgl. DAI, Stellungnahme Aktienrückkauf, S. 3.
[124] Vgl. Bösselmann, Entwicklung des Aktienwesens, S. 163.
[125] US-amerikanische Investoren bevorzugen nach dem Grundsatz „one share, one vote“ Aktien mit Stimmrecht.

Kögel AG ausgesetzt. Diese hatte ohne entsprechende Ermächtigung nicht börsennotierte Stammaktien zurückgekauft, die sich bislang im ausschließlichen Besitz der Familie Kögel befanden[126].

B. Erwerb im Zusammenhang mit Konzernbildung und Umwandlungen

Gem. § 305 II Nr. 1 AktG ist die Aktiengesellschaft als begünstigter Teil eines Beherrschungs- oder Gewinnabführungsvertrages dazu verpflichtet, den außenstehenden Aktionären eigene Aktien anzubieten. Der Erwerb dieser Aktien ist auch nach bisheriger Rechtslage gem. § 71 I Nr. 3 AktG zulässig. Ebenso zulässig ist nach dieser Vorschrift der Erwerb eigener Aktien zum Angebot bei Verschmelzung und Formwechsel (§§ 29 I, 207 I 1 UmwG). Auch der Anwendungsfall der Auf- und Abspaltung ist gem. §§ 125, 29 I UmwG von § 71 I Nr. 3 AktG erfasst. Da § 125 UmwG insoweit nicht auf § 29 UmwG verweist, ist der Fall der Spaltung zur Ausgliederung von § 71 I Nr. 3 AktG nicht erfasst. Dies ist daher jetzt ein möglicher Anwendungsbereich für den Rückkauf eigener Aktien nach dem neu eingefügten § 71 Abs. 1 Nr. 8 AktG.

C. Erwerb eigener Aktien als Instrument des Finanzmanagements

§ 1 Ausschüttung von Eigenmitteln

Der Rückkauf eigener Aktien bewirkt eine Auskehrung von Liquidität durch die Kaufpreiszahlung an die Aktionäre. Durch den Erwerb der Aktien wird im Fall einer Einziehung der eigenen Aktien das gezeichnete Kapital der Gesellschaft reduziert. Dies kann insbesondere dann sinnvoll sein, wenn infolge eines Geschäftsrückgangs der Bedarf an dem (im Vergleich zum Fremdkapital teuren) Eigenkapital gesunken ist[127]. Nach den Bestimmungen zum Eigenkapital gem. den §§ 10 KWG ff müssen die unter den Anwendungsbereich des KWG fallenden Institute ein ausreichendes Eigenkapital ausweisen, das bei einem Rückgang der Geschäftstätigkeit nur im Rahmen einer ordentlichen Kapitalherabsetzung reduziert werden kann. Diese Reduzierung kann durch den Erwerb eigener Aktien mit der nachfolgenden Einziehung[128] realisiert werden.

---

[126] Vgl. Börsenzeitung vom 27.7.1999, S. 18.
[127] Vgl. hierzu Achleitner/Wichels, Die Bank 1999, S. 703 (704).
[128] Und einer vereinfachten Kapitalherabsetzung gem. § 237 Abs. 3 Nr. 2 AktG.

Falls das Unternehmen seine freien Mittel nicht so rentabel investieren kann wie seine sonstigen Aktiva, ist der Rückkauf eigener Aktien zweckmäßig. Steigt in diesem Fall der Anteil des Fremdkapitals zu Lasten des Eigenkapitals, dann verteilt sich der über die Zinsen hinausgehende Gewinn auf ein verringertes Eigenkapital[129]. Dadurch steigt der Gewinn je Eigenkapital (sog. positiver Leverage Effekt[130]). Auch der Gesetzgeber sieht in der Senkung eines dauerhaft zu hohen Eigenkapitalanteil einen wichtigen Anwendungsbereich des Rückkaufs eigener Aktien[131].

§ 2 Alternative zu Dividendenausschüttungen

Der Rückkauf eigener Aktien kann eine sinnvolle Alternative zu Dividendenausschüttungen sein. In beiden Fällen werden liquide Mittel an die Aktionäre verteilt.

Überschüssige Gewinne werden in Rücklagen eingestellt, die bei unterdurchschnittlichen Gewinnen aufgelöst werden können. Da der Erwerb eigener Aktien nicht periodisch, sondern im Bedarfsfall eingesetzt werden kann, ist er zur Ausschüttung überschüssiger Liquidität das geeignetere Mittel. Entscheidender Vorteil des Erwerbs eigener Aktien gegenüber der Dividendenpolitik ist das Wahlrecht des Aktionärs, die Aktien zu verkaufen, oder von zukünftigen Kurssteigerungen zu profitieren[132]. Dieses Wahlrecht kann er je nach seiner persönlichen steuerlichen Belastung ausüben[133], während ihm die Dividende ausbezahlt wird. Außerdem wird durch den Rückkauf eigener Aktien die Anzahl der dividendenberechtigten Aktien verringert, da der Gesellschaft aus eigenen Aktien keine Rechte zustehen (§ 71b AktG).

Die eigenen Aktien werden in der Bilanz neutralisiert (entweder, weil man sie nicht zum Aktivvermögen hinzuzählt, oder infolge einer Ausschüttungssperre durch die Pflichtrücklage)[134]. Damit stehen nach dem Erwerb am Ende des Geschäftsjahrs deutlich weniger Mittel zur Ausschüttung zur Verfügung. Gleichwohl kann sich insbesondere im Falle der Veränderung steuerlicher

---

[129] Eigene Aktien sind gem. § 71b AktG nicht dividendeberechtigt.
[130] Leven, in: Die Aktie im Aufwind, S. 216.
[131] Begründung zum KonTraG Regierungsentwurf BT-Drucks. 13/9712, S. 13.
[132] Vgl. Claussen, AG 1991, S. 10 (13).
[133] Hampel, Erwerb eigener Aktien, S. 10.
[134] Zur bilanziellen Behandlung des Erwerbs eigener Aktien vgl. 1. Teil VI. E.

Rahmenbedingungen[135] der Rückkauf eigener Aktien als wertvolle Ergänzung zu Dividendenausschüttungen erweisen.

§ 3 Ausnutzen einer Unterbewertung der Aktien

In Betracht kommt auch eine Gewinnerzielung durch das Ausnutzen einer aktuellen Unterbewertung der eigenen Aktien. Durch den Kauf zu einem Tiefstkurs und der anschließenden Veräußerung der erworbenen Aktien nach einer Erholung des Aktienkurses können Gewinne erzielt werden. Der Rückkauf eigener Aktien hat hierbei die Zielrichtung, von der Unterbewertung zu profitieren. Die Tatsache der Gewinnerzielung darf allerdings nicht im Vordergrund eines Rückkaufsprogramms stehen, da ansonsten ein Handel in eigenen Aktien zu bejahen ist[136]. Auch die Gesetzesbegründung spricht sich gegen dieses Motiv eines Rückkaufs eigener Aktien aus[137].

D. Kursmanipulation und Kurspflege als zulässiger Zweck des Erwerbs eigener Aktien?

Die Gesellschaften können den Kurs ihrer Aktien zunächst durch gezielte Unternehmenskommunikation beeinflussen. Auch der Dividendenpolitik kommt in diesem Zusammenhang eine nicht zu unterschätzende Rolle zu. Außer der Informations- und Dividendenpolitik kann die Gesellschaft den Kurs ihrer eigenen Aktien aber auch durch direkte Investitionen am Aktienmarkt beeinflussen. Diese Geschäftstätigkeit der Aktiengesellschaft bzw. eines von ihr beauftragten Dritten kann je nach dem Grad der Beeinflussung des Marktgeschehens in Kurspflege und Kursmanipulation unterteilt werden[138].

Neben der Börseneinführung verpflichtet sich die Konsortialführung im Rahmen des Emissionsgeschäfts häufig zu Kurspflegemaßnahmen[139]. In diesem Rahmen ist die Zulässigkeit von Kurspflegemaßnahmen in der Rechtsprechung

[135] Man denke beispielsweise an eine Erhöhung der Steuerlast auf Dividendenzahlungen.
[136] Vgl. hierzu Bosse, WM 2000, S. 806 ff.
[137] Begründung zum KonTraG Regierungsentwurf BT-Drucks. 13/9712, S. 13.
[138] Die Terminologie ist uneinheitlich, teilweise wird die Kursmanipulation auch als „Kursdoping" (so Lutter/Gehling in: WuB II A. § 71a AktG, 951 (953) bezeichnet.
[139] Grundmann in: Schimansky/Bunte/Lwowski Bankrechtshandbuch, § 112 Rn. 30; Schwintowski/Schäfer, Bankrecht, § 15 Rn. 90ff

anerkannt[140]. Das OLG Frankfurt[141] hält eine Kurspflegevereinbarung für „üblich und erforderlich" und stellt ihre Zulässigkeit fest, soweit die zugesagte Vergütung nicht unangemessen hoch ist[142]. Da der Kapitalmarkt aufgrund des Börsenkurses auf die Lage der Gesellschaft Rückschlüsse zieht, kann die Kurspflege Vertrauenseinbußen bei Kunden, Lieferanten, Gläubigern und Kunden verhindern. Der Gesetzgeber setzte daher bisher ihre grundsätzliche Zulässigkeit voraus (vgl. § 12 Abs. 2 Nr. 2 KWG a.F.) . Die emissionsbegleitende Kurspflege durch Dritte ist daher zulässig.

Die Notwendigkeit der Kurspflege durch die Gesellschaft wird vom Gesetzgeber grundsätzlich anerkannt[143]. Diese grundsätzliche Zulässigkeit findet allerdings ihre gesellschaftsrechtlichen sowie kapitalmarktrechtlichen Grenzen. Diese sollen im Folgenden herausgearbeitet werden.

§ 1 Merkmal der Kurzfristigkeit

Die Begründung des KonTraG äußert sich zur Frage der Zulässigkeit der Kurspflege durch die Aktiengesellschaft dahingehend, dass der Erwerb eigener Aktien nicht der kontinuierlichen Kurspflege dienen darf.[144] Aus dieser Formulierung wurde in der Literatur bereits der Umkehrschluss gezogen, dass kurzfristige Kurspflege erlaubt sein muss[145]. Auch das WpHG erlaubt die kurzfristige Kurspflege[146]. Teilweise wird die Zulässigkeit von Kurspflegemaßnahmen in der Literatur dagegen mit der Begründung abgelehnt, sie stelle einen unzulässigen Eingriff in das Marktgeschehen dar[147]. Die Lösung dieser Frage führt über die Differenzierung zwischen manipulativen Eingriffen und kurzfristiger Regulierung. Letztere liegt vor, wenn eigene Aktien zur Verhinderung zufälliger Ausschläge des Aktienkurses aufgekauft werden,

---

[140] Eindeutig OLG Frankfurt, WM 1992, 572 (575); vgl. hierzu die Anm. von Lutter/Gehling in: WuB II A. § 71a AktG, 951 (952).
[141] OLG Frankfurt aaO (Fn. 140).
[142] Für grundsätzliche Zulässigkeit aber einschränkend Lutter/Gehling in: WuB II A. § 71a AktG, 951 (952).
[143] Begründung zum KonTraG Regierungsentwurf, BT-Drucks. 13/9712 S. 13.
[144] Begründung zum KonTraG Regierungsentwurf, BT-Drucks. 13/9712 S. 13.
[145] Claussen, DB 1998, 177 (180).
[146] Assmann/Schneider, WpHG, § 14 RN 35, sowie § 31 RN 62.
[147] Hampel, Erwerb eigener Aktien und Unternehmenskontrolle, 1994 S. 70; Lutter in: AG Sonderheft 1997, 52 (56) ist der Ansicht, daß die Kurspflege nicht zum Aufgabenbereich des Vorstands gehört, und daher abzulehnen ist; Burckhardt, Der Erwerb eigener Aktien und Stammanteile, S. 47 ff.

soweit die Marktlage keine stetig sinkende Tendenz aufweist. Das Merkmal der Kurzfristigkeit ist in diesem Zusammenhang dahingehend auszulegen, dass massive, über einen längeren Zeitraum andauernde Kursstützungen unzulässig sind. Zu beachten ist hierbei, dass sich bislang als mit dem geltenden Recht vereinbar angesehene Kurspflegevereinbarungen im Rahmen von Neuemissionen teilweise über eine Dauer erstreckten, die ein Geschäftsjahr überstiegen[148]. Allerdings ist Gegenstand der Vereinbarung nicht permanente Kurspflege, sondern punktuelle Eingriffe in das Marktgeschehen. Merkmal einer zulässigen Kurspflege ist somit die punktuelle Ausrichtung.

§ 2 Merkmal der zufälligen Kursschwankung

Die Gesellschaft muss in besonderen Situationen wie der Börseneinführung im Rahmen von Neuemissionen sowie bei einem gezielten Baisseangriff[149] die Möglichkeit der kurzfristigen Kurspflege haben, um starke Schwankungen des Kurses zu verhindern[150]. Die Kurspflege durch Dritte wird grundsätzlich als zulässig erachtet[151]. Dies entspricht auch der überwiegenden Literaturauffassung zu Anfang dieses Jahrhunderts[152]. Darüber hinaus muss es der Aktiengesellschaft auch im laufenden Geschäftsbetrieb erlaubt sein, kurzfristige und irreguläre Kursausschläge durch den An- oder Verkauf eigener Aktien zu korrigieren[153]. Entspricht der Kursausschlag allerdings einem generellen Markttrend, so ist mit Aktienrückkäufen Zurückhaltung geboten. Dabei ist in der Praxis die Feststellung, ob es sich um einen generellen Abwärtstrend handelt, sehr schwer zu treffen. Allerdings wird der Vorstand schon deswegen zurückhaltend auf einen starken Abwärtstrend reagieren, weil das Risiko von starken Verlusten bei Rückkäufen in diesen Fällen sehr hoch ist. Zu Recht sind diejenigen Unternehmen, die Aktien zurückkaufen, mit der Kurspflege

---

[148] Vgl. hierzu die Vereinbarung in der Entscheidung des OLG Frankfurt, WM 1992, 572 (575) zugrundeliegenden Sachverhalt.

[149] Vgl. zur alten Rechtslage Hüffer, § 71 Rn. 9; Lutter/Gehling in: WuB II A. § 71a AktG, 951 (952).

[150] Ebenso Lutter/Gehling in: WuB II A. § 71a AktG, 951 (952); für grundsätzliche Zulässigkeit auch Ziebe, Der Erwerb eigener Aktien und GmbH Anteile in den Staaten der europäischen Gemeinschaft, 1981, S. 31.

[151] Vgl. nur OLG Frankfurt, WM 1992, 572 (575).

[152] Von einer „gewissen Berechtigung" der Kursregulierung spricht Bertheim, Erwerb eigener Aktien, S. 6; Einschränkend Welkamer, Die eigene Aktie und die Unternehmung, S. 49.

[153] So auch Claussen, DB 1998, 177 (180), der kurzfristige Kurspflege als zulässig ansieht.

zurückhaltend. Diese wurde bei empirischen Studien von keinem der Unternehmen als Motiv des Rückkaufs genannt[154].

§ 3 Zwischenergebnis

Der Aktiengesellschaft ist kurzfristige Kurspflege insbesondere im Rahmen von Kapitalmaßnahmen erlaubt. Diese muss aber anlassbezogen dahingehend sein, dass kurzfristig Kursschwankungen durch gezielte Maßnahmen ausgeglichen werden. Unzulässig ist dagegen eine längerfristige intensive Kurspflege[155] sowie die gezielte Kursbeeinflussung. Einflüsse, die auf die Lage der Gesellschaft zurückzuführen sind, sowie ein genereller Trend des Börsengeschehens berechtigen nicht zur Kurspflege[156]. Abgrenzungsmerkmale sind somit die Kurzfristigkeit sowie die Prüfung, ob eine zufällige Kursschwankung ausgeglichen werden sollte.

§ 4 Kursmanipulation durch die Gesellschaft

Von der zulässigen kurzfristigen Kurspflege ist die Kursmanipulation[157] zu unterscheiden. Anders als bei der Kurspflege, die stets die längerfristige Kontinuität und Stabilität der Kursentwicklung zum Ziel hat, dient die Kursmanipulation einem kurzfristigen Kursanstieg. Die Kursmanipulation ist als unzulässige Beeinflussung des Marktgeschehens abzulehnen[158].

Grund einer Kursmanipulation kann etwa eine bevorstehende Kapitalmaßnahme (Emission) oder ein bevorstehender Aktientausch im Rahmen eines Zusammenschlusses sein. Zulässig ist in diesen Fällen die Kurspflege, um starke Ausschläge zu verhindern. Eine Kursmanipulation[159] liegt aber dann vor, wenn beabsichtigt wird, die jungen Aktien zu günstigeren, nach der wirtschaftlichen Lage der Gesellschaft nicht gerechtfertigten Bedingungen zu emittieren. Die Gefahr, dass eine neue Emission vom Kapitalmarkt nicht zu den von der Gesellschaft erwarteten Bedingungen akzeptiert wird, fällt grundsätzlich in die

---

[154] Untersuchung des Deutschen Aktieninstituts 1999 aaO. S. 9.

[155] Auch die Stellungnahme des DAV zum Referentenentwurf des KonTraG in ZIP 1997, 163, 171 spricht von einer erforderlichen Verhinderung „übermäßiger Kurspflegemaßnahmen“.

[156] Lutter/Gehling in: WuB II A. § 71a AktG, 951 (953).

[157] Vgl. Giger, der Erwerb eigener Aktien, S. 10.

[158] Lutter in: WuB II A. § 71a AktG, 951 (953).

[159] Oder „Kurs-Doping“ nach Lutter/Gehling in: WuB II A. § 71a AktG, 951 (953).

Verantwortungssphäre der Gesellschaft, und kann nicht durch künstliche Stützung des Kurses auf den Anleger abgewälzt werden[160].

Ein anhaltender Abwärtstrend schadet dem Ansehen der Gesellschaft und setzt den Vorstand der Kritik der Aktionäre aus. Dieser wird daher in der Regel versuchen, mit allen ihm zur Verfügung stehenden Mitteln den Kursverfall zu stoppen. Mit Rückkäufen eigener Aktien ist hier aber Zurückhaltung geboten. Eine unzulässige Kursmanipulation liegt bei gezielten Aktienrückkäufen zum Ausgleich eines längerfristigen nachhaltigen Abwärtstrends des Kurses, der von den Fundamentaldaten des Unternehmens gestützt wird, vor. Es wird damit über den fairen Kurs der Aktie getäuscht. In diesen Fällen müssen bei einer weiteren Verschlechterung der wirtschaftlichen Lage die Stützungskäufe ausgedehnt werden. Bei einer Einstellung der künstlichen Stützung des Kurses (wegen Liquiditätsproblemen oder Erreichen der gesetzlichen 10 % Grenze) besteht die Möglichkeit eines starken Kursverfalls[161].

Diese Gefahr ist der Hauptgrund der bislang restriktiven Haltung des deutschen Aktienrechts zum Rückkauf eigener Aktien. Während der Weltwirtschaftskrise 1929 bis 1931 hatten zahlreiche deutsche Aktiengesellschaften erfolglos versucht, dem Kursverfall ihrer Aktien mit massiven Stützungskäufen entgegenzuwirken, was zu Liquiditätsproblemen und Unternehmenszusammenbrüchen geführt hatte[162]. Obgleich diese Gefahr durch die Begrenzung des Rückkaufsvolumens sowie Offenlegungspflichten[163] heutzutage nicht mehr in diesem Maß besteht, ist dennoch mit starken Stützungskäufen Zurückhaltung geboten[164].

Die Beurteilung der Frage, ob das Abgleiten des Kurses nur eine vorübergehende Depression ist, oder ob es den wahren Stand des Unternehmens widerspiegelt, ist oft mit Schwierigkeiten verbunden[165]. Es handelt sich hier um

---

[160] Ebenso Lutter/Gehling in: WuB II A. § 71a AktG, 951 (953).

[161] Welkamer, Die eigene Aktie und die Unternehmung, S. 51; Flechtheim in: Düringer-Hachenburg, Das Handelsgesetzbuch, III. Teil, § 226 Anm. 2ff.

[162] Peltzer, WM 1998, 322, 325.

[163] Vgl. hierzu 2. Teil VII. sowie Assmann/Uwe H. Schneider, WpHG 2. Aufl. 1999, § 21 Rn. 32 ff.

[164] Benckendorff, Erwerb eigener Aktien im deutschen und US-amerikanischen Recht, S. 91; Giger, der Erwerb eigener Aktien, S. 10; Burckhardt, der Erwerb eigener Aktien und Stammanteile, S. 48.

[165] Burckhardt aaO. S. 48, bezeichnet die gesetzliche Abgrenzung zwischen glättender Kurspflege und weitergehenden Kursstützung zu Recht als undurchführbar.

eine Prognoseentscheidung, bei der dem Vorstand ein weiter Ermessensspielraum eingeräumt werden muss[166]. Allerdings ist er dazu verpflichtet, auch andere Mittel zur Kursstabilisierung (z.B. Informationspolitik) zu nutzen. Bei einem starkem und länger anhaltendem Kursverfall sind Rückkäufe generell unzulässig. In diesen Fällen wird weder das Merkmal der Kurzfristigkeit noch des zufälligen Kursausschlags vorliegen.

E. Erwerb eigener Aktien im Rahmen von Kommissionsgeschäften

Das Kommissionsgeschäft durch Kreditinstitute stellt einen klassischen Anwendungsfall des Erwerbs eigener Aktien dar. Die Zulässigkeit der Einkaufskommission ist seit jeher anerkannt, und seit der Aktienrechtsnovelle von 1884 gesetzlich normiert[167]. Die Ausnahme des § 71 Abs. 1 Nr. 4 AktG ist aber nun auf Aktienbanken (§§ 1 Abs. 1, 2 Abs. 1 KWG) beschränkt. Die Einkaufskommission führt zu einem Durchgangserwerb der Aktiengesellschaft, da sie gem. § 383 HGB im eigenen Namen auftritt. Nicht zulässig ist dagegen der vorsorgliche Erwerb im Hinblick auf die Ansammlung von erheblichen Beständen an eigenen Aktien[168].

F. Erwerb eigener Aktien zur Kapitalherabsetzung

Die Kapitalherabsetzung durch den Erwerb eigener Aktien und deren anschließende Einziehung hat den Vorteil, dass – bei Vorliegen der Voraussetzungen des § 237 Abs. 3 AktG - ein vereinfachtes Verfahren ohne Einhaltung der für die Aktiengesellschaft mit hohem Aufwand verbundenen Gläubigerschutzregeln des § 225 AktG angewendet werden kann. Der Erwerb eigener Aktien zur Einziehung kann auch über § 71 Abs. 1 Nr. 6 AktG erfolgen. In diesem Fall ist aber ein vorheriger Beschluss der Hauptversammlung zur Einziehung der Aktien erforderlich.

---

[166] Welkamer aaO. (Fn. 31) S. 51 möchte die Frage, in welchem Umfang Kursstützungen vorgenommen werden, dem Verantwortlichkeitsgefühl der Verwaltung überlassen.

[167] Vgl. hierzu oben II. 2. C.

[168] Vgl. Begr. RegE zu § 71 bei Kropff, S. 91.

G. Erwerb eigener Aktien zur Mitarbeiterbeteiligung

Sowohl § 71 Abs. 1 Nr. 2 AktG als auch § 71 Abs. 1 Nr. 8 AktG erlauben den Erwerb eigener Aktien zum Zweck der Mitarbeiterbeteiligung[169]. Die Umfrage des Verfassers zum Erwerb eigener Aktien zeigt, dass knapp 30 % der befragten Unternehmen den Erwerb eigener Aktien zum Zwecke der Mitarbeiterbeteiligung vorgesehen haben[170]. Die einschlägigen Ermächtigungen zum Rückkauf eigener Aktien beispielsweise der Siemens AG[171], der Deutschen Bank AG[172] und der Bertrand AG[173] sehen jeweils die Bedienung von in der Vergangenheit beschlossenen Aktienoptionsprogrammen durch eigene Aktien vor. Auch die DaimlerChrysler AG[174] im Rahmen ihrer Vorjahresermächtigung und die Brokat AG[175] haben die Mitarbeiterbeteiligung durch den Erwerb eigener Aktien vorgesehen. Die im Rahmen der Mitarbeiterbeteiligung ausgegebenen Bezugsrechte auf eigene Aktien können entweder durch ein bedingtes Kapital (§§ 192, 193 AktG) oder durch den Erwerb eigener Aktien bedient werden.

Der Unterschied bei der Bedienung von Bezugsrechten aus eigenen Aktien im Gegensatz zum bedingten Kapital ist, dass die Gesellschaft in diesem Fall den Aufwand in Höhe der Differenz zwischen Ankaufspreis und Optionspreis trägt. Diese Differenz kann von der Gesellschaft nach Realisierung des Verlusts als Betriebsausgabe geltend gemacht werden.

---

[169] Vgl. hierzu Bosse, NZG 2001, S. 594 ff.

[170] Vgl. Anhang 2.

[171] Vgl. die Tagesordnung zur Hauptversammlung der Siemens AG am 22. Februar 2001 unter TOP 11, die eine Weitergabe der erworbenen Aktien zur Erfüllung der Verpflichtung der Siemens AG aus dem Aktienoptionsplan 1999 vorsieht.

[172] Vgl. die Tagesordnung zur Hauptversammlung der Deutschen Bank AG am 17. Mai 2001 unter TOP 7, die eine Weitergabe der erworbenen Aktien zur Erfüllung der Verpflichtung der Deutschen Bank AG aus sämtlichen ausgegebenen Optionsrechten vorsieht.

[173] Vgl. die Tagesordnung zur Hauptversammlung der Bertrand AG am 7. Februar 2001 unter TOP 6, die eine Weitergabe der erworbenen Aktien zur Erfüllung der Verpflichtung der Bertrand AG aus dem Aktienoptionsplans 2000 vorsieht.

[174] Vgl. die Tagesordnung zur Hauptversammlung der DaimlerChrysler AG am 19. April 2000 unter TOP 9, die eine Weitergabe der erworbenen Aktien zur Erfüllung der Verpflichtung der Daimler Chrysler AG aus dem auf derselben Hauptversammlung unter TOP 8 beschlossenen Aktienoptionsplan vorsieht.

[175] Vgl. die Tagesordnung zur Hauptversammlung der Brokat AG am 26. Mai 2000 unter TOP 9, die eine Weitergabe der erworbenen Aktien zur Erfüllung der Verpflichtung aus dem auf derselben Hauptversammlung unter TOP 7 beschlossenen Aktienoptionsplan vorsieht.

Die Ausnutzung eines bedingten Kapitals führt der Gesellschaft dagegen zusätzliches Kapital zu und erhöht die Anzahl der ausgegebenen Aktien. Der Vorteil der Beschaffung über eigene Aktien ist damit die fehlende Verwässerung des Anteils der Altaktionäre.

4. Volkswirtschaftliche Risiken und Gefährdung von Aktionären beim Erwerb eigener Aktien

Wie bereits bei der Erörterung der historischen Grundlagen des Verbots des Erwerbs eigener Aktien festgestellt, ist dieser mit typischen Gefahren verbunden. In Betracht kommt eine Gefährdung der Gesellschaft, der Aktionäre, von Gläubigern der Gesellschaft sowie der Funktionsfähigkeit des Kapitalmarkts insgesamt. Diese Gefahren sind teilweise durch gesetzliche Vorschriften begrenzt. Die in Betracht zu ziehenden Gefahren sollen im folgenden dargestellt werden. Auf Gefahren (und Nachteile), die im Hinblick auf das Ankaufs- und Andienungsrecht der Aktionäre beim Erwerb eigener Aktien gegeben sind, wird ausführlich nachfolgend unter III. 2. eingegangen.

A. Dogmatische Bedenken: Die Aktiengesellschaft als Erwerberin

§ 1 Vereinbarkeit des Erwerbs eigener Aktien mit dem Wesen der Aktiengesellschaft

Der Vorgang des Erwerbs eigener Aktien durch die Gesellschaft gerät mit dem klassischen aktienrechtlichen Grundgedanken in Konflikt, dass Eigentum und Verwaltung desselben in verschiedenen Händen liegen sollten. Eine Durchbrechung dieses Grundsatzes ist die Einmanngesellschaft, für die aber spezielle Vorschriften gelten[176]. Im Gegensatz zur Einmanngesellschaft ist bei einem Erwerb aller ausgegebenener Aktien eine „Keinmanngesellschaft" denkbar. In diesem Fall wäre die Gesellschaft ihr Eigentümer, ihre Aktiva würden sich größtenteils aus eigenen Aktien zusammensetzen. Bedenken gegen den Vorgang des Erwerbs eigener Aktien durch die Aktiengesellschaft kamen daher in der juristischen Literatur schon früh auf. In den Motiven eines Entwurfs eines Handelsgesetzbuchs[177] wird auf S. 11 folgendes festgestellt:

---

[176] Vgl. § 42 AktG.

[177] Drucks. Nr. 86/1869 des Bundesraths des Norddeutschen Bundes.

"Ein derartiger Ankauf (eigener Aktien, Anm. d. Verf.) steht mit dem Wesen der Aktiengesellschaft nicht im Einklange...".

Auch die Rechtslehre stand dem Erwerb eigener Aktien aufgrund dogmatischer Bedenken teilweise reserviert gegenüber. So führt *Gadow*[178] hierzu wörtlich aus:

"Daß eine AG ihre eigenen Aktien erwirbt ist, nach der reinen Rechtskonstruktion betrachtet, eine Unmöglichkeit".

Ein Erwerb eigener Anteile wird durch die rechtliche Selbständigkeit der juristischen Person ermöglicht. Diese besteht unabhängig von ihren Mitgliedern. Es erscheint widersprüchlich, dass eine Gesellschaft einerseits aus Mitgliedern besteht, und zugleich selbst diese Mitgliedschaft inne hat. Darin liegt eine Doppelrolle, die dem Zweck des Gesetzes widerspricht, die Mitgliedschaft auf von der Gesellschaft verschiedene Rechtssubjekte zu verteilen („Eigentümerkontrolle"). Diese Konstruktion setzt aufgrund des derivativen Erwerbs eigener Aktien durch die Gesellschaft als zwingendes Durchgangsstadium den Erwerb bzw. die Zeichnung der Aktien durch Dritte voraus. Denn eine Zeichnung eigener Aktien durch die Gesellschaft ist unzulässig. Dies ist in der Rechtslehre seit jeher anerkannt und in § 56 AktG normiert.

Über die oben geschilderten dogmatischen Bedenken hat sich der historische Gesetzgeber mit der eindeutigen Entscheidung hinweggesetzt, den Erwerb eigener Aktien anzuerkennen, und ihn in § 226 HGB ausdrücklich zuzulassen[179]. Auch die juristische Literatur hat sich dieser Entscheidung des Gesetzgebers angeschlossen[180]. Angesichts der gesetzlichen Normierung des Erwerbs eigener Aktien werden die oben geschilderten dogmatischen Bedenken von der ganz einhelligen Auffassung in der juristischen Literatur als letztlich nicht durchgreifend erachtet[181].

---

[178] Gadow in: Großkommentar Aktiengesetz, Gadow-Heinichen-Schmidt-Weipert, § 65 Anm. 1

[179] Brodmann, Aktienrecht, § 226 Anm. 1 b).

[180] Hüffer, § 71 Rn. 3; Hefermehl/Bungeroth in: Geßler/Hefermehl/Eckardt/Kropff, § 71 Rn. 11; Barz in: Großkommentar, § 71 Anm. 1; Lutter in: Kölner Kommentar, § 71 Rn. 17; Gadow in: Gadow-Heinichen-Schmidt-Weipert, § 65 Anm. 1.

[181] Hüffer, § 71 Rn. 3; Hefermehl/Bungeroth in: Geßler/Hefermehl/Eckardt/Kropff, § 71 Rn. 11; Barz in: Großkommentar, § 71 Anm. 1; Lutter in: Kölner Kommentar, § 71 Rn. 17; Gadow in: Gadow-Heinichen-Schmidt-Weipert, § 65 Anm. 1.

§ 2 Die Gesellschaft als eigene Gesellschafterin ?

Mit dem Erwerb eigener Aktien wird die Gesellschaft Gesellschafterin an sich selbst[182]. Damit könnten ihr Rechte aus dieser Mitgliedschaft an ihr selbst zustehen. Hier ist eine differenzierte Betrachtung erforderlich.

Eine Verteilung des Vermögens einer Gesellschaft an sich selbst (§ 271 AktG) im Falle einer Liquidation ist rechtlich unmöglich. Das Recht auf eine Dividende aus eigenen Aktien würde dagegen handelsrechtlich eine Umbuchung der Passivposition „Bilanzgewinn" in die Position „Gewinnrücklagen" darstellen, und wäre daher grundsätzlich denkbar. Die Ausübung des Stimmrechts aus eigenen Aktien wäre - als Geschäftsführungsmaßnahme des Vorstands - ebenfalls möglich. Dies würde aber zur Folge haben, dass der Vorstand durch die Ausübung des Stimmrechts u.a. Einfluss auf die Bestellung des Kontrollorgans Aufsichtsrat ausübt. Die Verwaltung würde in diesem Fall auf der Hauptversammlung über ihre eigenen Vorschläge abstimmen. Eine vergleichbare Problematik findet man bei der - rechtlich zulässigen - Einmanngesellschaft, falls der Alleingesellschafter (zugleich tätig als Vorstand) in seiner Eigenschaft als Aktionär den Aufsichtsrat bestellt. Auch die Verwertung von Bezugsrechten auf eigene Aktien im Falle einer Kapitalerhöhung könnte durch eine Veräußerung erfolgen[183]. Damit ist die Ausübung von Rechtspositionen aus eigenen Aktien - bis auf die Verteilung des Liquidationserlöses - grundsätzlich denkbar.

Die Frage der Rechte der Aktiengesellschaft aus eigenen Aktien fand zum ersten Mal im Jahr 1931 eine gesetzliche Regelung[184], mit der das Stimmrecht sowie der Anspruch auf den Bilanzgewinn ausdrücklich ausgeschlossen wurde. Die damals umstrittene Frage, ob der Aktiengesellschaft Bezugsrechte auf eigene Aktien sowie ein Liquidationserlös zustanden, wurde mit der Reform des Aktienrechts 1937 geklärt[185]. Die Formulierung lautete lapidar: *"Aus eigenen Aktien stehen der Aktiengesellschaft keine Rechte zu"*. Diese Regelung wurde in die heute geltende Fassung von § 71b AktG wörtlich übernommen. Damit hat sich der Gesetzgeber bei grundsätzlicher Anerkennung des Erwerbs eigener

---

[182] Vgl. hierzu Hettlage, AG 1981, S. 92 ff.
[183] Eine Zeichnung eigener Aktien ist wegen § 56 Abs. 1 AktG unzulässig.
[184] Verordnung des Reichspräsidenten über Aktienrecht, Bankaufsicht und über eine Steueramnestie vom 19. November 1931; RGBl. I, 493.
[185] AktG vom 30. 1. 1937, RGBl. I S. 107, 588, 1140.

Aktien durch die Gesellschaft gegen die Ausübung von Rechten aus diesen Aktien entschieden.

Die Vorschrift des § 71b AktG bezweckt eine Neutralisierung der Mitgliedschaftsrechte[186]. Durch den Verweis in § 71d S. 4 AktG wird der Anwendungsbereich der Vorschrift auf diejenigen Aktien ausgedehnt, die ein mittelbarer Stellvertreter für Rechnung der Aktiengesellschaft hält. Das Ausübungsverbot des § 71b AktG differenziert nicht zwischen dem zulässigen und dem unzulässigen Erwerb eigener Aktien[187]. Zu beachten ist, dass die erworbenen Aktien für die Grundkapitalziffer maßgeblich bleiben. Kommt es daher auf die Höhe des Grundkapitals an, so ist dessen Ziffer maßgeblich[188]. Kommt es bei einer Hauptversammlung auf die Höhe des bei der Abstimmung vertretenen Grundkapitals an[189], so werden eigene Aktien der Gesellschaft aufgrund der gesetzlichen Regelungen nicht mitgezählt[190]. Dies hat zur Folge, dass der Nennbetrag (oder der rechnerische Anteil am Grundkapital bei Stückaktien) in diesem Fall von der ermittelten Grundkapitalziffer abgezogen werden muss.

Nach einem Erwerb eigener Aktien ruhen auch die Vermögensrechte aus den Aktien. Dies hat zur Folge, dass im Falle eines Erwerbs eigener Aktien das Vermögen der Gesellschaft nur auf die nicht zurückgekauften Aktien verteilt ist. Diese Tatsache hat ein Ansteigen des (potentiellen) Liquidationserlöses sowie des Dividendenanspruchs pro Aktie zur Folge. Die Konsequenz hieraus ist eine Steigerung der Werthaltigkeit der Aktien. Die Gesellschaft kann aufgrund von § 71b AktG keine Bezugsrechte auf eigene Aktien ausüben[191]. Die eigenen Aktien nehmen aber an einer Erhöhung des Grundkapitals aus Gesellschaftsmitteln teil[192]. Damit sollen die Beteiligungsverhältnisse aufrechterhalten werden. Bei einer Veräußerung der eigenen Aktien leben die Mitgliedschaftsrechte wieder

---

[186] Vgl. Hüffer, § 71b Rn. 1; Lutter in: Kölner Kommentar, § 71b Rn. 5.
[187] Lutter, in: Kölner Kommentar, § 71b Rn. 2; Hüffer, § 71b Rn. 2.
[188] Ebenso Lutter, in: Kölner Kommentar, § 71b Rn. 5; Hefermehl/Bungeroth in: Geßler/Hefermehl/Eckardt/Kropff, § 71b Rn. 11.
[189] Vgl. §§ 126 Abs. 2 Nr. 5, 137, 179 Abs. 2 S. 1, 182 Abs. 1 S. 1 AktG.
[190] Hefermehl/Bungeroth in: Geßler/Hefermehl/Eckardt/Kropff, § 71b Rn. 7; Lutter in: Kölner Kommentar, § 71b Rn. 5.
[191] Dies folgt bereits aus § 56 AktG.
[192] Vgl. § 215 Abs. 1 AktG, dessen dogmatische Einordnung str. ist. Für die klarstellende Bedeutung Hüffer, § 215 Rn. 2 m.w.N.

auf[193]. Fällige Einlageverbindlichkeiten erlöschen bei einem Erwerb der Gesellschaft durch Vereinigung von Forderung und Schuld in einer Person. Insoweit ist auch die Anwendung des § 65 AktG ausgeschlossen, da die Gesellschaft selbst Vormann i.S.v. § 65 AktG ist[194]. Dieses Problem wird sich in der Regel nicht stellen, da der Erwerb von teileingezahlten eigenen Aktien gem. § 71 Abs. 2 S. 3 AktG weitgehend verboten ist.

Umstritten ist die Frage, inwieweit die Aktiengesellschaft Pflichten aus ihren eigenen Aktien treffen. Die Mitgliedschaft vermittelt auch Pflichten[195]. Zu nennen ist hier insbesondere die vermögensrechtliche Hauptpflicht zur Leistung der Einlage (gem. §§ 27, 36a AktG als Bar- oder Sacheinlage). Jedenfalls gegenüber der Aktiengesellschaft treffen den Aktionär auch Treuepflichten[196].

Nach ganz allgemeiner Auffassung in der juristischen Literatur treffen die Aktiengesellschaft aus ihren eigenen Aktien keine Pflichten[197]. Dem ist zuzustimmen, da die Gesellschaft aufgrund von § 71b AktG auch keine Rechte aus diesen Aktien ausüben kann. Allerdings sollen diese Pflichten Dritte, deren Aktienbesitz der Aktiengesellschaft nach Maßgabe des § 71d AktG zugerechnet wird, gleichwohl treffen[198].

B. Übernahme typischer Aktionärsrisiken durch die Gesellschaft

Durch den Erwerb eigener Aktien wird die Gesellschaft zu ihrem eigenen Aktionär. Dieser Erwerb wirkt sich im Vermögen der Gesellschaft dahingehend aus, dass sie die eigenen Anteile im dafür vorgesehenen (vgl. § 265 Abs. 3 S. 2 HGB) Posten im Umlaufvermögen auszuweisen hat. Der Gesetzgeber geht davon aus, dass die Aktien mit den Anschaffungskosten nach § 255 HGB zu

---

[193] Hefermehl/Bungeroth in: Geßler/Hefermehl/Eckardt/Kropff, § 71b Rn. 18; Lutter, in: Kölner Kommentar, § 71b Rn. 13.

[194] Ebenso Hüffer, § 71b Rn. 13; Hefermehl/Bungeroth in: Geßler/Hefermehl/Eckardt/Kropff, § 71b Rn. 18.

[195] Hüffer, § 71b Rn. 6; vgl. Münchner Handbuch Aktiengesellschaft , § 17 Rn. 6.

[196] Vgl. Hüffer, § 53a Rn. 13 ff m.w.N.

[197] Hüffer, § 71b Rn. 6; Lutter in: Kölner Kommentar, § 71b Rn. 21; Hefermehl/Bungeroth in: Geßler/Hefermehl/Eckardt/Kropff, § 71b Rn.16.

[198] Lutter in: Kölner Kommentar, § 71b Rn. 21; Hefermehl/Bungeroth in: Geßler/Hefermehl/Eckardt/Kropff, § 71d Rn. 76.

aktivieren sind (§ 266 Abs. 2 B. III. 2. HGB)[199]. Der tatsächliche Wert der eigenen Aktien ist aber zweifelhaft[200]. Teilweise wird die Auffassung vertreten, die erworbene Aktie sei in der Hand der Gesellschaft „nichts als ein bedrucktes Stück Papier ohne realen Wert“[201]. Diese Auffassung verdient Zustimmung. Denn die Aktiengesellschaft hat aufgrund von § 71b AktG keine (Vermögens)rechte aus eigenen Aktien. Damit bleibt nur ein Ansatzpunkt, um eigenen Aktien einen wirtschaftlichen Wert zuzugestehen. Dieser ist die Möglichkeit, sich durch die Veräußerung der Aktien Kapital zu beschaffen. Dass dies aber ein zweifelhafter Vermögenswert ist, zeigt der Vergleich mit dem genehmigten Kapital. Auch im Falle des genehmigten Kapitals schafft die Hauptversammlung durch die Ermächtigung die Voraussetzung für den Vorstand, schnell und flexibel neues Eigenkapital zu beschaffen. Im Gegensatz zur Veräußerung eigener Aktien, die sich in der Kaufpreiszahlung der Käufer erschöpft, müssen die Aktien aber von Interessenten gezeichnet werden, und die Durchführung der Kapitalerhöhung in das Handelsregister eingetragen werden. Mit den eigenen Aktien hält die Gesellschaft dagegen bereits börsennotierte Aktien, die jederzeit ohne weitere Voraussetzung veräußert werden können. Ob diese Erleichterung im Vergleich zum genehmigten Kapital eine derart unterschiedliche bilanzielle Behandlung gebietet, erscheint zumindest zweifelhaft.

Gem. § 272 Abs. 1 S. 5 HGB sind eigene Aktien nicht zu aktivieren, sondern vom Eigenkapital abzusetzen, falls die Wiederveräußerung der erworbenen Aktien von einem Beschluss der Hauptversammlung abhängig gemacht wurde. Diese Differenzierung ist konsequent, da ein Beschluss der Hauptversammlung erfahrungsgemäß nur unter erheblichem Zeitaufwand[202] herbeizuführen ist. Damit verlieren die eigenen Aktien ihren Charakter als frei verwertbares Wirtschaftsgut.

Den oben dargestellten Bedenken im Hinblick auf den realen Wert der eigenen Aktien hat der Gesetzgeber Rechnung getragen, indem er die Aktiengesellschaft zur Bildung einer Rücklage in entsprechender Höhe verpflichtet[203]. Diese

---

[199] Stellungnahme des Bundesministeriums für Finanzen vom 2.12.1998, DStR 1998, 2011; vgl. hierzu den Kommentar von Wiese in DStR 1999, 187ff; vgl.hierzu ausführlich unter III. 3. C.
[200] Vgl. Huber, FS Bruno Kropff, S. 101 (122).
[201] Thiel, DB 1998, S. 1583 sowie S. 1786 ff; Ludwig Schmidt in: EStG Kommentar, 17. Aufl. § 17 Rn. 105.
[202] Vgl. die Einladungsfrist des § 123 AktG.
[203] Dadurch wird eine Ausschüttungssperre in entsprechender Höhe erreicht.

Rücklage fungiert als passive „Ausschüttungssperre“, und ist notfalls zu Lasten des Bilanzgewinns/Verlusts zu bilden.

Bei einem Kursverfall der eigenen Aktien ist eine Wertberichtigung (vgl. § 253 Abs. 3 S. 1 HGB) erforderlich, die das Aktivvermögen der Aktiengesellschaft verringert. Diese Verluste werden zwar zu Lasten der Rücklage für eigene Aktien gebildet. Im Fall der Veräußerung wird aber ein Verlust realisiert. Damit trägt die Aktiengesellschaft sowohl das operative Risiko von Verlusten im Rahmen der Geschäftstätigkeit sowie das typische Aktionärsrisiko von Kursverlusten in eigenen Aktien. Der Erwerb eigener Aktien führt daher zu einer Risikohäufung[204].

C. Gefährdung der Kapitalaufbringung und der Erhaltung des Grundkapitals

Um eine ordnungsgemäße Kapitalaufbringung zu gewährleisten, ist es der Gesellschaft gem. § 56 Abs. 1 AktG verboten, eigene Aktien zu zeichnen. Dieses Verbot kann dadurch umgangen werden, dass Aktien ausgegeben werden, die noch nicht voll einbezahlt sind (vgl. § 10 Abs. 2 S. 1 AktG), und anschließend erworben werden. Die Aktiengesellschaft erwirbt in diesem Fall mit den eigenen Aktien Einlageforderungen gegen sich selbst. Dies steht im klaren Widerspruch zur Vorschrift des § 56 Abs. 1 AktG sowie zum aktienrechtlichen Prinzip der Sicherung der Kapitalaufbringung.

Durch den Rückkauf eigener Aktien wird das Vermögen der Gesellschaft um den Erwerbspreis verringert. Als Gegenleistung erhält sie eigene Anteile, die im Krisenfall für die Gesellschaft nicht wirtschaftlich verwertbar sind[205]. Wird der Kaufpreis zu Lasten des Eigenkapitals finanziert, so werden die Vorschriften zum Schutz des Eigenkapitals umgangen[206].

Bedenklich ist dies vor allem deshalb, weil die Eigenkapitalausstattung des Unternehmens im Falle einer Krise eine wichtige Auffangfunktion hat.

---

[204] Ablehnend gegenüber eigenen Aktien als Kapitalanlage auch Huber, in: Festschrift für Konrad Duden zum 70. Geburtstag, S. 137 (138).
[205] VonRosen/Helm, AG 1996, 434 (437).
[206] Rams, Die Bank 1997, S. 216.

D. Erhöhte Anfälligkeit für Krisensituationen aufgrund von nicht rationalem Anlegerverhalten

Nach dem Rückkauf eigener Aktien bestehen Teile des Vermögens der Aktiengesellschaft aus Anteilen an sich selbst. Im Falle einer wirtschaftlichen Rezession sinken die Aktienkurse. Würde die Aktiengesellschaft Anteile einer dritten Gesellschaft besitzen, dann könnten durch den sofortigen Verkauf der Aktien weitere Verluste vermieden werden. Mit dem Verkauf der eigenen Aktien wird der Vorstand dagegen Zurückhaltung üben. Denn der dadurch bedingte Angebotsüberhang kann den Kurs der Aktie zusätzlich unter Druck setzen. Genauso verhält es sich im Fall der Krise der Aktiengesellschaft. Denn in diesem Fall bewirken die Nachrichten über die operativen Verluste der Gesellschaft einen Kurssturz der Aktie. Die im Krisenfall dringend benötigte Liquidität kann nur mit den oben erwähnten negativen Folgen durch den Verkauf der eigenen Aktien realisiert werden. Möglicherweise wird eine größere Position eigener Aktien in diesem Fall nicht vom Kapitalmarkt aufgenommen. Daher kann der Rückkauf eigener Aktien zum Abbau von dringend benötigten Liquiditätspolstern führen. Dies schränkt die Möglichkeiten der Aktiengesellschaft, wirtschaftliche Schwierigkeiten zu überwinden, ein[207].

Durch den Rückkauf eigener Aktien wird die Liquidität der Gesellschaft beeinträchtigt. Dies ist unproblematisch, falls mit dem Rückkauf überschüssige Liquidität abgebaut werden soll. Wird der Rückkauf dagegen mit Fremdkapital finanziert (um das Verhältnis des Fremdkapitals zum Eigenkapital anzupassen)[208], so besteht die Gefahr, dass wichtige Reserven, die im Falle einer spürbaren Beeinträchtigung der Geschäftslage benötigt werden, in eigenen Aktien gebunden sind. Dieses abgeflossene Kapital kann im Falle eines generellen Abwärtstrends des Kapitalmarkts durch eine Veräußerung der Aktien zu ungünstigeren Konditionen nur teilweise zurückgewonnen werden.

---

[207] Von Rosen/Helm, AG 1996, S. 434 (437).

[208] In der Regel zur Verbessung des sog. "Leverage Effekts", vgl. hierzu Leven, die Aktie im Aufwind, S. 216.

E. Unzulässige Spekulation in eigenen Aktien

Die Möglichkeit, dass der Vorstand auf Kosten der Aktionäre mit den eigenen Aktien der Gesellschaft spekuliert[209], ist naheliegend.

Da dem Vorstand zahlreiche Daten über die Gesellschaft zur Verfügung stehen, kann er die weitere Kursentwicklung der Aktie der Gesellschaft am besten beurteilen. Es kommt daher in Betracht, dass der Vorstand vor der Bekanntgabe von positiven Unternehmensdaten gezielt eigene Aktien ankauft, um diese nach einem Kursanstieg wieder zu veräußern. Gleiches gilt für die Veräußerung von größeren Positionen eigener Aktien vor der Veröffentlichung von negativen Unternehmensdaten. Eine derartige spekulative Zielrichtung ist aber mit dem Zweck des Erwerbs eigener Aktien nicht zu vereinbaren. Dieser soll kein Instrument zur Erzielung von zusätzlichen Gewinnen der Gesellschaft sein, was Kursgewinne der Gesellschaft anlässlich von An- und Verkäufen eigener Aktien aber nicht generell ausschliesst. Diese können Begleiterscheinungen von zulässigen Aktienrückkäufen sein.

F. Verbotene Insidergeschäfte beim Erwerb eigener Aktien

§ 1 Allgemeines

Das Verbot des Insiderhandels in den §§ 12 ff WpHG dient dem Schutz der Aufrechterhaltung des Vertrauens der Anleger in die Funktionsfähigkeit der Finanzmärkte. Die Regelung soll sicherstellen, dass andere Marktteilnehmer Informationsvorsprünge nicht zum persönlichen Vorteil ausnutzen können[210]. Der Rückkauf eigener Aktien ist besonders anfällig für Verstöße gegen das Insiderrecht. Der Gesetzgeber führt daher aus, dass zur Vermeidung von Insidergeschäften der Erwerb eigener Aktien auf bestimmte Zeiträume („Zeitfenster“) zu beschränken ist, in denen auch übrige Marktteilnehmer über die wesentlichen Informationen betreffend die Gesellschaft verfügen[211]. Diese

---

[209] Zu dieser Frage und zur Abgrenzung zum Handel in eigenen Aktien vgl. Bosse, WM 2000, 806 ff.

[210] Begründung zum Regierungsentwurf eines zweiten Finanzmarktförderungsgesetztes, BT-Drucks. 12/6679 v. 27.1.1994, S. 33.

[211] Begründung zum KonTraG Regierungsentwurf, BT-Drucks. 13/9712 S. 14; Als Beispiel ist ein Zeitraum von drei Wochen nach Vorlage eines Geschäfts- oder Zwischenberichts bzw. einer Bilanzpressekonferenz genannt.

Forderung hat sich in der Praxis nicht durchgesetzt. Der Erwerb eigener Aktien ist vorrangig an den §§ 12-20 WpHG zu messen[212].

Vorstandsmitglieder sind Primärinsider im Sinne von § 12 WpHG. Es sind zahlreiche Fallgestaltungen denkbar, bei denen die Ausnutzung von Insiderwissen in Betracht kommt. Dies kann beim Erwerb eigener Aktien zum Zwecke der Nutzung der eigenen Aktien als Tauschwährung im Rahmen einer Akquisition der Fall sein. Kurz vor Ankündigung des Beginns des Rückkaufs beschließt der Vorstand beispielsweise, eine andere Gesellschaft aufzukaufen. Der Erwerb eigener Aktien vor bekanntwerden dieser Tatsache sowie ein möglicher gewinnbringender Verkauf der eigenen Aktien zu höheren Kursen erfüllt den Tatbestand des § 12 WpHG. An- und Verkäufe eigener Aktien sind in besonders hohem Maße anfällig für das Ausnutzen von Insidertatsachen. Transaktionen in Gewinnabsicht sollten dem Vorstand in jedem Fall verwehrt werden[213]. Zur Insiderproblematik hat sich das Bundesaufsichtsamt für Wertpapierhandel (nachfolgend: "BAWe") mit einem Schreiben an die Vorstände börsennotierter Unternehmen gewandt[214], das den nachfolgenden Ausführungen zugrunde gelegt werden soll.

§ 2 Insidertatsachen beim Erwerb eigener Aktien (§ 13 WpHG)

Die Beschlüsse des Vorstandes und des Aufsichtsrates, der Hauptversammlung vorzuschlagen, den Vorstand zu ermächtigen, eigene Aktien im Nennwert von bis zu 10% des Grundkapitals zurückzukaufen, können nach Ansicht des BAWe ebenso wie der Ermächtigungsbeschluss der Hauptversammlung eine Insidertatsache darstellen (Schreiben des BAWe Ziff. 2 b)[215]. Bei der Veröffentlichung dieser Tatsache muss die Verbreitung an einen unbestimmten Personenkreis gewährleistet sein (Schreiben des BAWe Ziff. 2 b). In der Regel hat die Unternehmensleitung zur Vermeidung von Insiderverstößen darauf zu achten, nur in Zeiträumen zurückzukaufen, in denen dem Markt möglichst viele Informationen zur Verfügung stehen[216].

---

[212] Assmann/Schneider, WpHG, 2. Aufl. 1999, § 31 RN 62; Schäfer, WM 1999, 1345 ff.

[213] In der Regel wird dieses Verhalten den Tatbestand des "Handels in eigenen Aktien" erfüllen.

[214] Vgl. hierzu van Aerssen, WM 2000, S. 391 ff; sowie insbesondere zum Schreiben des BAWe Bosse, ZIP 1999, 2047; der Beitrag von Schockenhoff/Wagner in: AG 1999, S. 548 ff berücksichtigt das Schreiben des BAWe noch nicht.

[215] Ebenso Begründung zum KonTraG Regierungsentwurf, BT-Drucks. 13/9712 S. 14.

[216] Auf die übrigen Berührungspunkte mit den Vorschriften des WpHG (zB. Meldepflichten) wird unter II. 7. A. eingegangen.

G. Aktienoptionsprogramme und Aktienrückkäufe

Empirische Untersuchungen aus den USA belegen einen Zusammenhang zwischen Aktienrückkäufen und der Mitarbeiterbeteiligung im Rahmen von Aktienoptionsprogrammen[217]. Es ist denkbar, dass der Vorstand den Versuch unternimmt, durch (kurssteigernde) Aktienrückkäufe die ihm gewährten Optionen „ins Geld" zu bringen. Durch Aktienrückkäufe über die Börse kann der Kurs der Aktie ganz erheblich gesteigert werden. In der deutschen Praxis ist ein derartiges Vorgehen durch Aktienrückkäufe bislang noch nicht bekannt geworden. Mit Einlösung der Optionen sinkt der Kurs der Aktie durch die mit der Kapitalerhöhung verbundene Verwässerung.

5. Abwägung zwischen 3. und 4., Erfordernis eines Totalverbots des Erwerbs eigener Aktien ?

Angesichts der oben erörterten Gefahren des Erwerbs eigener Aktien stand der Gesetzgeber diesem bislang eher zurückhaltend gegenüber. Diese Zurückhaltung wurde durch die Erfahrungen zu Beginn des letzten Jahrhunderts bestätigt. Betrachtet man die Gefahren näher, so muss man zum Schluss kommen, dass diese mit steigendem Volumen (oder Anteil am Grundkapital) von zurückgekauften eigenen Aktien überproportional zunehmen. Während der Rückkauf nahezu aller ausgegebenen Aktien die Gesellschaft aufgrund des erhöhten Einsatzes von Liquidität in ernsthafte wirtschaftliche Schwierigkeiten bringen kann, sind diese Gefahren bei einem geringen Rückkaufsvolumen eher zu vernachlässigen. Entsprechendes gilt für die Verschiebung des Kompetenzgefüges innerhalb der Aktiengesellschaft und die verringerte Eigentümerkontrolle. Betrachtet man die eigenen Anteile als Aktivposten in der Bilanz der Gesellschaft, so wird das Gesellschaftsvermögen nur dann ernsthaften Gefahren ausgesetzt, wenn - abgesehen von den eigenen Aktien - keine nennenswerten Vermögensgüter vorhanden sind.

Der Gefahr einer Benachteiligung von Aktionären kann möglicherweise durch Verfahrensvorschriften für den Erwerb eigener Aktien wirksam begegnet werden.

Man kann daher feststellen, dass eine hinsichtlich des Volumens uneingeschränkte Zulässigkeit des Erwerbs eigener Aktien ohne

---

[217] Jolls, Stock Repurchases, S. 5 ff.

Verfahrensvorschriften zum Rückkauf und der Veräußerung im Hinblick auf die damit verbundenen Gefahren nicht wünschenswert wäre. Zieht man die bereits erörterten Vorteile des Erwerbs eigener Aktien in Betracht, so ist aber auch ein Totalverbot des Erwerbs eigener Aktien nicht zu fordern. Den Aktiengesellschaften wird ein wertvolles strategisches Instrument zur Verfügung gestellt, das nicht zuletzt im Hinblick auf den internationalen Wettbewerb förderlich ist. Es ist daher ein Mittelweg einzuschlagen, der durch eine Begrenzung des Rückkaufsvolumens sowie Verfahrensvorschriften den oben erörterten Gefahren Rechnung trägt. Die deutschen und europäischen rechtlichen Rahmenbedingungen sind nachfolgend unter diesem Blickwinkel darzustellen.

6. Der Erwerb eigener Aktien im System des geltenden deutschen Rechts

A. Überblick

Die rechtlichen Grundlagen für den Erwerb eigener Aktien finden sich in den Vorschriften der §§ 71 ff AktG. Der Erwerb eigener Aktien ist grundsätzlich verboten. Zentrale Norm der Vorschriften zum Erwerb eigener Aktien ist der durch das KonTraG neu eingefügte § 71 Abs. 1 Nr. 8 AktG. Als einziger Erlaubnistatbestand gestattet diese Vorschrift einen Erwerb eigener Aktien ohne die Vorgabe eines bestimmten Zwecks des Erwerbs eigener Aktien.

Der originäre Erwerb eigener Aktien wird von § 56 Abs. 1 AktG geregelt. Der Erwerb eigener Aktien ist ferner Gegenstand der Vorschriften der §§ 160 Abs. 1 Nr. 2 AktG, 272 Abs. 1 S. 5 und Abs. 4 HGB, 25 Abs. 3 S. 1 WpHG sowie § 55 BörsenzulVO.

§ 1 Struktur der §§ 71 ff AktG

Die Vorschrift des § 71 Abs. 1 AktG statuiert in einem Katalog (Ziff. 1 bis 8) Ausnahmetatbestände, nach denen der Erwerb eigener Aktien entgegen dem grundsätzlichen Verbot zulässig ist. Durch § 71 Abs. 2 AktG werden weitere Anforderungen gestellt, die einerseits verhindern, dass der Anteil an eigenen Aktien einen bestimmten Anteil am Grundkapital übersteigt (Kapitalgrenze) andererseits einer Auszehrung des Vermögens der Aktiengesellschaft entgegenwirken sollen (Vermögensgrenze). Dabei werden bestimmte privilegierte Erwerbstatbestände aus der Kapitalgrenze ausgenommen. Die

Rechtsfolgen des zulässigen Erwerbs eigener Aktien ergeben sich aus §§ 71 Abs. 3, 71b AktG.

Die Rechtsfolgen des unzulässigen Erwerbs sind in den §§ 71 Abs. 4, 71c AktG geregelt. Deren Grundaussage ist die Statuierung der dinglichen Wirksamkeit des Erwerbs eigener Aktien und die Aufstellung von Veräußerungspflichten hinsichtlich der unzulässig erworbenen Aktien. Eine Umgehung der vorgenannten Vorschriften sollen schließlich die §§ 71a, 71d AktG sowie § 71e AktG verhindern.

§ 2 Sinn und Zweck der §§ 71 ff AktG

Die Vorschriften zum Erwerb eigener Aktien bezwecken in erster Linie die Sicherung der Erhaltung des Eigenkapitals[218], und sollen den oben[219] erörterten Gefahren für weitere Beteiligte entgegenwirken.

Gem. § 71 Abs. 1 Nr. 8 AktG ist der Erwerb eigener Aktien ohne Zweckbindung zulässig. Dieser Tatbestand hat daher mit den § 71 Abs. 1 Nr. 1 bis 7 AktG, die den Erwerb eigener Aktien an die Verfolgung bestimmter Zwecke binden, Überschneidungspunkte. Dies hat allerdings nicht zur Folge, dass die Nr. 1 bis 7 gegenüber Nr. 8 als speziellere Vorschriften anzusehen sind. Denn ein Erwerb zu den Zwecken der Nr. 1 bis 7 ist in aller Regel auch nach der Nr. 8 möglich[220]. Als umfassender Tatbestand wird daher bei dieser Darstellung die Vorschrift des § 71 Abs. 1 Nr. 8 AktG in der Betrachtung vorgezogen. Auf die zweckgebundenen Tatbestände der § 71 Abs. 1 Nr. 1 bis 7 AktG wird erst dann eingegangen, wenn die Frage der Zweckfreiheit des Erwerbs eigener Aktien aufgeworfen wird[221].

B. Der Erwerb eigener Aktien aufgrund eines Beschlusses der Hauptversammlung gem. § 71 Abs. 1 Nr. 8 AktG

Die Vorschrift des § 71 Abs. 1 Nr. 8 AktG wurde durch das KonTraG mit Wirkung zum 27. April 1998 in § 71 AktG eingefügt. Gesetzgeberischer Zweck

---

218 Hüffer, § 71 Rn. 1; Lutter in: Kölner Kommentar, § 71 Rn. 10.

219 Vgl. hierzu II. 4.

220 Allerdings setzen die Nr. 1 bis 7 teilweise keinen Beschluß der Hauptversammlung voraus, und erleichtern den Erwerb in anderer Weise gegenüber § 71 Abs. 1 Nr. 8 AktG.

221 Vgl. hierzu nachfolgend unter II. 6. B. § 2.

der grundlegenden Änderungen war die Angleichung des Finanzierungsinstrumentariums der deutschen Gesellschaften an die „international übliche Praxis“, die Belebung des Börsenhandels sowie die Steigerung der Akzeptanz der Aktie als Anlageform[222]. Als einziger Tatbestand ohne Zweckangabe nimmt § 71 Abs. 1 Nr. 8 AktG eine herausragende Stellung in § 71 AktG ein.

Der Erwerb eigener Aktien nach dieser Vorschrift setzt einen Beschluss der Hauptversammlung voraus. Der Inhalt des Beschlusses ist teilweise zwingend im Gesetz festgelegt. Es können aber zweckmäßigerweise noch weitere Festlegungen durch die Hauptversammlung erfolgen[223]. Der Beschluss bedarf der einfachen Mehrheit der abgegebenen Stimmen, vgl. § 133 Abs. 1 AktG.

§ 1 Zwingender Inhalt des Beschlusses der Hauptversammlung gem. § 71 Abs. 1 Nr. 8 AktG

a) Erwerbspreis

Der Beschluss der Hauptversammlung hat den niedrigsten und höchsten Gegenwert für den Erwerb eigener Aktien festzulegen. Neben der Festlegung einer absoluten Grenze ist auch die - in der Praxis gebräuchliche - relative Anbindung an den zukünftigen Börsenkurs mit dem Gesetzeszweck zu vereinbaren[224]. Bemerkenswert ist, dass die Festlegung eines Veräußerungspreises für die eigenen Aktien nach dem Wortlaut des Gesetzes nicht erforderlich ist.

b) Erwerbsvolumen

Nach der Vorschrift des § 71 Abs. 1 Nr. 8 AktG darf die Ermächtigung zum Rückkauf eigener Aktien den Anteil am Grundkapital von 10 % nicht überschreiten. Hier bieten sich nach dem Wortlaut der Norm zwei Auslegungsmöglichkeiten an. Zunächst könnte diese Grenze entsprechend § 71 Abs. 2 S. 1 AktG eine Höchstgrenze darstellen. Eine andere Möglichkeit wäre die Annahme einer jeweiligen Bestandsgrenze entsprechend § 71 Abs. 1 Nr. 7 AktG, die mehrmals ausgeschöpft, aber nicht überschritten werden darf.

---

[222] Begründung zum Regierungsentwurf, BT-Drucks. 13/9712, S. 13.
[223] Begründung zum Regierungsentwurf, BT-Drucks. 13/9712, S. 13.
[224] Begründung zum Regierungsentwurf, BT-Drucks. 13/9712, S. 13.

Die 10 % Begrenzung soll nach Ansicht des Gesetzgebers auf die insgesamt zu erwerbenden Aktien abstellen. Daraus wurde teilweise der Schluss gezogen, die Ermächtigung könne nur einmal in Höhe von 10 % ausgenutzt werden[225]. Der Gesetzeswortlaut zwingt diese einschränkende Auslegung allerdings nicht auf. Dieser schränkt den Erwerb lediglich dahingehend ein, dass der Anteil am Grundkapital in Höhe von 10 % durch den Erwerb nicht überschritten werden darf. Auch die Abgrenzung zu § 71 Abs. 1 Nr. 7 AktG erfordert diesen Schluss nicht. Nach § 71 Abs. 1 Nr. 7 AktG dürfen Kreditinstitute und bestimmte weitere Gesellschaften eigene Aktien zum Zwecke des Wertpapierhandels zurückkaufen. Der Handelsbestand der zu diesem Zweck erworbenen eigenen Aktien darf dabei 5 % des Grundkapitals am Ende jeden Tages nicht überschreiten. Zwar fehlen in § 71 Abs. 1 Nr. 8 AktG diese exakten Bestandsfestlegungen für jeden Handelstag der Nr. 7 der Vorschrift. Allein daraus kann aber nicht der Schluss gezogen werden, es handle sich bei der 10 % Grenze nicht um eine Bestandsangabe, sondern um eine Obergrenze des gesamten Erwerbsvolumens. Dabei ist auch die Entstehungsgeschichte der Vorschrift zu beachten. Wie ein Großteil der §§ 71 ff AktG geht sie auf die sog. Kapitalschutzrichtlinie zurück[226]. Zielrichtung der in der Kapitalschutzrichtlinie vorgeschriebenen 10 % Grenze war die Begrenzung von Gefahren, die sich aus dem Halten von mehr als 10 % eigener Aktien ergeben. Dieser Zweck wird bereits durch die Aufnahme der Nr. 8 in § 71 Abs. 2 S. 1 AktG erreicht. Denn gem. § 71 Abs. 2 S. 1 AktG dürfen auf die zu Zwecken nach Abs. 1 Nr. 1 bis 3, 7 und 6 erworbenen Aktien nicht mehr als 10 % des Grundkapitals entfallen. Die 10 % Grenze des § 71 Abs. 1 Nr. 8 kann daher mehrmals ausgeschöpft werden[227].

c) Dauer der Ermächtigung

Gem. § 71 Abs. 1 Nr. 8 AktG darf die Ermächtigung für maximal 18 Monate erteilt werden. Diese Einschränkung gilt aber nur für den Erwerb, nicht für das Halten der eigenen Aktien[228].

---

225 Kindl, DStR 1999, S. 1276, 1278; Kraft/Altvater, NZG 1998, S. 448 (450); Hüffer, § 71 Rn. 19e.

226 Zweite Richtlinie des Rats v. 13. Dezember 1976 (77/191/EWG) zur Koordinierung der Kapitalschutzbestimmungen („Kapitalrichtlinie").

227 A.A. die wohl h.M. vgl. nur Hüffer, § 71 Rn. 19e m.w.N.

228 Kraft/Altvater, NZG 1998, 448, 449.

Die Hauptversammlung kann die Dauer der Ermächtigung verkürzen, aber nicht verlängern. Wird in der nächsten Hauptversammlung eine erneute Ermächtigung erteilt, so muss die zeitlich frühere Ermächtigung aufgehoben werden. Dies kann mit der neuen Ermächtigung verbunden werden.

§ 2 Zwingende Zweckvorgabe des Erwerbs eigener Aktien ?

Der Rückkauf eigener Aktien kann, wie bereits erörtert, zu den verschiedensten Zwecken und mit den verschiedensten Zielrichtungen eingesetzt werden. Es stellt sich die Frage, ob der Vorstand über die Zweckrichtung des Rückkaufs eigener Aktien in eigener Verantwortung entscheiden kann, oder ob der Ermächtigungsbeschluss nach § 71 Abs. 1 Nr. 8 AktG aufgrund gesetzlicher Vorgaben oder aufgrund der Auslegung Vorgaben über den Zweck des Erwerbs eigener Aktien enthalten muss. In diesem Fall würde die Zweckvorgabe eine Einschränkung des in §§ 76, 77 AktG normierten Entscheidungsspielraums des Vorstands darstellen.

Diese Frage hat durch ein kürzlich ergangenes Urteil des LG Berlin[229] zu § 71 Abs. 1 Nr. 8 AktG und zur Frage der zwingenden Angabe eines Zwecks bei der Ermächtigung zum Erwerb eigener Aktien neue Aktualität erhalten. Das Gesetz hat mit den §§ 71 Abs. 1 Nr. 1 bis 7 AktG einen Katalog von Ausnahmetatbeständen zum Erwerb eigener Aktien geschaffen, die an einen bestimmten Zweck des Erwerbs eigener Aktien anknüpfen. Eine Besonderheit stellt die Ermächtigung zum Erwerb eigener Aktien gem. § 71 Abs. 1 Nr. 8 AktG dar, da der Gesetzeswortlaut die Schlussfolgerung nahelegt, dass die Ermächtigung zum Erwerb eigener Aktien nicht an einen bestimmten Zweck gebunden werden muss.

Es stellt sich die Frage, ob die Tatbestände der §§ 71 Abs. 1 Nr. bis 7 AktG gesetzessystematisch eine Ausstrahlungswirkung auf die Ermächtigung gem. § 71 Abs. 1 Nr. 8 AktG dahingehend haben, dass die Zwecke der vorgenannten Vorschriften abschließend sind und daher auch im Rahmen der Ermächtigung des § 71 Abs. 1 Nr. 8 AktG zu beachten sind[230]. Eine entsprechende Diskussion in der rechtswissenschaftlichen Literatur hat in letzter Zeit unter dem Gesichtspunkt der „Schranken des Erwerbs eigener Aktien“ begonnen[231].

---

[229] Urteil vom 15.11.1999 veröff. In: DB 2000, 765.
[230] Diese Überlegung stellt Martens, AG/S 1997, S. 83 (85) an.
[231] Vgl. Saria, NZG 2000, S. 458 (462).

Nachfolgend sollen zunächst die Tatbestände der §§ 71 Abs. 1 Nr. 1 bis 7 AktG dargestellt werden.

a) Die Zweckgebundenen Erwerbstatbestände der § 71 Abs. 1 bis 7 AktG

aa) Erwerb eigener Aktien zur Abwendung eines schweren, unmittelbar bevorstehenden Schadens von der Gesellschaft gem. § 71 Abs. 1 Nr. 1 AktG

Der Erwerb eigener Aktien zur Schadensabwehr, der in seinen Ursprüngen auf die Notverordnung von 1931[232] zurückgeht, setzt zweierlei voraus: (1.) ein schwerer Schaden für die Gesellschaft muss unmittelbar bevorstehen und (2.) der Erwerb muss zu dessen Abwehr notwendig sein. Dabei ist bei der Auslegung des Begriffs des Schadens eine Orientierung an den §§ 249 BGB möglich[233]. Der Schaden darf nicht den Aktionären, sondern muss der Gesellschaft drohen. Ein schwerer Schaden setzt nicht eine existenzbedrohende Höhe voraus. Unter Berücksichtigung der Finanzkraft der Aktiengesellschaft muss er allerdings eine empfindliche Einbuße darstellen.

Dabei wird teilweise auf das Verhältnis des drohenden Risikos zu dem des Erwerbs eigener Aktien abgestellt[234]. Für die Unmittelbarkeit reicht es aus, dass ein Schaden in überschaubarer Zukunft konkret zu erwarten ist. Das Merkmal „unmittelbar bevorstehend" wurde im Rahmen der Umsetzung der Kapitalrichtlinie eingefügt, und sollte nach Ansicht des Gesetzgebers keine materiellen Veränderungen mit sich bringen[235]. Dementsprechend soll dieses Tatbestandsmerkmal nur Schäden ausschließen, die in ferner Zukunft eintreten können[236]. Es ist ferner die Wahrscheinlichkeit für den Schadenseintritt in die Wertung mit einzubeziehen. Dabei ist keine absolute Sicherheit, aber eine überwiegende Wahrscheinlichkeit erforderlich[237]. Notwendig ist der Erwerb

---

[232] Verordnung des Reichspräsidenten über Aktienrecht, Bankaufsicht und über eine Steueramnestie vom 19. November 1931; RGBl. I, 493.
[233] Hüffer, § 71 Rn. 7; Hefermehl/Bungeroth in: Geßler/Hefermehl/Eckardt/Kropff, § 71 Rn. 38; einschränkend dagegen Barz in: Großkommentar, § 71 Anm. 7, der zumindest § 252 BGB (entgangener Gewinn) nicht anwenden möchte.
[234] So Barz in: Großkommentar, § 71 Anm. 7.
[235] Begr. RegE in BT-Drucks. 8/1678 S. 15.
[236] Hüffer, § 71 Rn. 7 ; Hefermehl/Bungeroth in: Geßler/Hefermehl/Eckardt/Kropff, § 71 Rn. 45.
[237] Hüffer, § 71 Rn. 7 ; Hefermehl/Bungeroth in: Geßler/Hefermehl/Eckardt/Kropff, § 71 Rn. 47; Lutter in: Kölner Kommentar, § 71 Rn. 29.

nicht schon dann, wenn er zur Schadensabwehr geeignet ist. Vielmehr muss er eine Lösung ohne wirtschaftlich und rechtlich vernünftige Alternative sein[238].

Ein klassisches Beispiel des Anwendungsbereichs der Vorschrift ist der Fall, dass der Erwerb eigener Aktien das einzige Mittel zur Befriedigung einer Forderung der Gesellschaft gegen einen mittellosen Schuldner ist. Dabei werden zur Realisierung der Forderung eigene Aktien gepfändet oder verwertet[239].

Problematisch ist dagegen der Abkauf von Anfechtungsklagen[240]. Hier ist zunächst zu differenzieren. Ist die Anfechtungsklage rechtsmissbräuchlich, so kann der Abkauf zur Verhinderung eines Schadens zulässig sein[241]. Die Anfechtungsklage kann im übrigen als aktienrechtliches Instrument nicht als Schaden aufgefasst werden. Ein Schaden kann allerdings in der Verzögerung der Eintragung des betreffenden Beschlusses im Handelsregister liegen. Daher ist zumindest in Ausnahmefällen, in denen die Unbegründetheit der Klage auf der Hand liegt und ein erheblicher Schaden durch die Nichteintragung droht, ein Erwerb eigener Aktien nach dieser Vorschrift zulässig[242]. Dabei ist aber zu beachten, dass ein überhöhter Kaufpreis einen Verstoß gegen das Verbot der Einlagenrückgewähr darstellen kann (§ 57 Abs. 1 AktG).

Der Erwerb eigener Aktien zum Zwecke der Kurspflege wurde bislang sehr kritisch betrachtet[243]. Zutreffend ist zwar, dass Kursverluste erhebliche Nachteile für die Aktiengesellschaft zur Folge haben können. Diese treffen aber in erster Linie die Aktionäre. Außerdem sind sie in ihren Auswirkungen nicht so erheblich, dass sie als „schwerer Schaden" aufgefasst werden können[244]. Daher wird die Kurspflege nach § 71 Abs. 1 Nr. 1 AktG als unzulässig angesehen[245].

---

238 Hüffer, § 71 Rn. 8 ; Hefermehl/Bungeroth in: Geßler/Hefermehl/Eckardt/Kropff, § 71 Rn. 47 sowie Lutter in: Kölner Kommentar, § 71 Rn. 29 sind der Auffassung, der Aktienerwerb dürfe das "einzig taugliche Mittel" zur Schadensabwehr sein.

239 Hüffer, § 71 Rn. 9; Hefermehl/Bungeroth in: Geßler/Hefermehl/Eckardt/Kropff, § 71 Rn. 51.

240 Vgl. hierzu Lutter, ZGR 1978, S. 346 ff.

241 Allg. Auffassung, vgl. hierzu Hüffer, § 71 Rn. 10 ; Hefermehl/Bungeroth in: Geßler/Hefermehl/Eckardt/Kropff, § 71 Rn. 59 ; Lutter in: Kölner Kommentar, § 71 Rn. 26.

242 Hüffer, § 71 Rn. 10; Hefermehl/Bungeroth in: Geßler/Hefermehl/Eckardt/Kropff, § 71 Rn. 59.

243 vgl. Hüffer, § 71 Rn. 10; Hefermehl/Bungeroth in: Geßler/Hefermehl/Eckardt/Kropff, § 71 Rn. 52.

244 Hefermehl/Bungeroth in: Geßler/Hefermehl/Eckardt/Kropff, § 71 Rn. 52.

245 Begr. RegE zu § 68 bei Kropff, S. 91; Lutter in: Kölner Kommentar, § 71 Rn. 23; Hüffer, § 71 Rn. 10; Hefermehl/Bungeroth in: Geßler/Hefermehl/Eckardt/Kropff, § 71 Rn. 52.

Zur Abwehr einer feindlichen Übernahme kommt der Erwerb eigener Aktien sowohl als präventives Mittel[246] sowie als gezielte Gegenmaßnahme in Betracht[247]. Ob eine Übernahme einen schweren Schaden für die Gesellschaft darstellen kann[248], ist umstritten. Teilweise wird die Auffassung vertreten, die feindliche Übernahme[249] sei durchaus als schwerer Schaden für die Gesellschaft anzusehen[250].

bb) Erwerb zur Ausgabe von Belegschaftsaktien gem. § 71 Abs. 1 Nr. 2 AktG

Der Erwerb eigener Aktien ist nach dieser Vorschrift zulässig, wenn sie den Arbeitnehmern der Gesellschaft oder eines verbundenen Unternehmens zum Erwerb angeboten werden sollen. Damit soll die Vermögensbildung der Arbeitnehmer gefördert werden. Diese sollen ferner enger an den Betrieb gebunden werden[251]. Dabei ist es nach dem Wortlaut des Gesetzes ausreichend, dass die Empfänger zu irgendeinem Zeitpunkt in einem Arbeitsverhältnis zu der Gesellschaft standen. Damit sind auch Betriebsrentner und Vorruheständler erfasst[252]. Obwohl der Kreis der Begünstigten damit nicht abschließend genannt wurde[253], sind Organmitglieder von der Vorschrift nicht erfasst. Insoweit fehlt es an der Vergleichbarkeit mit Arbeitnehmern[254]. Für die Zulässigkeit des Erwerbs genügt eine entsprechende Absicht des Vorstands. Diese erfordert in der Regel einen Beschluss des Vorstands, der die wesentlichen Eckpunkte des Mitarbeiterbeteiligungsprogramms zum Inhalt hat[255]. Die tatsächliche Weitergabe der erworbenen Aktien an die Arbeitnehmer ist nicht erforderlich. Wird die Absicht des Vorstands aufgegeben, so wird der Erwerb nicht

---

246 Abbau von hoher Liquidität und Aufnahme von Fremdkapital können eine fremdfinanzierte feindliche Übernahme erschweren und die Attraktivität des Zielobjekts vermindern.

247 Vgl. grundlegend für die Pflichten des Vorstands in der Übernahmesituation Hopt, ZGR 1993, S. 535 ff.

248 Vgl. zu dieser Frage auch Aha, AG 1992, S. 218 (219).

249 Auch als "Überfremdung" bezeichnet.

250 Barz in: Großkommentar, § 71 Anm. 7; Baumbach/Hueck, § 71 Rn. 6.

251 Lutter in: Kölner Kommentar, § 71 Rn. 34.

252 Die Vorschrift wurde im Rahmen des 2. Finanzmarktförderungsgesetzes v. 26. 7. 1994 (BGBl. I, S. 1749) entsprechend geändert. Vgl. hierzu Butzge, WM 1995, S. 1389.

253 Reg. Begr. BT-Drucks 12/6679.

254 Ganz allg. Auffassung, vgl. Hüffer, § 71 Rn. 12; Lutter in: Kölner Kommentar, § 71 Rn. 41; Hefermehl/Bungeroth in: Geßler/Hefermehl/Eckardt/Kropff, § 71 Rn. 77.

255 Lutter in: Kölner Kommentar, § 71 Rn. 35; Hefermehl/Bungeroth in: Geßler/Hefermehl/Eckardt/Kropff, § 71 Rn. 65.

unzulässig. Allerdings hat dieser in diesem Fall analog § 71c Abs. 1 AktG innerhalb eines Jahres seit Feststehen einer Aufgabe der Absicht die erworbenen Aktien zu veräußern. Die erworbenen Aktien sind gem. § 71 Abs. 3 S. 2 AktG innerhalb eines Jahres nach Erwerb an die Arbeitnehmer auszugeben. Dies erschwert die Mitarbeiterbeteiligung durch den Erwerb eigener Aktien[256].

cc) Erwerb eigener Aktien zur Abfindung von Aktionären gem. § 71 Abs. 1 Nr. 3 AktG

Die ursprünglich vorgesehenen Fälle der §§ 305 Abs. 2, 320b AktG regeln den Erwerb eigener Aktien bei Abfindung von Aktionären im Falle des Abschlusses von Unternehmensverträgen sowie im Falle der Eingliederung. Nach der Vorschrift des § 305 Abs. 2 Nr. 1 AktG müssen den außenstehenden Aktionären eigene Anteile gewährt werden, falls die Gesellschaft der begünstigte Teil eines Abfindungs- und Beherrschungsvertrages ist.

Gem. § 305 Abs. 2 Nr. 2 AktG sind den außenstehenden Aktionären einer abhängigen[257] oder einer im Mehrheitsbesitz[258] stehenden Aktiengesellschaft Aktien der Obergesellschaft oder eine Barabfindung anzubieten. Im Falle einer Eingliederung hat die Gesellschaft gem. § 320b Abs. 1 S. 2 AktG ausgeschiedenen Aktionären Aktien der Obergesellschaft zu gewähren. Ist die Obergesellschaft eine abhängige Gesellschaft, so muss die Gesellschaft nach Wahl der ausgeschiedenen Aktionären diesen alternativ eine angemessene Barabfindung gewähren[259]. Die Gesellschaft kann die eigenen Aktien durch den Erwerb eigener Aktien oder eine bedingte Kapitalerhöhung gem. § 192 Abs. 2 Nr. 2 AktG schaffen[260]. Darüber hinaus ist die Gesellschaft in den Fällen der Verschmelzung sowie dem Formwechsel zur Gewährung eigener Anteile verpflichtet, §§ 29 Abs. 1 S. 1, 207 Abs. 1 S. 1 UmwG. Nach der Vorschrift des § 125 Abs. 1 UmwG ist zudem § 29 UmwG auf die Fälle der Auf- und Abspaltung entsprechend anwendbar. Auch in diesen Fällen ist der Erwerb eigener Aktien gem. § 71 Abs. 1 Nr. 3 AktG zulässig, da der Normbefehl der Vorschriften leer laufen würde, falls die Aktiengesellschaft zum Erwerb der Aktien nicht berechtigt wäre. Auf den Fall der Ausgliederung ist § 29 UmwG dagegen wegen § 125 S. 1 UmwG nicht anwendbar, so dass auch ein Erwerb

---

[256] Es bietet sich der Weg über § 71 Abs. 1 Nr. 8 AktG an. Dieser sieht keine Haltefrist vor.
[257] Vgl. § 17 AktG.
[258] Vgl. § 16 AktG.
[259] Vgl. § 320 Abs. 1 S. 3 AktG.
[260] Dies dürfte der Regelfall sein.

eigener Aktien gem. § 71 Abs. 1 Nr. 3 AktG in diesen Fällen nicht in Betracht kommt[261]. Erforderlich für die Zulässigkeit des Erwerbs eigener Aktien ist eine ernsthafte Verwendungsabsicht des Vorstands. Diese liegt jedenfalls dann vor, wenn die Hauptversammlungen der beiden Gesellschaften die erforderlichen Zustimmungsbeschlüsse gefasst haben. Sind jedoch die entsprechenden Mehrheiten sicher, so ist bereits vor Beschlussfassung eine ernsthafte Verwendungsabsicht des Vorstands zu bejahen.

dd) Unentgeltlicher Erwerb sowie Erwerb durch ein Kreditinstitut im Rahmen einer Einkaufskommission gem. § 71 Abs. 1 Nr. 4 AktG

Die Gesellschaft darf gem. § 71 Abs. 1 Nr. 4 AktG eigene Aktien erwerben, wenn dies unentgeltlich geschieht. Der unentgeltliche Erwerb wird nicht durch eine Belastung mit Erbschafts- oder Schenkungssteuern ausgeschlossen. Es ist allein auf die fehlende Gegenleistung durch die Gesellschaft abzustellen. Diese Vorschrift hat aber eine geringe praktische Relevanz. Im Falle der Sanierung der Gesellschaft kann diese Ausnahme dann bedeutsam werden, falls der Gesellschaft Aktien durch die Aktionäre unentgeltlich zur Verfügung gestellt werden, um einen Kapitalschnitt zu ermöglichen[262].

Die Einkaufskommission durch eine Aktienbank hat immer einen Durchgangserwerb zur Folge, da diese gem. § 383 HGB im eigenen Namen auftritt. Diese Ausnahme ist im deutschen Recht seit jeher anerkannt, und seit der Aktienrechtsnovelle von 1884[263] auch gesetzlich verankert. Dabei richtet sich die Frage, ob eine Einkaufskommission vorliegt, allein nach § 383 HGB. Damit ist Voraussetzung des Erwerbs eigener Aktien ein wirksamer Kommissionsvertrag, eine vorsorgliche Anschaffung ist nicht zulässig[264]. Ausgeschlossen ist ferner die Anwendung der Vorschrift im Falle einer Verkaufskommission[265]. In diesen Fällen erhält die Gesellschaft lediglich die Verfügungsbefugnis, so dass hier § 71 Abs. 1 Nr. 4 AktG schon tatbestandlich nicht eingreifen kann. Falls ein Einkaufskommissionsvertrag vorliegt, und die

---

[261] Hüffer, § 71 Rn. 15; Hefermehl/Bungeroth in: Geßler/Hefermehl/Eckardt/Kropff, § 71 Rn. 97.

[262] In diesen Fällen dürfte allerdings eine Kapitalherabsetzung und damit § 71 Abs. 1 Nr. 6 AktG das Mittel der Wahl sein.

[263] Gesetz betreffend die Kommanditgesellschaften auf Aktien und die Aktiengesellschaften vom 18. Juli 1884, RGBl. No. 22, S. 123.

[264] Hefermehl/Bungeroth in: Geßler/Hefermehl/Eckardt/Kropff, § 71 Rn. 112; Lutter, in: Kölner Kommentar, § 71 Rn. 60.

[265] Vgl. hierzu Heinsius, AG 1988, S. 253 ff.

Gesellschaft ihn durch einen Selbsteintritt gem. § 400 HGB ausführt, fällt der Deckungskauf unter § 71 Abs. 1 Nr. 4 AktG[266]. Vertragsstörungen haben keine Auswirkung auf die Zulässigkeit des Erwerbs eigener Aktien. Allerdings ist der Vorstand entsprechend § 71c Abs. 1 AktG zur Veräußerung der erworbenen eigenen Aktien verpflichtet.

ee) Erwerb eigener Aktien durch Gesamtrechtsnachfolge gem. § 71 Abs. 1 Nr. 5 AktG

Die Vorschrift des § 71 Abs. 1 Nr. 5 AktG soll sicherstellen, dass eine Gesamtrechtsnachfolge nicht am Erwerb eigener Aktien scheitert[267]. Erfasst werden die Gesamtrechtsnachfolge gem. § 1922 BGB und die Verschmelzung (§§ 20 Abs. 1 Nr. 1, 73 UmwG). Ebenfalls erfasst wird die Übernahme des Geschäfts einer Personenhandelsgesellschaft durch einen Gesellschafter nach §§ 142, 161 Abs. 2 HGB[268].

ff) Erwerb eigener Aktien aufgrund eines Beschlusses der Hauptversammlung zur Einziehung und Herabsetzung des Grundkapitals gem. § 71 Abs. 1 Nr. 6 AktG

Die Vorschrift des § 71 Abs. 1 Nr. 6 AktG betrifft die Herabsetzung des Grundkapitals durch Einziehung von Aktien. Diese ist gem. § 237 Abs. 1 S. 1 1. Alt. AktG zwangsweise oder gem. § 237 Abs. 1 S. 1 2. Alt. AktG nach einem Erwerb durch die Gesellschaft möglich. Wichtige Voraussetzung eines Erwerbs nach dieser Vorschrift ist ein vorheriger Kapitalherabsetzungs- und Einziehungsbeschluss der Hauptversammlung. Durch den neu eingeführten § 71 Abs. 1 Nr. 8 AktG kann nunmehr der Erwerb eigener Aktien mit der Zweckbestimmung der späteren Einziehung sowie der Ermächtigung des Vorstands zur Einziehung der eigenen Aktien verbunden werden[269]. Ein vorheriger Beschluss der Hauptversammlung zur Einziehung ist dann nicht mehr erforderlich. Allerdings ist die 10 % Grenze beim Erwerb über § 71 Abs. 1 Nr. 6 AktG nicht zu beachten, was als klarer Vorteil dieser Vorgehensweise gelten kann.

---

266 Str., wie hier Hefermehl/Bungeroth in: Geßler/Hefermehl/Eckardt/Kropff, § 71 Rn. 113; aA Hüffer, § 71 Rn. 17 und Lutter in: Kölner Kommentar, § 71 Rn. 61.

267 Begr. RegE zu § 68 bei Kropff S. 91.

268 Hüffer, § 71 Rn. 18; Hefermehl/Bungeroth in: Geßler/Hefermehl/Eckardt/Kropff, § 71 Rn. 118; auf die Möglichkeit einer Umgehung weist Lutter in: Kölner Kommentar, § 71 Rn. 65 hin.

269 Begründung zum KonTraG Regierungsentwurf BT-Drucks. 13/9712 S. 13.

gg) Erwerb eigener Aktien durch ein Kreditinstitut aufgrund eines Beschlusses der Hauptversammlung zum Zwecke des Wertpapierhandels gem.§ 71 Abs. 1 Nr. 7 AktG

Die Vorschrift des § 71 Abs. 1 Nr. 7 AktG soll dem Eigenhandel in seinen verschiedenen Formen eine gesicherte Rechtsgrundlage geben[270]. Begünstigte sind ausschließlich Kreditinstitute (§§ 1 Abs. 1 KWG) sowie Finanzdienstleistungsinstitute (§ 1 Abs. 1a KWG). Voraussetzung für den Erwerb eigener Aktien ist ein Beschluss der Hauptversammlung, der den Zweck des Wertpapierhandels zum Inhalt haben muss. Damit sind andere Zwecke ausgeschlossen. Insbesondere Kurspflegemaßnahmen fallen nicht unter § 71 Abs. 1 Nr. 7 AktG. Der Bestand an eigenen Aktien darf 5 % des Grundkapitals am Ende jedes Handelstages nicht überschreiten. Die maximale Dauer der Ermächtigung beträgt 18 Monate. Der Beschluss muss den niedrigsten und höchsten Gegenwert festlegen, und darf während des Fristablaufs erneuert werden[271]. Bei der Bestimmung des Gegenwerts ist eine Anknüpfung an den jeweiligen Börsenkurs der Aktie zulässig[272].

b) Problemstellung: Gesetzliche Vorgaben des § 71 Abs. 1 Nr. 8 AktG zur Zweckbestimmung des Rückkaufs eigener Aktien

Nach der Betrachtung der Tatbestände der § 71 Abs. 1 Nr. 1 bis 7 AktG ist festzustellen, dass neben den in diesen Vorschriften normierten Zwecken weitere - gesetzlich nicht geregelte - Zielrichtungen des Erwerbs eigener Aktien existieren. So ist beispielsweise der Rückkauf eigener Aktien zum Zwecke der Ausgabe der Aktien an Organmitglieder bei der Mitarbeiterbeteiligung sowie der Erwerb zum Zweck der Verwendung als „Tauschwährung“ bei Unternehmenskäufen nicht in den § 71 Abs. 1 Nr. 1 bis 7 AktG erwähnt. Nach dem Wortlaut von § 71 Abs. 1 Nr. 8 AktG ist die Angabe des Zwecks des Erwerbs eigener Aktien nicht erforderlich. Abweichend hiervon hatte der Referentenentwurf zum KonTraG[273] bei § 71 Abs. 1 Nr. 8 AktG einen "Beschluss über den Zweck der Maßnahme" vorausgesetzt[274]. Inhaltliche Vorgaben über zulässige Zwecke wurden im Referentenentwurf nicht gemacht.

---

[270] Die Vorschrift wurde eingefügt durch das 2. Finanzmarktförderungsgesetz v. 26. 7. 1994 (BGBl. I S 1749), vgl. Butzke, WM 1995, 1389, 1390 ff.

[271] Hüffer, § 71 Rn. 19b.

[272] Dies ist bei § 71 Abs. 1 Nr. 8 vom Gesetzgeber (Begründung zum Regierungsentwurf BT-Drucks. 13/9712 S. 13) ausdrücklich erlaubt, vgl. auch Butzke, WM 1995, 1389, 1392.

[273] Veröffentlicht in: ZIP 1996, 2129 ff.

[274] Referentenentwurf zum KonTraG, ZIP 1996, 2130 re. Sp. unten.

Die Gesetzesbegründung zum KonTraG[275] stellt zu dem mit dem Erwerb eigener Aktien intendierten Zweck in Abweichung zu den Vorgaben des Referentenentwurfs fest, dass ein Katalog zulässiger Zwecke bewusst nicht festgelegt wurde[276]. Es wird dort weiter ausgeführt:

"Die Bestimmung des Zwecks der Maßnahme im übrigen ist Geschäftsführungsmaßnahme. Die Anteilseigner können ihre Ermächtigung aber auch an Zweckvorgaben binden. Selbstverständlich können sie die Ermächtigung auf bestimmte Zwecke begrenzen, und dies wird von Fall zu Fall auch sinnvoll sein."

Der vollständige Verzicht auf eine positive Normierung der zulässigen Zwecke birgt die Gefahr, dass die Verwaltung den Erwerb eigener Aktien zu Zwecken einsetzt, die aus Sicht des Gesetzgebers missbilligt werden. Dieser Aspekt wurde auch im Rahmen des Gesetzgebungsverfahrens zum KonTraG erkannt. Um der Verwaltung wenigstens den spekulativen Erwerb eigener Aktien zu verwehren, hat der Gesetzgeber den Handel in eigenen Aktien ausdrücklich als Zweck des Rückkaufs eigener Aktien für unzulässig erklärt. Damit soll ein fortlaufender Kauf und Verkauf eigener Aktien sowie der Versuch, im Rahmen von Aktienrückkäufen spekulative Gewinne zu erzielen, als Zweck des Rückkaufs ausscheiden[277].

Es wird zwar deutlich, dass der Gesetzgeber das Spekulieren in eigenen Aktien unterbinden möchte[278]. Wann allerdings die Grenze zur unzulässigen Spekulation überschritten wird, bleibt offen[279]. Der Hintergrund dieser Regelung sind spekulative Geschäfte in eigenen Aktien durch Gesellschaften in den Jahren der Weltwirtschaftskrise 1929 bis 1931[280].

Teilweise wird in der Literatur ohne nähere Begründung gefordert, die Hauptversammlung habe bei einem Beschluss gem. § 71 Abs. 1 Nr. 8 AktG den

---

[275] Begründung zum Regierungsentwurf BT-Drucks. 13/9712 S. 11 ff.

[276] Begründung zum Regierungsentwurf BT-Drucks. 13/9712 S. 13.

[277] Begründung zum Regierungsentwurf BT-Drucks. 13/9712 S. 13.

[278] Damit wurden die Bedenken von Huber in FS f. Bruno Kropff, 1997, S. 101 (120) sowie Lutter, Stellungnahme zur Aktienrechtsreform 1997, AG Sonderheft 1997, 52 ff berücksichtigt.

[279] Vgl. hierzu Bosse, WM 2000, S. 806 ff.

[280] Huber, FS f. Konrad Duden, 1977, S.137 ; Flechtheim in: Düringer-Hachenburg-Flechtheim, HGB Bd. III, 3. Aufl. 1934, § 226 Anm. 1.

Zweck des Erwerbs eigener Aktien „mitzubeschließen"[281]. In der kürzlich ergangenen (rechtskräftigen) Entscheidung des LG Berlin zur Ermächtigung zum Erwerb eigener Aktien gem. § 71 Abs. 1 Nr. 8 AktG[282] beschäftigt sich dieses mit der Frage der Zweckangabe beim Rückkauf eigener Aktien. Dem Urteil lag der folgende Sachverhalt zugrunde:

Die Hauptversammlung einer Aktiengesellschaft hatte dem Vorstand die Ermächtigung zum Erwerb eigener Aktien erteilt. Der Vorstand wurde dabei ohne nähere Angabe eines Zwecks des Erwerbs eigener Aktien ermächtigt, eigene Aktien „zu anderen Zwecken als dem Wertpapierhandel" zu erwerben. Der Kläger stützte die Anfechtung dieses Beschlusses der Hauptversammlung der beklagten Gesellschaft auf die Behauptung, es bedürfe im Beschluss einer Festlegung des Zweckes des Erwerbs eigener Aktien. Das Gericht begründete die Abweisung der Klage mit der Auffassung, der Gesetzgeber habe im Laufe des Gesetzgebungsverfahrens bewusst von der Aufnahme eines Zwecks des Erwerbs eigener Aktien als Pflichtinhalt der Ermächtigung nach § 71 Abs. 1 Nr. 8 AktG abgesehen[283].

Die gesetzliche Regelung erfordert tatsächlich ausgehend vom Wortlaut die Angabe des Zwecks des Erwerbs eigener Aktien nicht. Gegen diese gesetzgeberische Lösung wurden aus der juristischen Literatur bereits gewichtige Bedenken vorgebracht. *Hüffer* fragt zu Recht, ob die Beschränkung des zulässigen Erwerbs auf bestimmte Zwecke mit einer Öffnungsklausel zugunsten einer Zweckbestimmung durch Beschluss der Hauptversammlung nicht die bessere Lösung gewesen wäre[284]. *Martens* forderte im Rahmen des Gesetzgebungsverfahrens zum KonTraG ausdrücklich, die gesetzliche Regelung durch die Vorgabe über die zukünftige Verwendung der eigenen Aktien zu ergänzen, die in einem Beschluss festgehalten werden muss[285]. Demgegenüber vertrat der DAV-Handelsrechtsausschuß bei seiner Stellungnahme zum KonTraG die Auffassung, dass eine zwingende Zweckvorgabe zum Schutz der Aktionäre nicht erforderlich ist[286].

---

281 So Wiesner in: Münchner Handbuch des Gesellschaftsrechts Band 4 Aktiengesellschaft, § 15 Rn. 16 (S. 118).

282 Urteil vom 15. 11. 1999, veröff. DB 2000, S. 765.

283 LG Berlin, DB 2000, 765.

284 Hüffer, § 71 Rn. 19h.

285 Martens, AG 1996, S. 337 (343).

286 Stellungnahme des DAV-Handelsrechtsausschusses zum KonTraG, in: WIB 1997, S. 159 (165).

Die letztgenannte Ansicht sowie die vom LG Berlin in seiner oben erörterten Entscheidung vertretene Auffassung greifen zu kurz und berücksichtigen zwingende Vorgaben des Aktienrechts zum Schutz der Aktionäre nicht ausreichend.

Der Gesetzgeber hat erkannt, dass zahlreiche vom Aktienrecht nicht gebilligte Zwecke des Erwerbs eigener Aktien denkbar sind. Es ist zutreffend, dass die Bestimmung der Einzelheiten des Erwerbs eigener Aktien Geschäftsführungsmaßnahme ist. Der Zweck des Erwerbs eigener Aktien ist aber de lege ferenda der Hauptversammlung zu übertragen. Nur auf diese Weise kann ein eigenmächtiges Handeln des Vorstands gegen den Willen der Hauptversammlung verhindert werden. Eine - nach derzeitiger Rechtslage erforderliche - ex-post Kontrolle des Vorstandshandelns eröffnet unzumutbare Rechtsschutzlücken zu Lasten der Aktionäre.

Es besteht daher nach der derzeit geltenden Gesetzesfassung die Gefahr, dass der Vorstand den Erwerb eigener Aktien zu Zwecken einsetzt, die mit der im Ermächtigungsbeschluß enthaltenen Intention nicht zu vereinbaren sind. Diese Ansicht wird auch durch eine historische Betrachtung und eine Betrachtung der bereits erörterten Gefahren des Erwerbs eigener Aktien gestützt. Die spekulativen Geschäfte mit eigenen Aktien zu Beginn des letzten Jahrhunderts waren maßgeblich dadurch bedingt, dass der Vorstand über einen unbegrenzten Handlungsspielraum verfügte.

Aufgrund der Anfechtungsgefahr für Blankoermächtigungen ohne Zweckangabe sind – freiwillige - Zweckangaben in Beschlüssen nach § 71 Abs. 1 Nr. 8 AktG häufig zu beobachten. Die Umfrage des Verfassers hat hierzu ergeben, dass immerhin knapp die Hälfte der befragten Unternehmen die möglichen Zwecke des Erwerbs eigener Aktien abschließend in ihrer Ermächtigung festgelegt haben[287]. Diese Zweckangabe erfolgt freiwillig. Es wird aber nachfolgend aufzuzeigen sein, dass die in der Praxis üblichen Zwecke des Erwerbs eigener Aktien ohnehin begrenzt sind. Die Angabe eines Zwecks stellt die Verwaltung daher nicht vor unüberwindbare Schwierigkeiten. Die noch weitergehende Auffassung von *Hüffer*[288], der die zulässigen Zwecke des Erwerbs eigener Aktien abschließend im Gesetz aufführen möchte, unterscheidet sich im Ergebnis nur geringfügig von der hier vertretenen Ansicht.

---

[287] Vgl. Anhang 2.
[288] Hüffer, § 71 Rn. 19h.

Als unzulässige Anwendungsbereiche des Erwerbs eigener Aktien können beispielsweise dauerhafte Kurspflege sowie Kursmanipulationen genannt werden[289]. Auch die Möglichkeit, dass der Vorstand mit Aktienrückkäufen bereits erhaltene Mitarbeiteraktienoptionen „ins Geld" bringt, erscheint naheliegend. Diesen Gefahren ist der Aktionär aufgrund seiner beschränkten (nachträglichen) Kontrollmöglichkeiten ausgeliefert, falls die Ermächtigung zum Erwerb eigener Aktien ohne nähere Zweckangabe erfolgt. Das grundlegende Argument für eine zwingende Zweckangabe sind aber die fehlenden Rechtschutzmöglichkeiten. Zur Verhinderung des Erwerbs eigener Aktien stehen dem Aktionär keine rechtlichen Mittel zur Verfügung[290].

Aus diesem Grund ist zwingend der Zweck des Erwerbs eigener Aktien in die Ermächtigung aufzunehmen.

c) Vorschlag für eine gesetzliche Regelung des § 71 Abs. 1 Nr. 8 AktG de lege ferenda

Die Angabe des Zwecks ist nach derzeitiger Rechtslage bei Betrachtung des Wortlauts des Gesetzes nicht erforderlich. Wie bereits erörtert, ergibt sich die Notwendigkeit dieser Angabe aus dem Gedanken des Schutzes der Aktionäre vor eigenmächtigem Handeln der Verwaltung und aufgrund der fehlenden Rechtschutzmöglichkeiten.

Es wird daher die Aufnahme der folgenden Ergänzung in § 71 Abs. 1 Nr. 8 AktG vorgeschlagen:

Satz 1 ist wie folgt zu ergänzen und neu zu fassen:

„Aufgrund einer höchstens 18 Monate geltenden Ermächtigung der Hauptversammlung, die den niedrigsten und höchsten Gegenwert, <u>den Zweck des Erwerbs sowie</u> den Anteil am Grundkapital, der zehn vom Hundert nicht übersteigen darf, festlegt. <u>Die Angabe von mehreren Zwecken ist zulässig</u>."

[289] Vgl. Hierzu II. 3. D.

[290] Vgl. Hierzu IV.

C. Erwerb eigener Aktien und verbotene Rückgewähr der geleisteten Einlage

Die Frage des Vorliegens einer verbotenen Einlagenrückgewähr zählt zu den Kernproblemen des Erwerbs eigener Aktien[291]. Bislang ist die wissenschaftliche Diskussion zu dieser Thematik sehr zurückhaltend verlaufen. Die maßgebliche Ursache hierfür ist in der Vielschichtigkeit der Fragestellungen zu sehen, die sich im Hinblick auf die verbotene Einlagenrückgewähr gem. § 57 AktG stellen. Die maßgebliche Fragestellung ist hierbei, in welchem Umfang der Kaufpreis für eigene Aktien vom Börsenkurs abweichen darf, ohne den Tatbestand von § 57 AktG zu erfüllen.

Das Deutsche Aktieninstitut kommt in seiner Untersuchung (1999) zum Ergebnis, dass ein Großteil der Unternehmen (mehr als 80 %) eine Abweichung von lediglich maximal 10 % vom aktuellen Börsenkurs der Aktien sowohl für den niedrigsten als auch für den höchsten Preis zum Rückkauf eigener Aktien vorsieht[292]. Vereinzelt wurden aber Abweichungen von bis zu 50 % festgestellt[293]. Die Untersuchung von Pellens/Schremper (1999) kommt dagegen zum Ergebnis, dass 48,6 % der befragten Gesellschaften eine Prämie von maximal 5 % auf den aktuellen Börsenkurs bezahlten[294].

Die vom Verfasser durchgeführte Untersuchung (2001) kommt zum Ergebnis, dass beim Erwerb eigener Aktien über die Börse überwiegend (55 %) eine Überschreitung von maximal 5 % des Börsenkurses vorgesehen wird. Immerhin 37 % der Ermächtigungen lassen eine Überschreitung des Börsenkurses von bis zu 10 % zu. Lediglich 8 % der Ermächtigungen erlauben eine Überschreitung des Börsenkurses um bis zu 20 %.[295]

Anders stellt sich die Sachlage beim Erwerb eigener Aktien über ein öffentliches Angebot dar. Hier sehen nach der Umfrage des Verfassers immerhin ein Drittel der Ermächtigungen eine Überschreitung des Börsenkurses um bis zu 20 % vor. Knapp unter einem Drittel der Ermächtigungen legen eine maximale

---

[291] Vgl. hierzu Saria, NZG 2000, S. 458 ff.
[292] Deutsches Aktieninstitut, Erwerb eigener Aktien 1999, S. 11.
[293] Deutsches Aktieninstitut, Erwerb eigener Aktien 1999, S. 11.
[294] Pellens/Schremper, Aktienrückkauf, S. 30.
[295] Vgl. Anhang 2.

Überschreitung des Börsenkurses um bis zu 10 % fest, während das verbleibende Drittel eine Überschreitung um bis zu 5 % erlaubt[296].

Bereits in der Kaufpreiszahlung für den Erwerb eigener Aktien könnte daher eine unzulässige Einlagenrückgewähr liegen (vgl. nachfolgend unter § 1). Dabei ist die Frage einer unzulässigen Einlagenrückgewähr für den unzulässigen Erwerb eigener Aktien gesondert darzustellen (vgl. nachfolgend unter § 2). Anschließend wird eine in der Praxis übliche Prämie auf den Börsenkurs der Aktie beim Rückkauf eigener Aktien gesondert erörtert (vgl. unter § 3).

§ 1 Kaufpreis für den zulässigen Erwerb eigener Aktien als verbotene Einlagenrückgewähr ?

Nach der Vorschrift des § 57 Abs. 1 S. 1 AktG dürfen den Aktionären die geleisteten Einlagen nicht zurückgewährt werden. Die Aktionäre haben Anspruch auf den Bilanzgewinn, soweit dieser nicht zulässigerweise von der Verteilung ausgeschlossen ist (§ 58 Abs. 4 AktG).

Der Erwerb eigener Aktien erfolgt zwingend als Rechtsgeschäft zwischen Gesellschaft und Aktionären. Die Zahlung des Kaufpreises beim Erwerb eigener Aktien wird daher von der überwiegenden juristischen Literatur als Rückgewähr der geleisteten Einlage eingestuft[297]. Als Begründung hierfür wird angeführt, dass der Erwerb eigener Aktien aufgrund seiner „Rechtsnatur“ § 57 AktG unterfalle [298], oder es wird betont, dass der Aktionär seine Einlage in Form des Kaufpreises zurückerhält[299].

Der zulässige Erwerb eigener Aktien gilt gem. § 57 Abs. 1 S. 2 AktG nicht als verbotene Einlagenrückgewähr. Aus der Formulierung von § 57 Abs. 1 S. 2 AktG ist zu schließen, dass der Erwerb eigener Aktien stets eine Rückgewähr der geleisteten Einlage ist, kraft gesetzlicher Fiktion aber nicht als solche gilt.

---

[296] Vgl. Anhang 2.

[297] Hefermehl/Bungeroth in: Geßler/Hefermehl/Eckardt/Kropff, § 57 Rn. 36; Lutter, ZGR 1978, S. 346 (357); Lutter in: Kölner Kommentar, § 57 Rn. 32; Barz in: Großkommentar, § 57 Anm. 13.

[298] Hefermehl/Bungeroth in: Geßler/Hefermehl/Eckardt/Kropff, § 57 Rn. 36.

[299] Barz in: Großkommentar, § 57 Anm. 13.

Der Schutzzweck des § 57 AktG liegt in der Erhaltung des Grundkapitals[300]. Daher setzt eine verbotene Einlagenrückgewähr zwingend einen Vermögensnachteil für die Gesellschaft voraus. Zweck der Vorschrift ist es nicht, Rechtsgeschäfte zwischen Aktionären und Gesellschaft generell zu unterbinden. Soll der Erwerb eigener Aktien generell als verbotene Einlagenrückgewähr eingestuft werden, so müsste in jedem Erwerb eigener Aktien eine Beeinträchtigung des Vermögens der Gesellschaft liegen. Bereits oben wurde auf den zweifelhaften Wert der eigenen Aktien verwiesen. Dem steht aber die klare Entscheidung des Gesetzgebers entgegen, den Aktien einen (handels- und steuerrechtlich aktivierungsfähigen) Vermögenswert zuzumessen. Es wäre daher inkonsequent, bei der vorliegenden Betrachtung die eigenen Aktien nicht als vollwertigen Vermögensgegenstand anzusehen. Die Gesellschaft kann deren Wert vielmehr jederzeit durch eine Veräußerung realisieren. Da die Aktien zu ihren Anschaffungskosten aktiviert werden, führt der Erwerb eigener Aktien nicht zu einer Verringerung des Vermögens der Gesellschaft sondern zu einem (ergebnisneutralen) Aktivtausch.

Außerdem sichert die vom Gesetzgeber vorgesehene Verpflichtung zu Bildung einer entsprechenden Rücklage[301] das Vermögen der Gesellschaft durch eine zusätzliche Ausschüttungssperre ab. Der Unterschied zu sonstigen Vermögensgegenständen, die von der Gesellschaft von ihren Aktionären erworben werden, ist nicht zu erkennen. Die mit dem Erwerb eigener Aktien im Übrigen verbundenen Gefahren[302] werden ausreichend von den §§ 71 ff AktG abgesichert.

Sieht man den zulässigen Erwerb eigener Aktien somit nicht als unzulässige Rückgewähr der geleisteten Einlage an, so bereitet die dogmatische Einordnung von § 57 Abs. 1 S. 2 AktG einige Schwierigkeiten. Es kann sich nur um eine Klarstellung handeln[303]. Damit bringt der Gesetzgeber zum Ausdruck, dass der An- und Verkauf eigener Aktien wie ein reguläres Umsatzgeschäft zu behandeln ist. Es ist zur Beurteilung der Frage, ob der Erwerb eigener Aktien zulässig ist, nicht darauf abzustellen, ob das Geschäft unter angemessenen Konditionen abgeschlossen wurde[304]. Denn ein überhöhter Kaufpreis macht den Erwerb

---

[300] Hüffer, § 57 Rn. 1; Hefermehl/Bungeroth in: Geßler/Hefermehl/Eckardt/Kropff, § 57 Rn. 1 ff.
[301] Vgl. § 272 Abs. 4 HGB.
[302] Vgl. hierzu oben II. 4.
[303] Ebenso Henn, in: Handbuch Aktiengesellschaft, § 1 Rn. 44 S. 27 Fn. 185.
[304] A.A. Barz in: Großkommentar, § 57 Anm. 13.

eigener Aktien nicht nach §§ 71 ff AktG unzulässig[305]. Die Angemessenheit des Kaufpreises ist kein Tatbestandsmerkmal der §§ 71 ff AktG. Schutzzweck dieser Vorschriften ist lediglich die Verhinderung der mit dem Erwerb typischerweise verbundenen Gefahren[306].

Die Bezahlung des Kaufpreises beim zulässigen Erwerb eigener Aktien ist daher nicht als verbotene Rückgewähr der geleisteten Einlage anzusehen. Dies wird durch § 57 Abs. 1 S. 2 AktG lediglich klargestellt.

§ 2 Kaufpreis beim unzulässigen Erwerb eigener Aktien als verbotene Einlagenrückgewähr ?

Die ganz h.M. geht ohne nähere Begründung davon aus, dass beim unzulässigen Erwerb eigener Aktien ohne weiteres eine verbotene Einlagenrückgewähr vorliegt[307]. Da der Erwerb eigener Aktien im Hinblick auf § 57 AktG, wie bereits oben dargelegt, ausschließlich nach den wirtschaftlichen Folgen für Vermögen der Gesellschaft zu beurteilen ist, kann die von der h.M. als Umkehrschluss aus § 57 Abs. 1 S. 2 AktG gezogene Ansicht, bei einem unzulässigen Erwerb eigener Aktien liege in jedem Fall der Tatbestand des § 57 Abs. 1 S. 1 vor[308], nicht überzeugen. Auch soweit sich die Rechtsprechung mit diesem Problemkreis befasst hat, ist die Argumentation nicht überzeugend. So kann aus dem Leitsatz der Entscheidung des BFH v. 16.2.1997[309] geschlossen werden, dass neben dem nach § 71 AktG unzulässigen Erwerb ein überhöhter Preis für die Annahme einer unzulässigen Einlagenrückgewähr erforderlich ist. Allerdings wird in den Urteilsgründen unterstellt, dass der aktienrechtlich unzulässige Erwerb eigener Aktien stets eine unzulässige Rückgewähr der Einlage darstellt[310].

Auch die Zahlung des Kaufpreises beim unzulässigen Erwerb eigener Aktien ist damit keine verbotene Einlagenrückgewähr.

---

[305] Ebenso Lutter, in: Kölner Kommentar, § 57 Rn. 33.

[306] Hefermehl/Bungeroth in: Geßler/Hefermehl/Eckardt/Kropff, § 57 Rn. 37.

[307] Hefermehl/Bungeroth in: Geßler/Hefermehl/Eckardt/Kropff, § 57 Rn. 37; Lutter in: Kölner Kommentar, § 57 Rn. 32; Hüffer, § 57 Rn. 20.

[308] So Hefermehl/Bungeroth in: Geßler/Hefermehl/Eckardt/Kropff, § 57 Rn. 37 unter Berufung auf BFH AG 1977, 230 (231); ebenso Huber in: FS Duden, S. 137 (145); Barz in: Großkommentar, § 57 Anm. 13.

[309] Az. I R 163/75, veröff. in AG 1970, 230 f.

[310] BFH AG 1970, 230 (231).

§ 3 Prämienzahlung beim Erwerb eigener Aktien als verbotene Einlagenrückgewähr ?

Um Anreize für einen Verkauf zu schaffen, wird in der Regel zusätzlich zum Marktpreis bewusst eine Prämie von der Aktiengesellschaft gewährt.

Bei der Beurteilung der Angemessenheit des Kaufpreises ist der Erwerb eigener Aktien wie ein Drittgeschäft zu beurteilen. Dies bedeutet, dass die allgemeinen Regeln[311] zur Beurteilung der objektiven Äquivalenz von Leistung und Gegenleistung strikt zu beachten sind[312]. Die Zahlung einer Prämie führt nach diesen Grundsätzen stets zu einer unangemessenen Kaufpreiszahlung. Diese Betrachtungsweise führt aber beim Erwerb eigener Aktien nicht zu sachgerechten Ergebnissen. Es widerspricht dem Grundgedanken des Erwerbs eigener Aktien, jede Prämie als überhöhten Kaufpreis einzustufen. Denn die Bezahlung einer Prämie ist ein zentrales Element des Rückkaufs eigener Aktien. Die Vorschrift des § 57 Abs. 1 AktG ist insoweit unter Berücksichtigung der Besonderheiten des Erwerbs eigener Aktien auszulegen[313]. Dies bedeutet, dass allein die Tatsache der Bezahlung einer angemessenen Prämie keine verbotene Einlagenrückgewähr darstellt. Unter „Erwerbspreis" im Sinne von § 57 Abs. 1 S. 2 AktG ist daher nicht nur der Kaufpreis, sondern auch eine angemessene Prämie zu verstehen.

Damit liegt eine verbotene Einlagenrückgewähr nur im Fall der Zahlung einer unangemessen hohen Prämie beim Erwerb eigener Aktien vor.

§ 4 Zwischenergebnis

Der Erwerb eigener Aktien ist nur dann als verbotene Einlagenrückgewähr einzuordnen, wenn eine unangemessen hohe Prämie bezahlt wird. § 57 AktG ist im Hinblick auf den Sinn und Zweck der Vorschrift dahingehend auszulegen, dass unter „Erwerbspreis" für den Rückkauf eigener Aktien der Kaufpreis sowie eine angemessene Prämie zu verstehen ist.

---

[311] Vgl. grundlegend hierzu Lutter in: Kölner Kommentar, § 57 Rn. 16 ff.

[312] Hefermehl/Bungeroth in: Geßler/Hefermehl/Eckardt/Kropff, § 57 Rn. 38; Lutter in: Kölner Kommentar, § 57 Rn. 33.

[313] Auch Hefermehl/Bungeroth in: Geßler/Hefermehl/Eckardt/Kropff, § 57 Rn. 38 möchten nicht auf ein hypothetisches Geschäft mit einem Dritten abstellen, da die AG eigene Aktien stets nur von ihren Aktionären kaufen könne.

D. Einschränkungen des Erwerbs eigener Aktien durch die Verpflichtung zur Bildung einer Rücklage

Beim Erwerb eigener Aktien ist nach der Maßgabe der Vorschriften des § 272 Abs. 1 und Abs. 4 HGB eine Rücklage für eigene Anteile zu bilden. Diese Rücklage hat die Wirkung einer Ausschüttungssperre, und wird auch als Kapitalgrenze bezeichnet, da ein Erwerb nur zulässig ist, wenn die entsprechende Rücklage aus Gewinnrücklagen, zu Lasten des Jahresergebnisses oder aus einem Gewinnvortrag gebildet werden kann[314]. Die Rücklage soll vor allem verhindern, dass ein der Aktivierung (§ 266 Abs. 2 B. III. 2 . HGB) entsprechender Betrag zur Ausschüttung an Aktionäre verwendet wird[315]. Damit wird der Tatsache Rechnung getragen, dass eigene Anteile nicht echte Vermögensgegenstände, sondern lediglich Korrekturposten zum Eigenkapital darstellen können[316]. Diese Rücklage dient dem Gläubiger- und Aktionärsschutz, und ist im Jahresabschluss für das Geschäftsjahr, in dem die eigenen Anteile zugegangen sind, zu bilden.

Die Einstellung ist bereits bei Erstellung der Bilanz vorzunehmen, da es sich um eine gesetzlich vorgeschriebene Rücklage handelt (§ 272 Abs. 3 HGB)[317]. Wichtige Folge der Rücklagenbildung ist die Neutralisierung des gem. § 266 Abs. 2 B. III. 2. HGB gebildeten Aktivpostens für die eigenen Aktien. Zuständig für die Bildung der Rücklage ist allein die Verwaltung der Gesellschaft[318].

E. Bilanzielle Behandlung des Erwerbs eigener Aktien

Die bilanzielle Behandlung von erworbenen eigenen Aktien ist für die Beurteilung der sich aus dem Erwerb eigener Aktien ergebenden Gefahren von grundlegender Bedeutung, da die vermögensrechtliche Zuordnung des Wirtschaftsguts „eigene Aktie" eine maßgebliche Rolle für den Gesamtvorgang des Erwerbs eigener Aktien spielt.

§ 1 Bilanzielle Behandlung eigener Aktien nach deren Erwerb

---

[314] Sarx in: Beckscher-Bilankommentar, § 272 Rn. 119.

[315] Begr. RegE BT Drucks. 8 / 1678 S. 17 (zu § 150a AktG); Sarx in: Beckscher Bilanzkommentar, § 272 Rn. 118.

[316] Zilias/Lanfermann, WPg 1980, S. 89.

[317] Vgl. hierzu Sarx in: Beckscher-Bilankommentar, § 272 Rn. 120.

[318] Zilias/Lanfermann, WPg 1980, S. 89.

Für die bilanzielle Behandlung von erworbenen Aktien knüpft der Gesetzgeber an den Zweck des Erwerbs an. Es sind demnach zwei Grundfälle zu unterscheiden. Ist mit einer Wiederveräußerung der eigenen Aktien zu rechnen, werden diese im Umlaufvermögen aktiviert. Wurden sie dagegen zur Einziehung erworben oder sind zur Wiederveräußerung weitere (gesellschaftsrechtliche) Voraussetzungen zu erfüllen, sind sie offen vom Eigenkapital einschließlich der Gewinnrücklagen abzusetzen.

Eigene Aktien sind nach der Regelung des § 266 Abs. 2 B. III. lit. 2 HGB im Umlaufvermögen - als Unterposition der Wertpapiere - zu aktivieren[319]. Sie werden zunächst mit den Anschaffungskosten gem. § 255 Abs. 1 HGB aktiviert[320]. Sinkt der Wert der Aktien unter die Anschaffungskosten, sind sie nach Maßgabe des § 253 Abs. 1 S. 1, Abs. 3 S. 1 HGB nach dem strengen Niedrigwertprinzip auf den niedrigeren Börsenpreis abzuschreiben. Damit wird der Tatsache Rechnung getragen, dass die eigenen Anteile nach Ansicht des Gesetzgebers grundsätzlich weiter als verkehrsfähige Wirtschaftsgüter anzusehen sind[321].
Werden die eigenen Aktien gem. § 71 Abs. 1 Nr. 6 AktG oder gem. § 71 Abs. 1 Nr. 8 AktG zur Einziehung erworben, so ist nach § 272 Abs. 4 HGB der Nennbetrag oder der rechnerische Wert in der Vorspalte offen von dem Posten „Gezeichnetes Kapital" als Kapitalrückzahlung abzusetzen[322]. Damit bereitet der Rückkauf eigener Aktien in diesem Fall eine Kapitalherabsetzung vor. Gleiches gilt, wenn die Veräußerung der eigenen Aktien von einem Beschluss der Hauptversammlung abhängig gemacht wird. Der Unterschiedsbetrag zwischen dem Nennwert (bzw. rechnerischen Wert) und dem Kaufpreis für die eigenen Aktien ist mit den anderen Gewinnrücklagen (§ 266 Abs. 3 A. 4. HGB) zu verrechnen. Dies führt nicht zu einem bloßen Aktivtausch, sondern zu einer Bilanzverkürzung um den Gesamtkaufpreis. Dieses Ergebnis trägt der Tatsache Rechnung, dass die Einziehung eine Kapitalherabsetzung vorbereitet, die eigenen Aktien mithin nicht mehr als Vermögensgegenstände anzusehen sind. Weitergehende Anschaffungskosten sind als Aufwand des Geschäftsjahres zu berücksichtigen (§ 272 Abs. 4 HGB).

Die Bilanzierung im Falle der Einziehung eigener Aktien (vgl. § 237 AktG) wirft keine Probleme auf. Waren diese bereits zur Einziehung erworben und

---

[319] Stellungnahme des Bundesministeriums für Finanzen vom 2.12.1998, DStR 1998, 2011.
[320] Stellungnahme des Bundesministeriums für Finanzen vom 2.12.1998, DStR 1998, 2011.
[321] Vgl. Klingenberg, BB 1998, S. 1575.
[322] Stellungnahme des Bundesministeriums für Finanzen vom 2.12.1998, DStR 1998, 2011.

offen vom gezeichneten Kapital abgesetzt, dann kommt es nicht zu bilanziellen Folgen. Falls sie dagegen aktiviert waren, führt die Einziehung zur Ausbuchung der Aktien und einer Auflösung der gem. § 272 Abs. 4 HGB gebildeten Rücklage für eigene Aktien. Daraus folgt eine Verkürzung der Bilanz[323].

Auf der Passivseite ist als Gegenbuchung nach Maßgabe der Vorschrift des § 272 Abs. 1 und Abs. 4 HGB eine Rücklage für eigene Anteile zu bilden. Werden die eigenen Aktien am Bilanzstichtag auf einen niedrigeren beizulegenden Wert abgeschrieben, so ist die Rücklage für eigene Anteile in entsprechender Höhe aufzulösen. Die Einstellung ist bereits bei Erstellung der Bilanz vorzunehmen, da es sich um eine gesetzlich vorgeschriebene Rücklage handelt (§ 272 Abs. 3 HGB)[324].

Die Pflicht zur Bildung dieser Rücklage ist für viele Unternehmen[325] ein Grund, vom Rückkauf eigener Aktien abzusehen. Sie kann umgangen werden, wenn die eigenen Aktien auf eine Tochtergesellschaft übertragen werden, die nicht verpflichtet ist, Jahresabschlüsse nach HGB aufzustellen[326].

§ 2 Bilanzierung eigener Aktien im Konzernabschluss

Bei der Bilanzierung eigener Aktien im Konzernabschluß[327] ist zu beachten, dass nach § 298 Abs. 1 HGB die §§ 265 Abs. 3 S. 2, 272 Abs. 4 HGB auf den Konzernabschluss entsprechend anzuwenden sind. Aktien des Mutterunternehmens, die diesem selbst oder an einem in den Konzernabschluss einbezogenen Tochterunternehmen gehören, sind in der Konzernbilanz grundsätzlich als eigene Aktien auszuweisen (§ 301 Abs. 4 HGB). Die Rücklage für eigene Aktien ist aus den Einzelabschlüssen des Mutter- oder Tochterunternehmens in den Konzernabschluss zu übernehmen. Nicht einfach zu beantworten ist dagegen die Frage, ob die Rücklage für eigene Aktien eigens im Konzernabschluss neu zu bilden ist, wenn die Rücklage für eigene Aktien aus den Einzelabschlüssen des Mutter- oder Tochterunternehmens durch Konsolidierungsmaßnahmen entfällt oder zulässigerweise im Einzelabschluss

---

323 Schmid/Wiese, DStR 1998, S. 993 (994).

324 Vgl. hierzu Sarx in: Beckscher-Bilankommentar, § 272 Rn. 120.

325 Insbesondere für die am Neuen Markt notierten Unternehmen, die oft noch über keine Gewinnrücklagen verfügen.

326 Eine in der Praxis vom Verfasser beobachtete Gestaltung ist die Übertragung der eigenen Aktien auf eine BGB Gesellschaft.

327 Vgl. hierzu Oser, DB 1999, S. 1125 ff.

nicht gebildet wird[328]. In diesen Fällen wird man annehmen müssen, dass die Rücklage nicht für Zwecke des Konzernabschlusses neu gebildet werden muss[329]. Die Rücklage dient in erster Linie als Ausschüttungssperre dem Gläubigerschutz. Konsequenterweise wird man daher die Verpflichtung zur Bildung der Konzernrücklage in den oben genannten Fällen mangels Ausschüttungsbemessungsfunktion[330] verneinen müssen.

§ 3 Exkurs: Bilanzierung eigener Aktien nach US-GAAP

Die Bilanzierung eigener Aktien nach US-GAAP ist insbesondere aufgrund der Tatsache, dass am Neuen Markt notierte Unternehmen kraft dem Regelwerk Neuer Markt zur internationalen Rechnungslegung verpflichtet sind, für die vorliegende Erörterung von erheblicher Bedeutung.

Eigene Aktien stellen nach US-GAAP kein „asset“ (Vermögensgegenstand) dar[331]. Die Begründung hierfür ist die Tatsache, dass durch den Kauf eigener Aktien sowohl das Vermögen als auch das Eigenkapital reduziert wird. Allein die Aussicht auf zukünftige Gewinne ist nach Ansicht des US-Gesetzgebers nicht ausreichend, um eigene Aktien als „asset“ auszuweisen. Auch die sonstigen Rechte aus den Aktien[332] ruhen während des Besitzes durch die Gesellschaft. Wie im Falle der Einziehung im deutschen Recht werden die erworbenen Aktien vom Eigenkapital abgesetzt. Es ist hinsichtlich der Bilanzierung ebenso wie im deutschen Recht nach der Zielrichtung des Rückkaufs zu unterscheiden. Werden Aktien mit der Absicht der Einziehung zurückgekauft, dann wird die sog. „per value method“ angewandt. Wird dagegen eine Wiederausgabe der Aktien angestrebt, so ist die sog. „cost method“ angewendet[333].

Beide Methoden unterscheiden sich im Ausweis der einzelnen Eigenkapitalpositionen in der Bilanz. Bei der per value method werden die Eigenkapitalpositionen korrigiert, bei der cost method dagegen wird das gesamte

---

[328] Vgl. die Fallgruppen bei Oser, DB 1999, S. 1125 f.

[329] Oser, DB 1999, S. 1125 (1127).

[330] Einzige Ausschüttungsbemessungsgrundlage ist der Einzeljahresabschluß der Aktiengesellschaft.

[331] Vgl. Arbeitskreis “Externe Unternehmensrechnung” der Schmalenbach-Gesellschaft in: DB 1998, S. 1673.

[332] Gewinnbezugsrechte, Stimmrechte und das Recht auf den Liquidationserlös.

[333] Vgl. zu den beiden Bilanzierungsmethoden im Einzelnen mit Beispielen: Arbeitskreis “Externe Unternehmensrechnung” der Schmalenbach-Gesellschaft in: DB 1998, S. 1674 f.

Eigenkapital pauschal angepasst. In der US-amerikanischen Praxis wird fast ausschließlich die cost method angewendet[334].

Es ist daher festzustellen, dass nach deutschem Recht erforderliche Aktivierung eigener Aktien in den USA nicht zulässig ist.

§ 4 Zusammenfassung und Bewertung der Bilanzierung eigener Aktien nach dem Erwerb

Der Erwerb eigener Aktien wirkt sich im Vermögen der Gesellschaft dahingehend aus, dass sie die eigenen Anteile im dafür vorgesehenen (vgl. § 265 Abs. 3 S. 2 HGB) Posten im Umlaufvermögen ausweisen kann. Der Gesetzgeber geht davon aus, dass die Anteile mit den Anschaffungskosten nach § 255 HGB zu aktivieren sind (§ 266 Abs. 2 B. III. 2. HGB)[335].
Die Bilanzierung nach US-GAAP folgt dagegen im Ergebnis einer abweichenden Annahme, da die eigenen Aktien dort nicht zu aktivieren sind. Diese Auffassung verdient Zustimmung. Denn die Aktiengesellschaft hat gem. § 71b AktG keine (Vermögens)rechte aus eigenen Aktien. Damit bleibt nur ein Ansatzpunkt, um den Anteilen einen materiellen Wert zuzugestehen, nämlich die Möglichkeit, sich durch die Veräußerung der Aktien im Rahmen des erhaltenen Kaufpreises Kapital zu beschaffen.

Falls die Veräußerung eigener Aktien von einem Beschluss der Hauptversammlung abhängig gemacht wurde, können diese nicht aktiviert werden (§ 272 Abs. 4 HGB). Damit kommt der Frage, ob ein erneuter Hauptversammlungsbeschluss zur Veräußerung eigener Aktien erforderlich ist, maßgebliche Bedeutung zu. Es wird deutlich, dass es für eine Bewertung der Aktien allein auf ihre Kapitalbeschaffungsmöglichkeit ankommt. Diese wiederum kann nicht mit dem Anschaffungspreis der Aktien identisch sein. Eine maßgebliche Rolle spielt vor allem der Kapitalmarkt, der eine Aufnahme von neuem Kapital erschweren kann.

Der Gesetzgeber hat den hier dargestellten Bedenken dahingehend Rechnung getragen, indem er die Aktiengesellschaft zur Bildung einer Rücklage in entsprechender Höhe verpflichtet, falls die Aktien aktiviert werden dürfen. Der

---

[334] Arbeitskreis "Externe Unternehmensrechnung" der Schmalenbach-Gesellschaft in: DB 1998, S. 1674.
[335] Stellungnahme des Bundesministeriums für Finanzen vom 2.12.1998, DStR 1998, 2011; vgl. hierzu den Kommentar von Wiese in DStR 1999, 187 ff.

Erwerb eigener Aktien führt aber zu einer Risikohäufung[336], die auch durch die vom Gesetzgeber vorgesehene Rücklagenbildung nicht vermieden wird.

§ 5 Bilanzielle Auswirkungen der Veräußerung zurückerworbener eigener Aktien

Bei einer Veräußerung aktivierter eigener Aktien ist die Differenz zwischen dem Buchwert der Aktie und dem Veräußerungspreis im handelsrechtlichen Jahresergebnis zu erfassen. Die Auflösung der Rücklage für eigene Aktien erhöht den Bilanzgewinn. Nicht gesetzlich geregelt ist allerdings der Fall, dass gem. § 272 Abs. 1 HGB bilanzierte Aktien, deren Veräußerung von einem Beschluss der Hauptversammlung abhängig gemacht wurde, veräußert werden. Der Vorgang ist im Ergebnis als Kapitalerhöhung zu betrachten[337]. Der den Nominalbetrag der eigenen Aktien übersteigende Betrag ist daher ergebnisneutral der Kapitalrücklage zuzuführen.

§ 6 Empfehlung für eine Bilanzierung eigener Aktien de lege ferenda

Die Aktivierung eigener Aktien sollte de lege ferenda grundsätzlich ausgeschlossen werden. Nur auf diese Weise kann ein reales Bild von den Vermögensverhältnissen der Gesellschaft vermittelt werden.

§ 7 Zwischenergebnis

Die Vorschriften zum Erwerb eigener Aktien im geltenden deutschen Recht tragen zahlreichen oben erörterten Gefahren des Erwerbs eigener Aktien Rechnung. Durch die Begrenzung des Rückkaufsvolumens und der Verpflichtung der Bildung einer Rücklage wird der Gefährdung der Aufbringung und Erhaltung des Grundkapitals begegnet. Das Verbot der Rückgewähr der geleisteten Einlage flankiert diese Maßnahmen. Ebenfalls effizient gestaltet ist der Umgehungsschutz, der u.a. den Erwerb eigener Aktien durch Tochtergesellschaften erfasst. Nicht sachgerecht ist die bilanzielle Behandlung eigener Aktien, die grundsätzlich im Umlaufvermögen aktiviert werden dürfen. Auffällig ist dagegen, dass der Gesetzgeber das Verfahren zum Rückkauf eigener Aktien nur ansatzweise geregelt hat. Diese Frage wird daher

---

[336] Ablehnend gegenüber eigenen Aktien als Kapitalanlage auch Huber, in: Festschrift für Konrad Duden zum 70. Geburtstag, S. 137 (138).

[337] So auch Stellungnahme des Bundesministeriums für Finanzen vom 2.12.1998, DStR 1998, 2011.

unten zu vertiefen sein. Zunächst soll jedoch der europarechtliche Hintergrund des Erwerbs eigener Aktien beleuchtet werden, um möglicherweise Auslegungskriterien für das deutsche Recht zu erhalten.

7. Erwerb eigener Aktien im europäischen Gemeinschaftsrecht

Ein Großteil der deutschen Regeln zum Erwerb eigener Aktien basieren auf europarechtlichen Vorgaben[338]. Rechtsgrundlage ist Art. 54 Abs. 3 lit. g EWGV[339]. Die Darstellung der Rechtslage hinsichtlich des Erwerb eigener Aktien im europäischen Kontext ist geboten, da der deutsche Gesetzgeber durch die europarechtlichen Vorgaben gebunden ist (§ 249 Abs. 3 EWGV).

A. Kapitalschutzrichtlinie von 1976

Nahezu neun Jahre nach Erlass der ersten Richtlinie erließ der Ministerrat der EG Ende 1976 die 2. Rechtsangleichungsrichtlinie für das Gesellschaftsrecht[340]. Diese Richtlinie, die einem jahrelangen Beratungsverfahren folgte, geht in ihrem Anwendungsbereich über den reinen Kapitalschutz hinaus[341]. Sie ist aber in ihrem Geltungsbereich auf das Recht der Aktiengesellschaften beschränkt. Die Richtlinie regelt den Mindestinhalt der Satzung (Artt. 2-5), und legt das kontinentale System des festen Grundkapitals fest. Mit dieser Festlegung werden das gesetzliche Mindestgrundkapital, Einzahlungsfristen sowie Sacheinlagen angesprochen (Artt. 7,9 und 10). Ebenfalls geregelt wurde der Erwerb eigener Aktien (Artt. 18-24), die Einziehung von Aktien sowie die Kapitalerhöhung und Herabsetzung.

Die Richtlinie wurde im Jahr 1978 in deutsches Recht umgesetzt[342]. Der Umfang der erforderlichen Änderungen[343] war dabei im Vergleich zu den

---

338 Vgl. hierzu die rechtsvergleichende Darstellung von Ziebe, Erwerb eigener Aktien sowie ders. in: AG 1982, S. 175 ff.

339 Vgl. hierzu und zum Verhältnis des Europäischen Gemeinschaftsrechts zum Privatrecht grundlegend Müller-Graff, NJW 1993, S. 13 (15).

340 Zweite Richtlinie des Rats v. 13. Dezember 1976 (77/191/EWG) zur Koordinierung der Kapitalschutzbestimmungen („Kapitalschutzrichtlinie"); vgl. hierzu Hüffer, NJW 1979, S. 1065 ff.

341 Vgl. zum Richtlinienvorschlag Ankele, BB 1970, S. 988 ff.

342 Gesetz zur Durchführung der Zweiten Richtlinie des Rates der Europäischen Gemeinschaften zur Koordinierung des Gesellschaftsrechts vom 13. Dezember 1978, BGBl I, 1978, S. 1959 ff.

europäischen Nachbarländern nicht so erheblich, da sich die Richtlinie stark an das deutsche Recht anlehnt[344]. Großbritannien und Irland mussten beispielsweise das Institut des gesetzlichen Mindestgrundkapitals einführen. Neben technischen Anpassungen wurden aber systematische Änderungen des deutschen Aktienrechts im Bereich der Sacheinlagen, der Prüfung der Sacheinlagen bei Kapitalerhöhungen sowie dem Recht der eigenen Aktien erforderlich. Die wesentlichen Regelungen der europarechtlichen Vorgaben werden zur Erörterung der Frage einer Verankerung von Verfahrensvorschriften zum Erwerb und der Veräußerung eigener Aktien dargestellt.

§ 1 Verbot der Zeichnung eigener Aktien

Durch Art. 18 Abs. 1 der Richtlinie wurde das Verbot der Zeichnung eigener Aktien festgeschrieben. Zur Absicherung des Zeichnungsverbots wird dieses auf den Fall der mittelbaren Stellvertretung ausgedehnt (Art. 18 Abs. 2). Zur Gewährleistung der Kapitalaufbringung wird als Rechtsfolge nicht die Unwirksamkeit der Zeichnung festgelegt. Der Zeichner haftet vielmehr trotz des Verbots für die volle Einlageforderung.

§ 2 Beschränkungen des Erwerbs eigener Aktien durch Art.19 der Richtlinie

Die Regelungen des Art. 19 der Richtlinie unterwerfen den Erwerb eigener Aktien strengen Einschränkungen, die den Mitgliedsstaaten bei der Umsetzung wenig Raum für eigene Gestaltungsalternativen lassen. Allerdings lässt sich dem Richtlinientext kein grundsätzliches Verbot des Erwerbs eigener Aktien entnehmen.

a) Beschluss der Hauptversammlung als Voraussetzung des Erwerbs eigener Aktien

Der Erwerb ist gem. Art. 19 Abs. 1 lit. a) von einer „Genehmigung“ der Hauptversammlung abhängig. Dieser Beschluss der Hauptversammlung muss die Einzelheiten des Erwerbs, insbesondere

(1) Höchstzahl der zu erwerbenden Aktien, sowie
(2) die Geltungsdauer der Genehmigung, die 18 Monate nicht überschreiten darf,

---

[343] Vgl. zur deutschen Umsetzung Müller, WPg 1978, S. 565.
[344] Vgl. hierzu Ganske, NJW 1978, S. 2461.

sowie

(3) bei entgeltlichem Erwerb den niedrigsten und höchsten Gegenwert

festlegen.

Die Mitgliedsstaaten dürfen bei der Umsetzung für den Fall der Abwendung eines schweren, unmittelbar bevorstehenden Schadens abweichende Rechtsvorschriften erlassen. Der deutsche Gesetzgeber hat hiervon durch die Vorschrift des § 71 Abs. 1 Nr. 1 AktG Gebrauch gemacht[345]. In diesem Fall muss aber die nächste Hauptversammlung durch den Vorstand über die Gründe und den Zweck der getätigten Ankäufe, über die Zahl und den Nennbetrag, oder, wenn ein solcher nicht vorhanden ist, den rechnerischen Anteil der erworbenen Aktien am gezeichneten Kapital sowie über den Gegenwert der erworbenen Aktien unterrichtet werden (Art. 19 Abs. 2). Eine weitere Ausnahme von der Zuständigkeit der Hauptversammlung wurde für eigene Aktien festgelegt, die einer Beteiligung von Arbeitnehmern dienen sollen[346].

b) Weitere Beschränkungen des Erwerbs eigener Aktien

Nach Art. 19 Abs. 1 lit. b) darf der Nennbetrag oder rechnerische Anteil der erworbenen Aktien einschließlich bisher gehaltener Aktien nicht höher sein als 10 % des gezeichneten Kapitals. Dies ist insofern bemerkenswert, als der erste Entwurf der Richtlinie noch eine Grenze von 25 % des Grundkapitals vorgesehen hatte[347]. Aus den Richtlinienmaterialien ist nicht ersichtlich, warum der europäische Gesetzgeber schließlich gerade die 10 % Grenze gewählt hat. Bei Berechnung dieser Grenze werden diejenigen Anteile hinzugerechnet, die von einem Dritten für Rechnung der Gesellschaft gehalten werden. Es dürfen ferner nur voll eingezahlte Aktien erworben werden. Durch die Ausschüttungssperre (Art. 19 Abs. 1 lit. c)) soll sichergestellt werden, dass keine Ausschüttungen zu Lasten der von Satzung und Gesetz vorgesehenen Rücklagen sowie des gezeichneten Kapitals erfolgen[348].

---

[345] Zu den einzelnen Tatbeständen des § 71 Abs. 1 AktG vgl. II. 6. B. § 2.

[346] Vgl. die deutsche Regelung des § 71 Abs. 1 Nr. 2 AktG.

[347] Vgl. Art. 18 Abs. 1 lit. d) des Vorschlags einer zweiten Richtlinie in: Abl. EG Nr. C 48/8 v. 9.3.1970 S. 19.

[348] Vgl. hierzu die korrespondierende Regelung des § 272 Abs. 4 HGB.

c) Erleichterter Erwerb eigener Aktien gem. Art. 20

Die Vorschrift des Art. 20 nimmt eine Reihe von Erwerbsgründen aus den durch Art. 19 aufgestellten Beschränkungen aus. Die Mitgliedsstaaten brauchen demnach die strengen Grundsätze des Art. 19 nicht anzuwenden auf Aktien, die in Durchführung einer Kapitalherabsetzung erworben werden, auf unentgeltlich oder von Banken aufgrund einer Einkaufskommission erworbene Aktien, sofern diese voll einbezahlt sind, auf Aktien, die zum Zwecke der Abfindung von Minderheitsaktionären bei Strukturmaßnahmen erworben werden sowie in weiteren Fällen, in denen das berechtigte Interesse der Gesellschaft die strikte Anwendung der Regelungen zum Schutz der Kapitalaufbringung überwiegt[349]. Die in diesen Fällen erworbenen Aktien müssen allerdings innerhalb von 3 Jahren veräußert werden[350].

d) Die Rechtsfolgen des Besitzes eigener Aktien sowie deren Bilanzierung

Die Aktiengesellschaft kann aus eigenen Aktien keine Stimmrechte herleiten[351]. Die Richtlinie verlangt ferner Angaben über die Gründe, Umfang sowie den Gegenwert der erworbenen Aktien im Lagebericht[352]. Soweit eigene Aktien unter Verstoß gegen Art. 19 oder 20 erworben wurden, sieht Art. 21 eine Verpflichtung zur Veräußerung der Aktien vor.

e) Umgehungstatbestände

Zur Flankierung der Vorschriften zum Erwerb eigener Aktien wurden durch die Richtlinie Umgehungstatbestände geschaffen. Alle genannten Beschränkungen finden auch im Falle mittelbarer Stellvertretung Anwendung. Die Gewährung von Vorschüssen, Darlehen und Sicherheiten durch die Gesellschaft im Zusammenhang mit dem Erwerb eigener Aktien durch einen Dritten ist unzulässig[353]. Die Inpfandnahme eigener Aktien wurde dem Erwerb eigener Aktien gleichgestellt[354]. In diesen Fällen ist die Anwendung der Umgehungstatbestände auf die laufenden Geschäfte der Banken sowie

[349] Vgl. Art. 20 Abs. 1 lit. a) bis h) der Richtlinie.
[350] Art. 20 Abs. 2 der Richtlinie.
[351] Art. 22 Abs. 1 lit. a) der Richtlinie.
[352] Art. 22 Abs. 2 der Richtlinie.
[353] Art. 23 Abs. 1 der Richtlinie.
[354] Art. 24 Abs. 1 der Richtlinie.

Mitarbeiterbeteiligung nicht zwingend. Die Nichtanwendung darf aber nicht dazu führen, dass die gebildete Rücklage angegriffen werden muss (Vermögensgrenze)[355].

In der Kapitalschutzrichtlinie war der Erwerb eigener Aktien durch die Tochtergesellschaft nicht geregelt. Damit war eine Umgehung der Einschränkungen ohne weiteres möglich. Der Erwerb der Aktien der Muttergesellschaft führt zu einer wechselseitigen Beteiligung, die jedoch materiell als Beteiligung der Muttergesellschaft an sich selbst anzusehen ist. Im Hinblick darauf wurde Ende 1992 Art. 24a in die Kapitalschutzrichtlinie eingefügt[356], der den Erwerb von Aktien der Muttergesellschaft durch die Tochtergesellschaft regelt. Durch die Vorschrift des Art. 24a wurde die Geltung der Artt. 18 bis 24 auf die Tochtergesellschaft ausgedehnt.

In Art. 39 der Richtlinie wird die Möglichkeit der Ausgabe von rückerwerbbaren Aktien geregelt. Dieses Institut ist dem deutschen Recht bislang fremd. In der Praxis interessant ist vor allem die Ausgabe von rückerwerbbaren Vorzugsaktien, die nach einem Börsengang von den Altaktionären zurückerworben werden können. Der Erwerb wird in der Richtlinie weitgehenden Einschränkungen unterworfen[357]. Demnach muss der Erwerb vor der Zeichnung der rückerwerbbaren Aktien in der Satzung vorgesehen sein. Die Aktien müssen ferner voll einbezahlt sein, die Bedingungen und die Durchführung des Erwerbs sind in der Satzung zu regeln. Der Erwerb darf nur nicht unter Auflösung von gesetzlichen Rücklagen sowie des gezeichneten Kapitals geschehen. Es ist eine Rücklage in entsprechender Höhe zu bilden (Ausschüttungssperre) .

Die europäischen Nachbarländer haben zwischenzeitlich die Richtlinie weitgehend umgesetzt[358]. Österreich hat mit Wirkung vom 19.8.1999 eine dem § 71 Abs. 1 Nr. 8 nahezu wörtlich gleichlautende Vorschrift erlassen[359]. Sehr restriktiv sind bislang die Regelungen im schwedischen Aktienrecht[360].

---

355 Art. 23 Abs. 2 sowie Art. 24 Abs. 2 der Richtlinie.
356 Richtlinie 92/101/EWG des Rates vom 23. November 1992 zur Änderung der Richtlinie 77/91/EWG über die Gründung der Aktiengesellschaft sowie die Erhaltung und Änderung ihres Kapitals, Abl. EG Nr. L 347 v. 28. 11. 1992, S. 64.
357 Art. 39 lit. a) bis h) der Richtlinie.
358 Zu den diesbezüglichen Reformbestrebungen vgl. Skog, ZGR 1997, S. 306 ff.
359 BGBl. (Österreich] I, S. 1445; vgl. auch Kalss, AG 1996, S. 550 ff.
360 Vgl. Gieger, AG 1997, S. 163 ff.

B. Rechtspositionen des Aktionärs beim Rückkauf eigener Aktien und der Veräußerung eigener Aktien im europäisches Gemeinschaftsrecht

Die Richtlinie sieht keine ausdrückliche Regelung von Rechtspositionen des Aktionärs beim Rückkauf eigener Aktien und der Veräußerung eigener Aktien vor. Das Andienungs- und Erwerbsrecht des Aktionärs wurde nicht ausdrücklich in der Richtlinie geregelt.

Bei der Veräußerung eigener Aktien hat die Gesellschaft Art. 42 der Kapitalschutzrichtlinie zu beachten. Demnach sind Aktionäre, die sich in denselben Verhältnissen befinden, gleich zu behandeln. Im Falle der Veräußerung eigener Aktien ist daher der Grundsatz der Gleichbehandlung der Aktionäre zu beachten. In diesen Fällen findet außerdem Art. 29 Abs. 1 der Richtlinie Anwendung. Nach dieser Vorschrift haben Aktionäre bei einer Kapitalerhöhung durch Bareinlagen ein Bezugsrecht. Die Veräußerung eigener Aktien ist in formeller Hinsicht keine Kapitalerhöhung. Bei strikter Beachtung des Wortlauts von Art. 29 Abs. 1 der Richtlinie ist ein dem Bezugsrecht vergleichbares Recht der Aktionäre beim Erwerb eigener Aktien daher zu verneinen. Allerdings verbietet der Grundsatz der Gleichbehandlung der Aktionäre eine Benachteiligung der übrigen Aktionäre durch einen Verkauf eigener Aktien an einen Dritten oder eine bestimmte Gruppe ohne sachlichen Grund. Aus den Artt. 29, 42 der Richtlinie folgt daher nicht ein strenges Bezugsrecht, wohl aber ein Erfordernis der Rechtfertigung des Ausschlusses des Erwerbsrechts der Aktionäre. In der Richtlinie finden sich somit zumindest Ansätze einer Verfahrensregelung des Erwerbs eigener Aktien.

8. Zwischenergebnis

Zur Frage der Rechte des Aktionärs beim Erwerb und der Veräußerung eigener Aktien sieht der deutsche Gesetzgeber nur Vorschriften für die Veräußerung der eigenen Aktien vor. Gleiches gilt für die europarechtlichen Vorgaben. Auch Informationsrechte des Aktionärs wurden nicht in die Vorschriften zum Erwerb eigener Aktien aufgenommen.

Der Erwerb eigener Aktien ist in der Kapitalschutzrichtlinie weitgehend reglementiert. Dies zeigt das große Gewicht, das der europäische Rechtssetzer diesem Komplex beigemessen hat. Die Regelungen schränken den Erwerb ein, ohne ein grundsätzliches Verbot zu formulieren. Im deutschen Recht waren Regelungen zum Erwerb eigener Aktien zwar bereits vorhanden. Die

Umsetzung der Kapitalschutzrichtlinie machte jedoch grundlegende Änderungen notwendig. Bis auf die Regelung von rückerwerbbaren Aktien hat der deutsche Gesetzgeber dabei den ihm gewährten Spielraum voll ausgeschöpft.

III. Rechtspositionen des Aktionärs beim Rückkauf und bei der anschließenden Veräußerung eigener Aktien

Die Darstellung der gesetzlichen Vorgaben zum Verfahren des Rückkaufs und der anschließenden Veräußerung eigener Aktien wird der Betrachtung vorangestellt (vgl. unter 1.) Anschließend sollen in einer zusammengefassten Betrachtung historische Lösungsansätze für eine Ausgestaltung der Rechtspositionen der Aktionäre beim Rückkauf und der anschließenden Veräußerung eigener Aktien aufgezeigt werden (vgl. hierzu unter 2.) Es wird dann unter gesonderter Betrachtung des Erwerbsvorgangs (vgl. unter 3.) - und des Veräußerungsvorgangs (vgl. unter 5.) auf vorhandene Gesetzeslücken einzugehen sein. Die Rechtspositionen der Aktionäre werden anschließend dogmatisch eingeordnet. Da sich der Rückkauf eigener Aktien bereits bestimmter, durch die Praxis entwickelter Rückkaufsformen bedient, werden die Ergebnisse dieser Betrachtung auf diese Rückkaufsformen übertragen (vgl. hierzu 4.).

Diese Betrachtung soll vor allem dazu dienen, Kriterien für eine Ergänzung der Verfahrensvorschriften zum Rückkauf zu gewinnen. Die Forderung nach einem Verfahren beim Rückkauf eigener Aktien zum Schutz der Aktionäre wurde bereits im Gesetzgebungsverfahren gestellt[361]. Bemerkenswert ist, dass die dem Gesetzesentwurf zum KonTraG zugrundeliegende Stellungnahme des Deutschen Aktieninstituts zur Reform des Erwerbs eigener Aktien (1995) unter § 71b ein Verfahren beim Erwerb eigener Aktien vorgesehen hatte[362]. Dieser Vorschlag wurde vom Gesetzgeber nicht übernommen.

1. Problemstellung: Die Unvollständigkeit der gesetzlichen Rahmenvorgaben im Hinblick auf die Rechte des Aktionärs beim Verfahren des Rückkaufs und der anschließenden Veräußerung eigener Aktien

Das Verfahren des Rückkaufs und der anschließenden Veräußerung eigener Aktien ist in § 71 Abs. 1 Nr. 8 S. 3 bis 5 AktG geregelt. Der diesbezügliche Gesetzestext lautet:

---

[361] Von Rosen/Helm, AG 1996, 439.

[362] Vgl. DAI, Stellungnahme Aktienrückkauf, S. 8 ff.

„§ 53a ist auf Erwerb und Veräußerung anzuwenden. Erwerb und Veräußerung über die Börse genügen dem. Eine andere Veräußerung kann die Hauptversammlung beschließen; § 186 Abs. 3, 4 und § 193 Abs. 2 Nr. 4 sind in diesem Fall entsprechend anzuwenden."

Die Geltung des Grundsatzes der Gleichbehandlung der Aktionäre wurde damit gleichsam zur Grundregel für das Verfahren des Rückkaufs und der anschließenden Veräußerung eigener Aktien erhoben[363]. Die Veräußerung über die Börse soll nach der Ansicht des Gesetzgebers dem Gleichheitsgrundsatz in jedem Fall genügen.

Bemerkenswert ist, dass eine Trennung zwischen dem Rückkaufs- und Veräußerungsverfahren durchgeführt wird. Ausdrücklich soll § 53a AktG für beide Verfahren gelten. Diese Trennung wird aber nicht konsequent durchgeführt. Nach dem Wortlaut des Gesetzes kann die Hauptversammlung eine andere *Veräußerung* als über die Börse beschließen. Nur für den Veräußerungsvorgang ist daher eine Durchführung außerhalb der Börse ausdrücklich vorgesehen.

Für den Erwerbsvorgang fehlen dagegen entsprechende Regelungen. Daraus kann aber nicht geschlossen werden, dass der Erwerb eigener Aktien stets über die Börse zu erfolgen hat. Der Gesetzgeber betont, dass bei geschlossenen Gesellschaften die Verwaltung allen Aktionären den Rückkauf ihrer Aktien anzubieten hat[364]. Der Verweis auf § 186 AktG betrifft ausdrücklich nur das Verfahren der Veräußerung der eigenen Aktien. Offen bleibt insbesondere, unter welchen Voraussetzungen ein Rückkauf eigener Aktien nur von einzelnen Aktionären („Ausschluss des Andienungsrechts") zulässig ist, und welche Voraussetzungen für eine Veräußerung bereits erworbener eigener Aktien an einzelne Erwerber („Ausschluss des Erwerbsrechts") gelten.

Die gesetzlichen Vorgaben zum Verfahren des Rückkaufs und der anschließenden Veräußerung eigener Aktien sind daher nur unvollständig.

---

[363] Hüffer, AktG, § 71 Rn. 19j.
[364] Begründung zum KonTraG Regierungsentwurf, BT-Drucks. 13/9712, S. 14.

2. Lösungsansätze zur Notwendigkeit einer gesetzlichen Regelung aus der historischen Entwicklung der Rechte des Aktionärs beim Erwerb eigener Aktien

Gegen eine ausdrückliche Reglementierung des Verfahrens beim Erwerb eigener Aktien spricht, dass die verschiedenen An- und Verkaufsmöglichkeiten kaum abschließend geregelt werden können. Manche Rückkaufsformen wurden erst in letzter Zeit aufgrund des Einsatzes von neuen Finanzinstrumenten[365] durch die Rechtspraxis und die Rechtswissenschaft entwickelt. Andererseits wäre eine Reglementierung der Rahmenbedingungen[366] des Verfahrens im Hinblick auf die erheblichen Missbrauchsgefahren[367] geboten. Die Zurückhaltung des Gesetzgebers unter diesem Aspekt ist insofern nachvollziehbar, als vor dem Hintergrund der Weltwirtschaftskrise die Gefahren der missbräuchlichen Kursstützung im Vordergrund standen. Dementsprechend wird in den einschlägigen damaligen Abhandlungen zum Erwerb eigener Aktien die Frage, welchem Personenkreis die Gesellschaft den Erwerb der eigenen Aktien anzubieten hat, wenn überhaupt, nur am Rande erwähnt[368].

Eine Zusammenstellung der Rückkaufsformen findet man in einem Beitrag von *Curt Bertheim*, der bereits im Jahr 1933 einen kritischen Überblick über geläufige Rückkaufsformen bot[369]. Schon zu diesem Zeitpunkt wurden die Gefahren erwähnt, die mit dem Rückkauf eigener Aktien von einem Großaktionär verbunden sind[370]. So wurde in diesem Fall die Gefahr einer Ungleichbehandlung der übrigen Aktionäre festgestellt[371]. Teilweise wurde diese Frage dagegen in der juristischen Literatur nicht diskutiert[372]. Dass bereits zu diesem Zeitpunkt Rechte der Aktionäre beim Rückkauf eigener Aktien diskutiert wurden, zeigen jedoch die Protokolle der Verhandlungen zur

---

[365] Z.B. der Rückkauf durch Begebung von Put-Optionen auf eigene Aktien.
[366] Als solche könnten die Frage eines Erwerbsrechts der Aktionäre beim Rückkauf sowie die Frage, unter welchen Voraussetzungen dieses ausgeschlossen werden kann sowie Informationsrechte der Aktionäre eingestuft werden.
[367] Vgl. zu den Gefahren des Erwerbs eigener Aktien oben II. 4.
[368] Bertheim, Erwerb eigener Aktien, S. 32 ff.
[369] Bertheim, Erwerb eigener Aktien, S. 32 ff.
[370] Bertheim, Erwerb eigener Aktien, S. 33.
[371] Bertheim, Erwerb eigener Aktien, S. 33.
[372] So die einschlägige Kommentarliteratur, vgl. Gadow Großkommentar Aktiengesetz, Schmidt/Heinichen/Weipert, AktG, § 65 a.F.

Aktienreform am Ende der Weimarer Republik[373], in denen der Minderheitenschutz beim Rückkauf eigener Aktien erörtert wird.

A. Erwähnung der Rechte der Aktionäre im Rahmen des Erwerbs eigener Aktien bereits vor der Aktienreform am Ende der Weimarer Republik

Bis zur Aktienreform am Ende der Weimarer Republik finden sich keine Nachweise zur Diskussion über die Frage des Verfahrens beim Rückkauf eigener Aktien. Lehman[374] erwähnt in seinem Lehrbuch zur Aktiengesellschaft zwar die Besonderheit, dass nur derjenige Aktionär, dessen Aktien angekauft werden, aus dem Grundkapital befriedigt wird, zieht aber nicht die Konsequenz, einen Rückkauf mittels eines Angebots an alle Aktionäre zu fordern. Das Bezugsrecht der Aktionäre bei der Ausgabe sog. Verwaltungsaktien wird von *Ruth* (1928)[375] erörtert. Verwaltungsaktien konnten demnach immer nur unter Ausschluss des Bezugsrechts ausgegeben werden, da diese stets der Verwaltung nahestehenden Leuten zugeleitet wurden. Nach der Ansicht von *Ruth* war ein Ausschluss des Bezugsrechts bei der Ausgabe nur dann unzulässig, wenn dieser Vorgang einen Verstoß gegen die guten Sitten darstellte. Dies bedürfe im Einzelfall der Feststellung einer unbilligen und ungerechten Behandlung der benachteiligten Aktionäre in besonderem Maße[376].

B. Rechte der Aktionäre beim Erwerb eigener Aktien bei der Aktienreform am Ende der Weimarer Republik

Im Rahmen der Aktienreform am Ende der Weimarer Republik führte der Berichterstatter bei § 226 HGB zur Frage der Rechte der Aktionäre auf Gleichbehandlung beim Erwerb eigener Aktien wörtlich aus:

[..]. Nicht zu übersehen ist dabei die Schädigung derjenigen Aktionäre, deren Stücke nicht zurückgekauft werden, und die also aus dem Risiko des Aktienbesitzes nicht entlassen werden. Der Schädigung dieser Aktionäre steht die Begünstigung derjenigen gegenüber, denen durch den Rückkauf ihrer Stücke Vorteile verschafft werden können. Die Perspektive auf irreguläre Geschäfte

---

[373] Schubert/Hommelhoff, Die Aktienreform am Ende der Weimarer Republik, S. 148.
[374] Lehmann, Das Recht der Aktiengesellschaft 2. Band, S. 75 ff.
[375] Ruth, Eigene Aktien und Verwaltungsaktien, S. 52 ff.
[376] Ruth, Eigene Aktien und Verwaltungsaktien, S. 54.

zugunsten von der Verwaltung nahestehenden Personen braucht nur angedeutet werden. Minderheiten können durch den Rückkauf eigener vollbezahlter Aktien ausgeschaltet, neue Mehrheiten gebildet werden."[377]

Im Hinblick auf den Grundsatz der Gleichbehandlung der Aktionäre führte der Berichterstatter aus:

„Jeder Erwerb eigener Aktien schließt die Gefahr in sich, dass einzelne Aktionäre bevorzugt werden, und zwar sowohl beim Kauf als auch beim Verkauf. [..] Eine Bevorzugung einzelner Aktionäre kann aber auch eintreten beim Verkauf der einmal erworbenen Aktien; diese könnten weit unter dem Tageskurs verkauft werden und damit dem Käufer auf Kosten der Gesellschaft die Herrschaft über die Gesellschaft erleichtern oder verschaffen"[378]

Bemerkenswert ist dabei die scharfe Trennung zwischen den Gefahren des An- und des Verkaufs eigener Aktien. Trotz dieser Bedenken wurden zum damaligen Zeitpunkt keine ausdrücklichen gesetzlichen Regelungen zum An- und Verkaufsverfahren getroffen.

C. Behandlung der Rechte des Aktionärs beim Erwerb eigener Aktien in der neueren rechtswissenschaftlichen Literatur bis zum heutigen Zeitpunkt

In seiner grundlegenden Untersuchung des Rückkaufs eigener Aktien bewertet Bertheim (1933)[379] die Erfahrungen mit dem Rückkauf eigener Aktien dahingehend, dass die Gefahr von Vermögensnachteilen für Aktionäre durch den Erwerb eigener Aktien sehr viel größer ist, als die mit dem Erwerb verbundenen Vorteile[380]. Dabei nennt er als Beispiel einer Schädigung der Gesellschaft die Abnahme eines Aktienpakets von einem Großaktionär. Er kommt zu dem Schluss, dass die Gefahr einer Benachteiligung von Aktionären von der Rückkaufsmethode abhängt. Dabei spielen nach seiner Auffassung sowohl der Preis, zu dem zurückgekauft wird, als auch die Auswahl der Aktionäre eine maßgebliche Rolle[381]. Bertheim nennt dabei als Beispiele aus der

[377] Schubert/Hommelhoff, Die Aktienreform am Ende der Weimarer Republik, S. 148.
[378] Schubert/Hommelhoff, Die Aktienreform am Ende der Weimarer Republik, S. 149.
[379] Bertheim, Erwerb eigener Aktien, S. 40.
[380] Bertheim, Erwerb eigener Aktien, S. 40.
[381] Bertheim, Erwerb eigener Aktien, S. 40.

deutschen Rechtspraxis die Gruschwitz Textilwerke AG und die Dresdner Nähmaschinenzwirn-Fabrik AG, bei denen es zu Rückkäufen eigener Aktien zu überhöhten Preisen von einem oder wenigen Großaktionären gekommen war[382]. Aus diesen Gefahren zieht Bertheim den Schluss, dass den Aktionären und der Öffentlichkeit der Erwerb eigener Aktien bis ins letzte Detail (Rückkaufspreis, Zeitraum des Rückkaufs u.a.) offengelegt werden muss. Dies begründet er mit der zutreffenden Feststellung, dass die Offenlegung dieser Umstände niemals eine geschäftliche Schädigung der Gesellschaft zur Folge haben kann[383].

Hinsichtlich der Rückkaufsmethoden unterscheidet Bertheim ferner zwischen dem Rückkaufs mittels eines Angebots an alle Aktionäre sowie zwischen dem Rückkauf am Markt[384]. Dabei weist er auch auf die Möglichkeit der Gesellschaft hin, Aktienpakete von einem Einzelaktionär zu übernehmen.

Flechtheim (1934)[385] betont, dass die Veräußerung der erworbenen eigenen Aktien ein gewöhnliches Verkaufsgeschäft von bereits im Verkehr gewesenen Aktien und keine Neuemission ist. Ein Bezugsrecht der Aktionäre bei der Wiederveräußerung lehnt er daher ab. Neben dieser Feststellung wird aber auf die Rechtsposition der Aktionäre bei der Veräußerung eigener Aktien nicht näher eingegangen.

Eine Erörterung der Frage der Rechte des Aktionärs beim Erwerb eigener Aktien findet sich bei Würdinger (1959)[386], der die grundlegende Frage aufwirft, ob die Gesellschaft in der Auswahl des Erwerbers bei der Veräußerung eigener Aktien frei ist, oder ob sie Bindungen gegenüber den Aktionären unterliegt. Er kommt zu dem Ergebnis, dass die Veräußerung als normales Umsatzgeschäft in den alleinigen Verantwortungsbereich des Vorstands fällt. Insbesondere ein gesetzliches Bezugsrecht, auch dessen analoge Anwendung auf den Erwerb eigener Aktien, lehnt Würdinger ab. Allerdings soll der Vorstand nach seiner Auffassung doch unter dem Gesichtspunkt der gleichmäßigen Behandlung der Aktionäre gehalten sein, die Aktien allen Aktionären anzubieten. Zum Verkauf an einen Dritten oder an einen Aktionär allein sei der Vorstand nur dann befugt, wenn der dadurch für die Gesellschaft und damit für alle Aktionäre entstehende Vorteil so erheblich wäre, dass die Beeinträchtigung der Aktionäre damit

---

382 Vgl. Bertheim, Erwerb eigener Aktien, S. 41.
383 Bertheim, Erwerb eigener Aktien, S. 40.
384 Bertheim, Erwerb eigener Aktien, S. 32.
385 In: Düringer-Hachenburg, Handelsgesetzbuch, § 226 Anm. 33.
386 Würdinger, Aktienrecht, S. 60 f.

aufgewogen würde[387]. Damit stellt er zwar fest, dass die Nichtteilnahme an der Veräußerung einen Nachteil für die betroffenen Aktionäre darstellt. Worin dieser allerdings liegen soll, lässt er offen.

In der aktuellen juristischen Literatur wird die Frage der Rechtspositionen des Aktionärs im Zusammenhang mit den zulässigen Rückkaufsformen behandelt. Dabei finden sich unterschiedliche Ansatzpunkte. Teile der Literatur vertreten den Standpunkt, dass bei einer börsennotierten Aktiengesellschaft der Rückkauf eigener Aktien grundsätzlich über die Börse zu erfolgen hat[388]. Dies wird mit dem Gleichbehandlungsgrundsatz sowie einer erheblichen Missbrauchsgefahr begründet[389]. Teilweise wird der Ausschluss einzelner Aktionäre vom Erwerb eigener Aktien schlicht als unzulässig angesehen[390], da sie mit dem Gleichbehandlungsgrundsatz nicht zu vereinbaren sei. Auch die dem Gesetzesentwurf zum KonTraG zugrundeliegende Stellungnahme des Deutschen Aktieninstituts zur Reform des Rückerwerbs eigener Aktien (1995) sieht unter § 71b (Verfahren beim Erwerb eigener Aktien) nur den Rückkauf von allen Aktionären vor[391]. Teilweise wurden in Stellungnahmen zum KonTraG gesetzliche Vorschriften für eine Verminderung der Missbrauchsgefahren dieser Erwerbsform gefordert.[392]. Von Teilen der Literatur wird dagegen die grundsätzliche Zulässigkeit des Rückkaufs von wenigen Aktionären außerhalb der Börse bejaht[393].

Hinsichtlich der Frage des Erwerbsrechts bei der Veräußerung eigener Aktien fehlen, soweit ersichtlich, Stellungnahmen in der rechtswissenschaftlichen Literatur[394].

---

[387] Würdinger, Aktienrecht, S. 61.

[388] Lutter in: Kölner Kommentar, § 71 Rn. 15; ebenso Hefermehl/Bungeroth in: Geßler/Hefermehl/Eckardt/Kropff, § 71 Rn. 125; Martens, AG 1996, S. 337, (340 re. Spalte)); Peltzer, WM 1998, 322 (329).

[389] Martens, AG 1996, S. 337, (340 re. Spalte)); Lutter in: Kölner Kommentar, § 71 Rn. 15.

[390] Hüffer, § 71 Rn. 19j; Huber in FS Bruno Kropff, 1997, S. 101 (116); kritisch auch Escher-Weingart/Kübler, ZHR 1998, S. 537 (547) Für zwingenden Rückkauf über die Börse bei börsennotierten Gesellschaften: Lutter in: Kölner Kommentar, § 71 Rn. 15; ebenso Bungeroth in: Geßler/Hefermehl/Eckardt/Kropff, § 71 Rn. 125; Martens, AG 1996, S. 337, (340 re. Spalte)); Peltzer, WM 1998, 322 (329).

[391] Vgl. DAI, Stellungnahme, S. 19 f.

[392] Wastl, DB 1997, 461 (464).

[393] Kindl, DStR 1999, 1276 (1279); Wastl, DB 1997, 461 (464).

[394] Hüffer, § 71 Rn. 19j weist auf die Geltung des Grundsatzes der Gleichbehandlung der Aktionäre hin.

D. Zwischenergebnis

Die Rechtsposition des Aktionärs beim Erwerb eigener Aktien und der anschließenden Veräußerung wurde bislang in der rechtswissenschaftlichen Literatur bislang trotz ihrer – durch die historische Diskussion unterstrichenen - Bedeutung kaum erörtert.

3. Erwerb eigener Aktien: das Andienungsrecht des Aktionärs

A. Allgemeines

Der Rückkauf eigener Aktien muss sich von Gesetzes wegen in der Praxis eines bestimmten Verfahrens bedienen. Das Ziel, eigene Aktien anzukaufen, kann auf mehreren Wegen erreicht werden. Zunächst besteht die Möglichkeit, eigene Aktien über die Börse zurückzukaufen. In diesem Fall hat grundsätzlich jeder Aktionär die Möglichkeit, seine Aktien der Gesellschaft anzudienen. Die Gesellschaft tritt als Käuferin nicht in Erscheinung, sondern beauftragt einen Dritten, der das Geschäft an der Börse abwickelt. Eine weitere Möglichkeit ist ein Rückkauf im Rahmen eines öffentlichen Angebots an alle Aktionäre. Neben diesen Rückkaufsmethoden besteht die Möglichkeit, Aktien nur von einem oder wenigen Aktionären zurückzukaufen („individuell ausgehandelter Rückkauf eigener Aktien").

Der Rückkauf über die Börse scheint zur Zeit eindeutig von den deutschen Unternehmen bevorzugt zu werden[395]. Nach der Umfrage des Verfassers (2001) haben lediglich 41 % der befragten Unternehmen den Erwerb eigener Aktien über ein öffentliches Angebot vorgesehen.

Eine eindeutige gesetzliche Regelung wäre dann erforderlich, wenn der Ausschluss des Andienungsrechts den einzelnen Aktionär nachteilig in dessen Rechtspositionen treffen würde. Die oben dargestellten Stimmen der juristischen Literatur zu Beginn des letzten Jahrhunderts kommen nahezu einhellig zur Auffassung, der Ausschluss des Aktionärs von der Teilnahme am Erwerb eigener Aktien sei für diesen von Nachteil, ohne jedoch diesen Nachteil näher zu erörtern[396].

---

[395] Deutsches Aktieninstitut, Erwerb eigener Aktien 1999, S. 10.
[396] Vgl. nur Bertheim, Erwerb eigener Aktien, S. 40; Würdinger, Aktienrecht, S. 61.

B. Andienungsrecht beim Erwerb eigener Aktien als Vermögensvorteil ?

Die Möglichkeit, der zurückkaufenden Gesellschaft Aktien anzubieten (Andienungsrecht), kann möglicherweise einen Vermögensvorteil für den Aktionär darstellen. Hierzu bieten sich mehrere Ansatzpunkte. Man kann zunächst den wirtschaftlichen Wert dieser Rechtsposition anhand der Betrachtung der Begebung von Verkaufsoptionen auf eigene Aktien ermessen (vgl. nachfolgend unter § 1). Ein weiteres Kriterium für die Wertbemessung sind die Fälle des fehlenden Marktes (Nicht-börsennotierte Gesellschaften) bzw. des zu geringen Handelsvolumens (vgl. nachfolgend unter § 2). Betrachtet man den Erwerb eigener Aktien unter dem Gesichtspunkt der Auskehrung von überschüssiger Liquidität, so wird deutlich, dass der Ausschluß des Andienungsrechts einen Nachteil für den Aktionär darstellt (vgl. hierzu unter § 3). Auch die Berücksichtigung von möglichen Kursverlusten beim individuell ausgehandelten Rückkauf (vgl. unter § 4) verdeutlicht den Vermögenswert der Möglichkeit einer Andienung der Aktien des Aktionärs.

§ 1 Wirtschaftlicher Wert des Andienungsrechts am Beispiel des Erwerbs eigener Aktien über Verkaufsoptionen auf eigene Aktien

Das in der US-amerikanischen Praxis gebräuchliche Verfahren des Erwerbs eigener Aktien über Optionen, die zu einer Veräußerung einer bestimmten Anzahl von Aktien an die Gesellschaft berechtigen („Transferable Put Rights") verdeutlicht den vermögensrechtlichen Charakter des Andienungsrechts beim Erwerb eigener Aktien. Dabei wird zunächst das in den USA hierzu entwickelte Verfahren[397] aufgezeigt.

a) Verfahren des Erwerbs eigener Aktien über die Ausgabe von Verkaufsoptionen auf eigene Aktien („Transferable Put Rights")

Diese in den USA erst kürzlich entwickelte Rückkaufsmethode basiert auf der Ausgabe von übertragbaren Verkaufsoptionen auf eigene Aktien (nachfolgend als „TPR" bezeichnet). Eine Option ist ein Vertrag, bei dem eine Partei (Optionsinhaber) das Recht - aber nicht die Pflicht - hat, eine bestimmte Menge einer zugrundeliegenden Bezugsgröße in der Zukunft zu einem vorher vereinbarten Preis von der anderen Partei („Stillhalter") zu erwerben oder an die andere Partei zu veräußern. Anstelle der physischen Lieferung der Aktie kann auch ein Barausgleich vereinbart werden („Cash Settlement").

---

[397] Vgl. Kale/Noe/Gay 1989, S. 141 ff.

Die Gesellschaft ist bei der Ausgabe von TPRs verpflichtet, die ausgegebenen Optionen durch den Ankauf eigener Aktien zu bedienen. Sie ist daher Stillhalterin. Dabei ist die Put-Option auf die physische Lieferung gerichtet, ein Barausgleich ist nicht vorgesehen. Jeder Aktionär erhält Verkaufsoptionen entsprechend seinem Aktienbestand und dem Volumen des Rückkaufs im Verhältnis zum Grundkapital. Plant die Gesellschaft beispielsweise einen Rückkauf von 10 % (rechnerischer Anteil am Grundkapital 1/10) ihres Grundkapitals, so erhält jeder Aktionär für zehn Aktien eine Verkaufsoption. Plant die Gesellschaft einen Rückkauf von 5 % des Grundkapitals, so entfällt auf 20 Aktien eine Verkaufsoption. Jede Verkaufsoption berechtigt den Aktionär, eine Aktie zu einem festgelegten Preis an die Gesellschaft zu veräußern. Beabsichtigt ein Aktionär keinen Verkauf seiner Aktien, so kann er die Option am Sekundärmarkt veräußern, falls dort ein Handel mit den Optionen stattfindet. Möchte ein Aktionär mehr Aktien veräußern, als ihm Optionen zugeteilt wurden, kann er sich diese Möglichkeit durch Hinzuerwerb weiterer Optionen verschaffen. Verbleibende Aktionäre können somit ihre Anteile weiter halten, und realisieren mit der Veräußerung der Optionen einen Gewinn.

Der Vorteil dieser Rückkaufsform ist, dass diejenigen Aktionäre, die ihren Anteilen einen hohen Wert beimessen, Aktionäre bleiben können und gleichzeitig durch die Veräußerung der TPRs Gewinne erzielen. Verkaufswillige Aktionäre können durch den zusätzlichen Erwerb von TPRs den Aktionärskreis verlassen. Auch die Übernahme einer solchen Gesellschaft wird erschwert, weil sie sich für den Interessenten erheblich verteuert. Da diejenigen Aktionäre ausscheiden, die einen niedrigeren Kaufpreis für ihre Anteile akzeptieren, verbleiben für den potentiellen Erwerber nur noch diejenigen Aktionäre, die schon das Angebot der Gesellschaft als zu niedrig eingestuft hatten. Diesen muss der Erwerber einen deutlich höheren Preis für ihre Aktien bezahlen.

b) Wirtschaftliche Bewertung des Andienungsrechts des Aktionärs anhand der Begebung von Verkaufsoptionen auf eigene Aktien

Die Begebung von Put-Optionen[398] im Rahmen des Rückkaufs eigener Aktien wurde in Deutschland – soweit ersichtlich - bislang in der Praxis noch nicht angewendet.

Es ist zu beachten, dass die Ausgabe der Option auf eigene Aktien noch keinen Erwerb eigener Aktien darstellt, und daher nicht nach den §§ 71 ff AktG zu

[398] Vgl. grundlegend Paefgen, AG 1999, 67 ff; Mick, DB 1999, S. 1201 ff.

beurteilen ist. Denn die Optionsbegebung ist ein dem Erwerb vorgeschaltetes Rechtsgeschäft, der Kaufvertrag über die Aktien kommt erst mit Ausübung der Option zustande[399]. Bereits die Einräumung der durch die Optionsgewährung begründeten Rechtsposition ist aber an § 53a AktG zu messen, wenn einem Aktionär Put-Optionen gewährt werden[400]. Denn der Gleichbehandlungsgrundsatz erfordert eine pro-rata Beteiligung aller Aktionäre am Erwerb eigener Aktien. Dies kann durch Ausgabe von Put-Optionen nicht unterlaufen werden, die eine Verpflichtung der Gesellschaft zum Ankauf eigener Aktien begründen[401].

Das Andienungsrecht entspricht dem Wert der von der Gesellschaft dem einzelnen Aktionär zugeteilten Put-Optionen. Dabei steigt die Anzahl der zugeteilten Optionen mit dem Aktienbestand des Aktionärs. Der Wert der Einzeloption richtet sich dabei nach dem jeweiligen Rückkaufspreis, und zwar nach der Differenz zwischen dem aktuellen Börsenkurs der Aktie und dem (höheren) Rückkaufspreis. Werden einzelne Aktionäre vom Rückkauf eigener Aktien ausgeschlossen, dann hat dies einen entsprechenden Vermögensnachteil im Vergleich zu denjenigen Aktionären, die ihre Aktien der Gesellschaft andienen können, zur Folge. Das Andienungsrecht verkörpert damit einen messbaren wirtschaftlichen Wert.

§ 2 Rückkauf eigener Aktien bei fehlendem Markt oder begrenztem Handelsvolumen

Zumindest bei börsennotierten Gesellschaften ermöglicht es ein funktionierender Kapitalmarkt den Aktionären, ihre Aktien jederzeit zu einem angemessenen Preis zu veräußern. Ist die Aktiengesellschaft dagegen nicht börsennotiert, so kann sich die Veräußerung von Aktien der Gesellschaft als undurchführbar erweisen. Gleiches gilt für den Fall, dass eine Marktenge die Veräußerung größerer Aktienpakete über die Börse faktisch erschwert. Das durch eine Veräußerung vermehrte Angebot trifft in diesem Fall nicht auf eine entsprechende Nachfrage. Dies hat ein kurzfristiges Sinken der Kurse zur Folge. Der Vorteil für die am Rückkauf teilnehmenden Aktionäre besteht in diesen Fällen in der Möglichkeit, ihre Aktien außerhalb des engen Marktes an die Gesellschaft abzugeben. Daraus resultiert ein entsprechender Nachteil für die

[399] Mick, DB 1999, S. 1201 (1203).
[400] Mick, DB 1999, S. 1201 (1205).
[401] Mick, DB 1999, S. 1201 (1205).

verbliebenen Aktionäre[402], die diese Möglichkeit nicht erhalten. Denn diese haben kein Wahlrecht, von diesem „Austrittsrecht" Gebrauch zu machen.

US-amerikanische Untersuchungen (1983) des individuell ausgehandelten Rückkaufs eigener Aktien[403] kommen zu dem Ergebnis, dass die nicht am Rückkauf teilnehmenden Aktionäre grundsätzlich benachteiligt werden. Die Verfasser der Studie weisen ferner darauf hin, dass bereits sechs Gerichtsverfahren zur Verhinderung des individuell ausgehandelten Aktienrückkaufs angestrengt wurden[404].

§ 3 Erwerb eigener Aktien als Auskehrung überschüssiger Liquidität (Ausschüttungscharakter)

Der Begriff der „Ausschüttung" ist dabei nicht streng an den im Aktienrecht geregelten Ausschüttungsformen zu orientieren. Der Rückkauf eigener Aktien ist keine Ausschüttung im engeren aktienrechtlichen Sinne. Die durch den Rückkauf vorgenommene Auskehrung von Liquidität betrifft nur die am Rückkauf teilnehmenden Aktionäre. Dieses Problem wird durch eine Prämie, die zusätzlich zum Marktpreis bezahlt wird, noch verschärft. Der Vermögensvorteil für den Aktionär liegt bereits in dem Wahlrecht, am Rückkauf teilzunehmen oder nicht. Dieses Wahlrecht kann je nach individueller steuerlicher Belastung wahrgenommen werden. Die Veräußerungsgewinne aus im Privatvermögen gehaltenen Aktien sind gem. § 23 EStG steuerfrei, falls die Spekulationsfrist abgelaufen ist. Dagegen sind Dividendenzahlungen gem. § 20 EStG der Einkommensbesteuerung unterworfen[405]. Daher hat das Wahlrecht, am Rückkaufsprogramm und damit an der einkommensteuerfreien Ausschüttung teilzunehmen oder durch das Halten der Aktien von Steigerungen des Aktienkurses sowie weiteren Dividendenausschüttungen zu profitieren, einen Vermögenswert. Aus diesem Grund kann das Andienungsrecht als Vermögensrecht eingeordnet werden. Auch Studien in den USA stellen einen engen Zusammenhang zwischen dem im Unternehmen vorhandenen „cash flow" und Aktienrückkäufen fest[406]. Dies spricht dafür, dass der Erwerb eigener Aktien ein geeignetes Mittel zur Auskehrung von überschüssiger Liquidität ist.

---

[402] Ebenso Lutter in: Kölner Kommentar, § 71 Rn. 15; Hefermehl/Bungeroth in: Geßler/Hefermehl/Eckardt/Kropff, § 71 Rn. 125.
[403] Vgl. Bradley/Wakemann 1983, S. 301 ff.
[404] Vgl. Bradley/Wakemann 1983, S. 301 (325).
[405] Nach neuem Recht unterliegen Dividendeneinkünfte hälftig dem individuellen Steuersatz.
[406] Vgl. Nohel/Tarhan, 1998, S. 187 ff.

§ 4 Kursrückgänge als Folge des individuell ausgehandelten Aktienrückkaufs

Wählt der Vorstand die Rückkaufsform des individuell ausgehandelten Rückkaufs[407] und damit den Rückkauf von einem oder wenigen Aktionären außerhalb der Börse, so kommt als weiterer Nachteil für die nicht partizipierenden Aktionäre ein - zumindest vorübergehender - Kursverlust bei den von ihnen gehaltenen Aktien hinzu. Im Gegensatz zu anderen Rückkaufsformen hat der individuell ausgehandelte Rückkauf in aller Regel ein Sinken des Aktienkurses der betroffenen Aktie zur Folge. Aufgrund fehlender Erfahrungen in Deutschland[408] muss hier auf US-amerikanische Studien zurückgegriffen werden. Die durchschnittlichen Kursrückgänge betrugen demnach zwei Tage nach der Ankündigung 4,52 %[409].

§ 5 Zwischenergebnis

Die Teilnahme beim Erwerb eigener Aktien und damit das Recht, der Aktiengesellschaft eigene Aktien anzudienen (Andienungsrecht) stellt einen vermögenswerten Vorteil für den Aktionär dar. Durch den Ausschluss des Andienungsrechts beim Rückkauf eigener Aktien ist der Aktionär unmittelbar in einer ihm zustehenden Rechtsposition betroffen.

C. Vermögensvorteile für den Aktionär aus dem Erwerb eigener Aktien auch unter Berücksichtigung der steuerlichen Behandlung des Erwerbs eigener Aktien ?

Die Betrachtung der vermögensrechtlichen Auswirkungen des Erwerbs eigener Aktien für den Aktionär und die wirtschaftliche Bewertung des Andienungsrechts erfordert eine Berücksichtigung der steuerlichen Behandlung des Erwerbs eigener Aktien. Die bereits herausgearbeitete Rechtsposition wurde im Rahmen der Betrachtung des Rückkaufs eigener Aktien durch die Ausgabe von übertragbaren Verkaufsrechten auf eigene Aktien wirtschaftlich bewertet. Es stellt sich die Frage, ob diese Bewertung auch unter Berücksichtigung der

---

[407] Vgl. hierzu Bosse, NZG 2000, S. 16 ff.

[408] Der einzige dem Verfasser bekannte Rückkauf von wenigen Aktionären ist der Ankauf eines Aktienpackets von ca. 4,9 % des Grundkapitals durch die Jenoptik im Jahr 1999, vgl. Börsenzeitung vom 25. 8. 1999, S. 21.

[409] Dann/De Angelo1983 S. 275-300 (S.290).

steuerlichen Konsequenzen des Rückkaufs eigener Aktien aufrechterhalten werden kann.

Die steuerliche Bewertung des Erwerbs eigener Aktien ist in der juristischen Literatur umstritten[410]. Der Erwerb eigener Aktien kann zunächst als irreguläre Teilliquidation angesehen werden. Eine abweichende Auffassung sieht den Erwerb eigener Aktien als Anschaffungsgeschäft beim Aktionär an.

§ 1 Behandlung des über dem Nennwert liegenden Erwerbs eigener Aktien als wirtschaftliche Kapitalherabsetzung oder irreguläre Teilliquidation

Eine sich in der Minderheit befindliche Auffassung in der juristischen Literatur sieht zumindest den Erwerb eigener Aktien zum Zwecke der Einziehung als eine Kapitalherabsetzung an, die zur Folge hat, dass die Ausschüttungsbelastung herzustellen ist, und diejenigen Anteilseigner, die Aktien an die Gesellschaft verkauft haben, ihre Bezüge nach § 20 Abs. 1 S. 2 EStG als Einkünfte aus Kapitalvermögen versteuern müssen[411]. Dabei wird der beim Erwerb eigener Aktien über dem Nennwert liegende Rückkaufspreis wie eine sonstige Ausschüttung behandelt[412]. Diese Auffassung wird damit begründet, dass der Erwerb eigener Aktien zum Zwecke der Einziehung keinen realen Vermögenszuwachs für die Gesellschaft darstellt. Dies folge aus § 272 Abs. 1 S. 4 ff HGB, der eine Aktivierung eigener Aktien verbietet[413]. Damit dürften die eigenen Anteile wegen des Maßgeblichkeitsgrundsatzes auch nicht in der Steuerbilanz ausgewiesen werden (§ 5 Abs. 1 EStG). Die Folgefrage ist nun, ob der Rechtsvorgang beim Aktionär als Anschaffungsgeschäft behandelt werden kann[414], oder ob es sich bei dem Erlös für den Gesellschafter um Einkünfte aus Kapitalvermögen gem. § 20 Abs. 1 Nr. 2 EStG handelt[415].

Die Rechtsprechung hat den Erwerb eigener Aktien bislang als Anschaffungsgeschäft für die Gesellschaft behandelt[416], weil die Anteile nach

---

410 Vgl. Die Beiträge von Thiel, DB 1998, S. 1583 ff; ders. DB 1998, S. 1786 f; Schmid, DB 1998, S. 1785; Schmid/Wiese, DStR 1998, S. 993 ff; Wiese, DStR 1999, S. 187.

411 Nach neuer Rechtslage erfolgt eine hälftige Versteuerung.

412 So Thiel, DB 1998, S. 1583 ff; ders. DB 1998, S. 1786 f; Schmid, EstG § 17 Rn. 105; Streck, KStG, § 8 Rn. 150 unter "Einziehung".

413 So Thiel, DB 1998, S. 1583 (1584).

414 So die Stellungnahme des Bundesministeriums für Finanzen vom 2.12.1998, DStR 1998, 2011 (2012).

415 So Thiel, DB 1998, S. 1583 (1585).

416 Vgl. BFH Urteil vom 6. 12. 1995, I R 51/95 veröff. in DB 1996, S. 710.

den handelsrechtlichen Vorschriften (§ 266 Abs. 2 B. III. lit. 2 HGB) zu aktivieren sind.

Die Aktivierung durch die Gesellschaft ist dieser aber im Falle der Einziehung aufgrund der Vorschrift des § 272 Abs. 1 S. 4 ff HGB verwehrt. Daraus schließt eine von *Thiel* begründete Auffassung, dass die Vorschrift des § 20 Abs. 1 Nr. 2 EStG anzuwenden ist, die eine Kapitalherabsetzung regelt[417]. Dies hat zur Folge, dass auf die Erträge gem. § 43 Abs. 1 Nr. 1 EStG Kapitalertragssteuer erhoben wird. Ein steuerfreier Veräußerungsgewinn liegt daher nicht vor. Folgt man dieser Auffassung, so sind weitergehende Anschaffungskosten wie Provisionen steuerlich als verdeckte Gewinnausschüttungen (§ 8 Abs. 3 S. 2 KStG zu behandeln[418]. Unter Berücksichtigung dieser Auffassung wäre eine erhebliche Reduzierung des wirtschaftlichen Werts des Andienungsrechts aufgrund der steuerlichen Belastung festzustellen.

§ 2 Erwerb eigener Aktien als Anschaffungsgeschäft beim Aktionär

Die vorstehend referierte Auffassung hat in der Literatur Kritik erfahren. Die herrschende Auffassung stuft den Erwerb eigener Aktien daher als Veräußerungsgeschäft auf Seiten des Aktionärs ein[419]. Sie geht dabei beim Erwerb zum Zwecke der Einziehung von folgenden Voraussetzungen aus:

Hinsichtlich des Nennbetrages der eingezogenen Anteile kommt es zu einer Reduktion des nicht verwendbaren Eigenkapitals. Falls dieses nicht zum Abzug des Herabsetzungsbetrages ausreicht, wird das verwendbare Eigenkapital ebenfalls verringert. Dabei ist der nach § 47 Abs. 1 Nr. 2 KStG gesondert festgestellte, für Ausschüttungen verwendbare Teil des Nennkapitals gemäß § 29 Abs. 3 KStG zum Abzug zu bringen.

Diese für den Aktionär günstigere Auffassung führt dazu, dass der Aktionär Gewinne aus Veräußerungen seiner (im Privatvermögen gehaltenen) Aktien an die Gesellschaft nach Ablauf der Spekulationsfrist steuerfrei[420] vereinnahmen kann.

---

[417] A.A. Schmidt, DB 1998, S. 1785.
[418] Thiel, DB 1998, S. 1583 (1584).
[419] Schmid, DB 1998, S. 1785; Schmid/Wiese, DStR 1998, S. 993 ff; Wiese, DStR 1999, S. 187;
so auch die Stellungnahme des Bundesministeriums für Finanzen vom 2.12.1998, DStR 1998, 2011 (2012).
[420] Sieht man von § 17 EstG ab, dessen Tatbestand in der Regel nicht erfüllt ist.

§ 3 Auffassung der Finanzverwaltung

Nach Auffassung der Finanzverwaltung stellt der Erwerb eigener Aktien sowohl zum Zwecke der Einziehung wie auch in anderen Fällen beim Aktionär stets ein Veräußerungsgeschäft dar, das beim Aktionär eine Steuerpflicht nach §§ 13 bis 18, 23 EStG oder 21 UmwStG begründen kann. Soweit im Einzelfall ein überhöhter Kaufpreis bezahlt wurde, kann eine verdeckte Gewinnausschüttung i.S. des § 8 Abs. 3 S. 2 KStG und eine andere Ausschüttung i.S. des § 27 Abs. 2 S. 3 KStG anzunehmen sein. Wann ein erhöhter Kaufpreis vorliegt, lässt die Finanzverwaltung offen.

Dies führt beim Aktionär zu einer Hinzurechnung eines entsprechenden Kapitalertrages i.S. von § 20 Abs. 1 Nr. 1 S. 2 und Abs. 1 Nr. 3 EStG[421]. Beim Erwerb eigener Aktie zum Zwecke der Einziehung verringert sich das in der Steuerbilanz der Aktiengesellschaft auszuweisende Betriebsvermögen. Diese Vermögensminderung ist gesellschaftsrechtlich veranlasst und darf sich nicht auf den steuerlichen Gewinn der Gesellschaft auswirken. Im Falle einer späteren Einziehung von aktivierten eigenen Aktien sind Erwerb und Einziehung getrennt zu betrachten.

§ 4 Zwischenergebnis

Die steuerliche Betrachtung des Erwerbs eigener Aktien führt zu keinen Argumenten gegen die Annahme, dass der Aktionär im Rahmen seines Andienungsrechts über eine selbständige Vermögensposition verfügt.

D. Dogmatische Einordnung des Andienungsrechts des Aktionärs

Inhalt des Andienungsrechts beim Erwerb eigener Aktien ist das Recht des Aktionärs, bei Durchführung eines Erwerbs eigener Aktien seine Aktien an die Gesellschaft zu verkaufen. Der Gesetzgeber hat ausdrücklich den Grundsatz der Gleichbehandlung (§ 53a AktG) in § 71 Abs. 1 Nr. 8 AktG erwähnt. Ausgehend von dieser Wertung ist die dogmatische Einordnung des Andienungsrechts unter Berücksichtigung des Grundsatzes der Gleichbehandlung der Aktionäre zu überprüfen. Dies erfordert zunächst die Darstellung des Grundsatzes der Gleichbehandlung der Aktionäre.

---

[421] Vgl. Stellungnahme des Bundesministeriums für Finanzen vom 2.12.1998, DStR 1998, 2011 (2012), Tz.20.

§ 1 Der Grundsatz der Gleichbehandlung der Aktionäre

Die Vorschrift des § 53a AktG[422] wurde im Rahmen der Umsetzung von Art. 42 der Kapitalschutzrichtlinie im Jahr 1978 durch das KoordG[423] eingeführt. Nach dem Text der Richtlinie ist es erforderlich, dass die Rechtsvorschriften der Mitgliedsstaaten die Gleichbehandlung derjenigen Aktionäre sicherstellen, die sich in denselben Verhältnissen befinden. Der Grundsatz der Gleichbehandlung war auch vor Inkrafttreten des § 53a AktG dem Aktienrecht bereits bekannt[424]. Daher wird teilweise die Ansicht vertreten, die Verankerung des Gleichbehandlungsgebots im deutschen Recht sei entbehrlich gewesen[425]. Nach ganz allgemeiner Ansicht handelte es sich bei der Neuregelung im deutschen Recht lediglich um eine Klarstellung[426].

Die Regelung des § 53a AktG ist eine Generalklausel, die sich an die Organe der Gesellschaft richtet[427]. Diese Generalklausel kann als ein „Grundrecht der Aktionäre" bezeichnet werden[428]. Die Pflicht zur Gleichbehandlung der Aktionäre ist rechtsgeschäftlichen Ursprungs. Eine Verletzung dieses Grundsatzes setzt eine Ungleichbehandlung eines Aktionärs voraus, für die ein sachlicher Grund fehlt und die weder in der Satzung in zulässiger Weise geregelt ist noch im Einverständnis mit dem betreffenden Aktionär erfolgt[429]. Der Grundsatz verbietet daher die willkürliche Ungleichbehandlung von Aktionären ohne ausreichende sachliche Rechtfertigung. Zweck und wesentlicher Inhalt der Norm ist der Schutz der Mitgliedschaft des Aktionärs vor Eingriffen der Gesellschaftsorgane (insbesondere der Hauptversammlung), die den einen Teil der Aktionäre hinter den anderen Teil zurücksetzen, ohne dass solche Maßnahmen durch schutzwürdige Interessen der Aktiengesellschaft gedeckt wären[430].

Das Aktienrecht enthält an zahlreichen Stellen gesetzliche Bestimmungen, die das Gleichbehandlungsgebot entweder ausdrücklich enthalten, oder es

[422] Vgl. grundlegend hierzu Henn, AG 1985, S. 240-248.
[423] BGBl 1978 I S. 1959.
[424] Vgl. schon RGZ 41, 97 (99); RGZ 52, 287 (293).
[425] So Hüffer, § 53a Rn. 1.
[426] Begr. RegE Novelle 1978, BT-Drucks. 8/16 78, S. 13.
[427] Hüffer, § 53a Rn. 2.
[428] Ebenso Henn, AG 1985, S. 242.
[429] Lutter/Zöllner in: Kölner Kommentar, § 53a Rn. 8; Hefermehl/Bungeroth in: Geßler/Hefermehl/Eckardt/Kropff, § 53a Rn. 125.
[430] Hüffer, § 53a Rn. 4; BGHZ 33, 175, 186.

voraussetzen. Für die hier vorgenommene Betrachtung ist insbesondere das gesetzliche Bezugsrecht des Aktionärs (§ 186 Abs. 1 AktG) als Konkretisierung des Gleichbehandlungsgrundsatzes einschlägig[431].

Der Bundesgerichtshofs (BGH) sieht eine ungleiche Behandlung der Aktionäre dann als zulässig an, wenn sie sachlich berechtigt ist und damit nicht den Charakter der Willkür trägt[432]. Wichtige Folgerung hieraus ist, dass die Ungleichbehandlung lediglich die erste Prüfungsstation ist. Die Verletzung des Gleichbehandlungsgrundsatzes setzt zusätzlich voraus, dass die dann festgestellte Differenzierung willkürlich war[433]. Innerhalb der Ungleichbehandlung kann zwischen formeller und materieller Ungleichbehandlung unterschieden werden[434]. Eine formelle Ungleichbehandlung liegt vor, wenn die Aktionäre bereits äußerlich offensichtlich ungleich behandelt werden[435]. Eine materielle Ungleichbehandlung liegt dann vor, wenn sich die Maßnahme zwar gegen alle Aktionäre wendet, sie aber aufgrund ihrer unterschiedlichen Beteiligung nur teilweise betrifft[436].

§ 2 Andienungsrecht des Aktionärs und § 53a AktG

Kauft die Aktiengesellschaft eigene Aktien zurück, so muss sie grundsätzlich allen Aktionären die Gelegenheit geben, ihre Aktien entsprechend ihrer Beteiligungsquote und dem Rückkaufsvolumen an die Gesellschaft abzugeben. Dies ergibt sich unmittelbar aus der Geltung von § 53a AktG.

Ein entscheidender Unterschied zwischen dem in § 53a AktG normierten Grundsatz und dem Andienungsrecht des Aktionärs wird beim Ankauf von Aktien von einem Nicht-Aktionär evident. In diesem Fall ist § 53a AktG nicht verletzt, da alle Aktionäre gleich behandelt werden. Dabei sind Parallelen des

[431] Als weitere Bestimmungen sind zu nennen die Gattungs- und Mehrstimmrechtsaktien (§§ 11, 12, 134 Abs. 1 AktG), die Gewinnverwendung (§ 60 AktG), Auskunftserteilung außerhalb der Hauptversammlung (§ 131 Abs. 4 AktG), Beschränkungen des Stimmrechts (§ 134 Abs. 1 und 2 AktG), Aktienzuteilung aus einer Kapitalerhöhung aus Gesellschaftsmitteln (§ 212 AktG), Verbot der Verfolgung gesellschaftsfremder Sondervorteile (§ 243 Abs. 2 AktG) sowie die Verteilung des Restvermögens bei Auflösung der Gesellschaft (§ 271 AktG).

[432] Vgl. BGHZ 33, 175 (186); BGHZ 71, 40 (44) sowie BGHZ 120, 141 (150).

[433] So BGHZ 120, 141, 150 f.

[434] Lutter/Zöllner in: Kölner Kommentar, § 53a Rn. 9 ff; Hüffer, § 53a Rn. 9.

[435] Ein Beispiel hierfür ist die nur teilweise Zulassung zum Bezug junger Aktien.

[436] Als Beispiel sei hier die Kapitalherabsetzung genannt, die je nach Verhältnis der Herabsetzung für Teile der Aktionäre einen Verlust der Mitgliedschaft zur Folge haben kann.

Andienungsrechts mit dem Grundsatz der Gleichbehandlung der Aktionäre nicht zu verkennen. Auch das dem Erwerbsrecht (bei der Veräußerung eigener Aktien) wesensverwandte Bezugsrecht ist Ausdruck des Grundsatzes der Gleichbehandlung der Aktionäre[437].

Das Andienungsrecht geht aber über die bloße Gleichbehandlung der Aktionäre hinaus und erfasst auch den Fall des Ankaufs von einem Nicht-Aktionär. Die Gesellschaft hat beim Erwerb eigener Aktien außerdem darauf zu achten, dass die Vermögensposition des Aktionärs gewahrt bleibt. Dies erfordert ein Wahlrecht für jeden Aktionär, am Erwerb eigener Aktien teilzunehmen oder nicht. Außerdem muss dem Aktionär die Möglichkeit gegeben werden, seine Vermögensposition zu verwerten. In Abgrenzung zur reinen Gleichbehandlung folgt aus dem Andienungsrecht die aktive Verpflichtung der Aktiengesellschaft, beim Rückkauf eigener Aktien ein sachgerechtes Verfahren zu wählen, dass dem Aktionär sowohl ein Wahlrecht als auch eine Verwertungsmöglichkeit seines Andienungsrechts gibt.

Die dogmatische Einordnung dieser Rechtsposition in die mitgliedschaftlichen Rechte hat sich an den Vorgaben des Aktienrechts zu orientieren.

Die Mitgliedschaftsrechte werden in Vermögensrechte[438] und Verwaltungsrechte[439] unterteilt.

Die Rechte des Aktionärs lassen sich ferner in Haupt- und Hilfsrechte einteilen. Diese Unterscheidung ist insbesondere im Hinblick auf § 53a AktG von Bedeutung[440]. Während für Hauptrechte der Maßstab für die Gleichbehandlung in dem Maß der Beteiligung am Grundkapital liegt, gilt bei den Hilfsrechten eine Gleichbehandlung nach Köpfen. Hauptrechte sind das Stimmrecht (§§12,134 AktG), das Recht auf Dividende (§§ 58 Abs. 4 AktG), das Bezugsrecht (§ 186 AktG) sowie das Recht auf den Abwicklungsüberschuss (§ 271 AktG).

---

437 Hüffer, § 186, Rn. 5; Hefermehl/Bungeroth in: Geßler/Hefermehl/Eckardt/Kropff, § 186 Rn. 12.

438 Z.B. das Recht auf den Bilanzgewinn gem. § 58 Abs. 4 AktG, das Bezugsrecht bei Kapitalerhöhungen gem. § 186 Abs. 1 AktG sowie der Anspruch auf Liquidationserlös gem. § 271 AktG.

439 Z.B. Recht zur Teilnahme an der Hauptversammlung (§ 118 Abs. 1 AktG), das Auskunftsrecht (§ 131 AktG), das Stimmrecht (nach Maßgabe der §§ 133 ff. AktG) sowie das Recht zur Erhebung der Anfechtungsklage (§ 245 Nr. 1-3 AktG.

440 Vgl. hierzu Hüffer, § 53a Rn. 6.

Hilfsrechte sind das Recht auf Teilnahme an der Hauptversammlung, das Rederecht, das Auskunftsrecht (§131 AktG) sowie die Anfechtungsbefugnis (§ 245 AktG)[441].

Hinsichtlich der Rechtsträgerschaft lassen sich ferner allgemeine Mitgliedschaftsrechte sowie Sonderrechte unterscheiden. Allgemeine Mitgliedschaftsrechte stehen allen Mitgliedern gleichermaßen oder nach gesetzlicher Differenzierung zu. Vorzugsrechte sind Mitgliedschaftsrechte, die einem Mitglied durch Satzung oder Gesellschaftsvertrag eingeräumt werden, und ihm eine unentziehbare Vorzugsstellung einräumen[442].

Eine Beteiligung der Aktionäre nach Köpfen beim Erwerb eigener Aktien (Hilfsrecht) erscheint nicht sachgerecht. Der jeweilige Aktienbesitz des Aktionärs muss wesentliche Bezugsgröße für den Umfang seines Andienungsrechts sein. Der Rückkauf eigener Aktien hat daher nach Maßgabe der jeweiligen Beteiligung des Aktionärs zu erfolgen. Das Andienungsrecht ist vor diesem Hintergrund als Hauptrecht einzuordnen. Falls der Gesellschaft mehr Aktien angeboten werden, als sie zurückkaufen möchte, sind die Aktien von allen Aktionären pro rata zurückzukaufen. Dies folgt aus § 53a AktG.

Wie bereits erörtert[443], stellt das Andienungsrecht einen selbständigen Vermögenswert für den Aktionär dar. Bei der im Rahmen des Rückkaufs ausgeschütteten Liquidität handelt es sich der Sache nach um eine dividendenähnliche Ausschüttung. Dieser Vermögensvorteil verdeutlicht den Wert des Andienungsrechts. Der Wert wächst dabei für den Fall, dass mit dem Rückkauf eigener Aktien eine Prämie verbunden wird. Aus diesem Grund ist das Andienungsrecht als selbständiges Vermögensrecht des Aktionärs einzuordnen. Als solches steht es den Aktionären entsprechend ihrer Beteiligung zu.

Die Differenzierung nach der Höhe des Anteilsbesitzes ist zwingende Folge der bereits vorgenommenen Einordnung als Hauptrecht.

---

[441] Einteilung nach Hüffer, AktG, § 53a Rn. 6 f.

[442] Vgl. Carsten Schmidt, Gesellschaftsrecht, § 19 III 3. C) bb), S. 558; Beispiele für Vorzugsrechte sind Mehrstimmrechte sowie Gewinnvorzugsrechte.

[443] Vgl. hierzu oben III. 3. B.

§ 3 Zwischenergebnis

Das Andienungsrecht beim Rückkauf eigener Aktien ist ein aus dem Grundsatz der Gleichbehandlung der Aktionäre sowie der Mitgliedschaft des Aktionärs abgeleitetes Hauptrecht (Vermögensrecht).

E. Vorliegen einer planwidrigen Gesetzeslücke ?

Im Vergleich zur Veräußerung eigener Aktien wurde das Verfahren beim Rückkauf eigener Aktien nur ansatzweise reglementiert. Die Verweisung auf §§ 186 Abs. 3, 4 AktG und § 193 Abs. 2 Nr. 4 AktG greift nach dem Wortlaut von § 71 Abs. 1 Nr. 8 S. 5 AktG nur für den Fall der Veräußerung bereits erworbener eigener Aktien ein. Das Andienungsrecht und die Möglichkeit eines Ausschlusses dieses Rechts ist gesetzlich nicht geregelt. Es ist daher zu überprüfen, ob hier eine Gesetzeslücke vorliegt.

Dies setzt voraus, dass ein Gesetz für einen bestimmten Bereich eine einigermaßen vollständige Regelung anstrebt[444]. Eine Gesamtkodifikation kann nur dann lückenhaft sein, wenn sie eine Regel vermissen lässt, die eine Frage betrifft, die nicht dem „rechtsfreien" Raum zu überlassen ist. Dabei ist meist nicht ein einzelner Rechtssatz, sondern eine bestimmte Regelung im ganzen unvollständig, d.h. sie enthält keine Regelung für eine solche Frage, die nach der zugrundeliegenden Regelungsabsicht einer Regelung bedarf[445]. *Larenz*[446] bewertet die Frage, ob eine Gesetzeslücke vorliegt, plastisch folgendermaßen:

„Regelt das Gesetz einen bestimmten Sachverhalt A in bestimmter Weise, enthält es aber keine Regelungen für den im Sinne der getroffenen Wertung gleichliegenden Fall B, so ist das Fehlen einer solchen Regelung als eine Lücke des Gesetzes anzusehen."

Der Vorgang der Veräußerung eigener Aktien wurde vom Gesetzgeber dahingehend geregelt, dass bei einem Ausschluss des Erwerbsrechts die Vorschriften über den Bezugsrechtsausschluss (§ 186 Abs. 3 und 4 AktG) Anwendung finden. Der Ausschluss des Erwerbsrechts hat zur Folge, dass

---

[444] Larenz, Methodenlehre, S. 371.
[445] Larenz, Methodenlehre, S. 371.
[446] Larenz, Methodenlehre, S. 375.

entweder nur einzelne Aktionäre oder außenstehende Dritte die Möglichkeit erhalten, Aktien der Gesellschaft zu erwerben.

Werden Aktien nicht von allen, sondern nur von einzelnen Aktionären zurückgekauft, so stellt dies einen vergleichbaren Vorgang dar. Betroffen ist zwar nicht die Beteiligungsquote der betroffenen Aktionäre, wohl aber deren vermögensrechtliche Situation im gleichen Maße wie bei der Veräußerung. Dies wird noch deutlicher, wenn beim Erwerb eigener Aktien, wie üblich, zusätzlich zum Kaufpreis eine Prämie bezahlt wird. Abhängig vom jeweils bezahlten Rückkaufspreis kann der Ausschluss des Andienungsrechts daher einen empfindlichen Vermögensnachteil bedeuten[447].

Sowohl im Falle des Rückkaufs wie auch bei der anschließenden Veräußerung eigener Aktien besteht ein evidentes Schutzbedürfnis der Aktionäre. In beiden Fällen sind mit dem Ausschluss des Erwerbs- bzw. Andienungsrechts Rechtspositionen des Aktionärs unmittelbar betroffen. Werden einzelne Aktionäre vom Rückkauf ausgeschlossen, dann ist dieser Vorgang vergleichbar.

Die Regelung des § 71 Abs. 1 Nr. 8 AktG erweist sich damit als unvollständig. Es liegt eine planwidrige Gesetzeslücke vor.

F. Ausfüllen der Gesetzeslücke durch analoge Anwendung von § 186 Abs. 3 und 4 AktG

Eine Gesetzeslücke ist im Wege der Analogie oder durch Rückgang auf ein im Gesetz angelegtes Prinzip auszufüllen[448]. Dabei ist die Übertragung der für einen Tatbestand gegebenen Regel auf einen anderen, ihm ähnlichen, als Gesetzesanalogie zu bezeichnen[449]. Nachdem die Vergleichbarkeit des Ankaufs- mit dem Verkaufsvorgang eigener Aktien bereits festgestellt wurde, ist eine Übertragung der nach dem Wortlaut des Gesetzes für die Veräußerung eigenen Aktien geltenden Rechtsfolge (Anwendung von § 186 Abs. 3 und 4 AktG) zu untersuchen.

Erhöht die Gesellschaft ihr Grundkapital, so steht den Aktionären gem. § 186 Abs. 1 AktG ein gesetzliches Bezugsrecht zu. Ein Bezugsrecht setzt stets die

---

[447] Vgl. hierzu oben III. 3. B.
[448] Zippelius, Juristische Methodenlehre, S. 68.
[449] Larenz, Methodenlehre, S. 383.

Ausgabe von jungen Aktien voraus[450]. Der Verweis in § 71 Abs. 1 Nr. 8 AktG auf § 186 Abs. 3 und 4 ist daher dahingehend zu verstehen, dass der Begriff des Bezugsrechts durch „Erwerbsrecht" zu ersetzen ist. Während das Erwerbsrecht bei der Veräußerung der Aktien betroffen ist, behandelt das Andienungsrecht materiell den Vorgang der Kapitalherabsetzung, da ausgegebene Aktien zurückerworben werden. Beide Situationen vermitteln den Aktionären Vermögenspositionen[451]. Wie bereits festgestellt, hat auch das Andienungsrecht einen Vermögenswert, der im Idealfall durch Ausgabe von Put-Optionen handelbar ist. Die durch das Erwerbsrecht vermittelte Rechtsposition ist der des Andienungsrechts daher vergleichbar. Dieses kann als „umgekehrtes Erwerbsrecht" eingestuft werden[452]. Ein Ausschluss des Erwerbsrechts ist daher vergleichbar mit dem Ausschluss des Andienungsrechts.

Eine analoge Anwendung von § 186 Abs. 3 und 4 AktG ist mithin auf den Ausschluss des Andienungsrechts zu bejahen.

G. Konsequenz der analogen Anwendung von § 186 Abs. 3 und 4 AktG: Möglichkeiten des Ausschlusses des Andienungsrechts

Die konsequente Weiterentwicklung der analogen Anwendung des § 186 Abs. 3 und 4 AktG führt zu einer grundsätzlichen Zulässigkeit des Ausschlusses des Andienungsrechts parallel zum Bezugsrechtsausschluss[453].

Ein Ausschluss des Andienungsrechts liegt dann vor, wenn nicht von allen Aktionären pro rata zurückgekauft wird. Als Beispiel hierfür kann der Rückkauf eigener Aktien durch die Jenoptik AG genannt werden, die ausserbörslich fast 5 % eigene Aktien zurückkaufte[454].

Aufgrund der analogen Anwendung von § 186 Abs. 4 AktG ist ein Vorstandsbericht über die Gründe für den Ausschluss des Andienungsrechts erforderlich. Dies soll es den Aktionären ermöglichen, den Ausschluss des

---

[450] Hüffer, § 186 Rn. 1.
[451] Das gesetzliche Bezugsrecht soll in erster Linie dem Aktionär die Möglichkeit geben, seine Beteiligungsquote aufrechtzuerhalten. Außerdem vermittelt das Bezugsrecht eine vermögenswerte Rechtsposition, vgl. Hüfffer, § 186 Rn. 2.
[452] Paeffgen, AG 1999, S. 67 (70).
[453] Vgl. zum Bezugsrechtsausschluß Lutter in: Kölner Kommentar, § 186 Rn. 45 ff; Hüffer, § 186 Rn. 20 ff; Hefermehl/Bungeroth in: Geßler/Hefermehl/Eckardt/Kropff, § 186 Rn. 83 ff.
[454] Vgl. Börsenzeitung vom 25. 8. 1999, S. 21.

Andienungsrechts nachzuvollziehen und das Vorliegen eines sachlichen Grunds zu überprüfen[455]. Der Aktionär benötigt die Information, aus welchen Gründen sein Andienungsrecht ausgeschlossen werden soll, um sachgerecht über den Antrag der Verwaltung zur Ermächtigung gem. § 71 Abs. 1 Nr. 8 AktG entscheiden zu können.

Der Ausschluss des Andienungsrechts erfordert wie der Ausschluss des Bezugsrechts einen sachlichen Grund. Hier ist ebenfalls grundsätzlich eine Anlehnung an die zum Bezugsrechtsausschluss ergangene Rechtsprechung[456] geboten. Demnach muss der Ausschluss des Andienungsrechts im Gesellschaftsinteresse liegen und geeignet, erforderlich und verhältnismäßig sein[457]. Um zur Frage einer sachlichen Rechtfertigung des Ausschlusses des Andienungsrechts Anhaltspunkte zu bilden, sind nachfolgend Fallgruppen zu bilden, bei denen der Ausschluss des Andienungsrechts unter Umständen gerechtfertigt sein kann.

§ 1 Übernahme der Anteile durch die Gesellschaft im Falle des Ausscheidens eines Gesellschafters

Dieser klassische Anwendungsfall des individuell ausgehandelten Rückkaufs hat aus Sicht der Gesellschafter den Vorteil, dass sie selbst die Anteile des Ausscheidenden nicht übernehmen müssen[458]. Die Aktiengesellschaft kann dagegen Liquidität, die ansonsten in der Gesellschaft verbleiben müsste, einsetzen. Auch der Gesetzgeber betont, dass der Rückkauf im Falle eines Ausscheidens eines Gesellschafters eine wertvolle Hilfe zur Übernahme der Anteile sein kann[459]. Allerdings hat er hier ersichtlich die nicht börsennotierte Gesellschaft im Blickwinkel. Ist die Gesellschaft börsennotiert, so ist die Möglichkeit der Veräußerung durch den Aktionär über die Börse vorrangig zu prüfen. Dabei kann beispielsweise die Veräußerung eines größeren Aktienpakets über die Börse aufgrund des gestiegenen Angebots nachteilige Auswirkungen auf den Kurs der Aktie haben. Falls eine Veräußerung durch den Aktionär über

---

[455] Hüffer, § 186 Rn. 39 f für den beim Bezugsrechtsausschluß erforderlichen Bericht des Vorstands.

[456] Grundlegend BGHZ 71, 40, 43; vgl. zuletzt BGHZ 125, 239, 244; Hüffer, § 186 Rn. 25 ff m.w.N.

[457] BGHZ 71, 40, 43; Lutter in: Kölner Kommentar, § 186 Rn. 49; Hüffer, § 186 Rn. 25 f.

[458] Dies kann unterschiedliche Gründe haben. Oft wird die notwendige Liquidität fehlen. Falls nur einzelne Gesellschafter zur Übernahme der Anteile bereit und in der Lage sind, verschieben sich die Stimmrechtsanteile, was oft nicht gewünscht wird.

[459] Begründung zum KonTraG Regierungsentwurf, BT-Drucks. 13/9712, S. 13.

die Börse ausnahmsweise nicht im Interesse der Gesellschaft[460] sein sollte, stellt dies einen sachlichen Grund zur Rechtfertigung des Ausschlusses des Andienungsrechts der übrigen Aktionäre dar.

§ 2 Übernahmesituation

Zur Abwehr einer feindlichen Übernahme[461] kommt der Erwerb eigener Aktien sowohl als präventives Mittel[462] sowie als gezielte Gegenmaßnahme in Betracht[463]. Die in den USA übliche Praxis, ein von einem Übernehmer erworbenes Aktienpaket zu einem überhöhten Preis zu erwerben[464], kann den Ausschluss des Andienungsrechts der übrigen Aktionäre nicht rechtfertigen. Die Verhinderung einer feindlichen Übernahme[465] kann eine Ungleichbehandlung der Aktionäre ebenfalls nicht rechtfertigen. Im Regelfall wird man in der Übernahmesituation eine Neutralitätspflicht des Vorstands annehmen müssen[466], die Abwehrmaßnahmen wie den Erwerb eigener Aktien verbieten. Die (feindliche oder freundliche) Übernahme kann daher den Ausschluss des Andienungsrechts nicht rechtfertigen.

§ 3 Einflußnahme des Vorstands auf die Eigentümerstruktur

Die Kontrolle des Aktionärskreises wird oft als Motiv eines Erwerbs eigener Aktien genannt[467]. Dem Vorstand ist in Deutschland eine Einflussnahme auf die Aktionärsstruktur grundsätzlich verwehrt[468]. Er hat sich nach der Wertung des § 53a AktG neutral zu verhalten. Insbesondere der Auskauf opponierender Aktionäre ist daher als unzulässig anzusehen. Keine Bedenken bestehen dagegen bei einer Veränderung der Aktionärsstruktur durch eine Verminderung des

---

460 Die Interessen des verkaufswilligen Aktionärs sind dagegen nicht zu berücksichtigen.

461 Eine gute Übersicht hierzu findet sich bei Schanz, NZG 2000, S. 337 ff; vgl. auch Michalski, AG 1997, S. 152.

462 Abbau von hoher Liquidität und Aufnahme von Fremdkapital können eine fremdfinanzierte feindliche Übernahme erschweren und die Attraktivität des Zielobjekts vermindern.

463 Vgl. Hopt, ZGR 1993, S. 535 ff.

464 Vgl. zur Rechtslage in den USA: Sinha 1991, S. 233 ff.

465 Zum Konzerneingangsschutz im Rahmen der Übernahme vgl. Wolf, AG 1998, S. 212 ff.

466 Vgl. grundlegend für die Pflichten des Vorstands in der Übernahmesituation Hopt, ZGR 1993, S. 535 ff.

467 Benkendorff, Erwerb eigener Aktien im deutschen und US amerikanischen Recht, S. 238.

468 Hopt, ZGR 1993, S. 535 (545 f).

Streubesitzes, um Verwaltungskosten einzusparen[469]. Dieser Rückkauf wird aber in der Regel mit einem öffentlichen Angebot erfolgen. Auch eine Einflussnahme auf die Eigentümerstruktur kann den Ausschluss des Andienungsrechts nicht rechtfertigen.

§ 4 Zulässigkeit des vereinfachten Ausschlusses des Andienungsrechts gem. § 186 Abs. 3 S. 4 AktG

Aufgrund der analogen Anwendung von § 186 AktG ist auch der vereinfachte Ausschluss des Andienungsrechts zulässig. Voraussetzung hierfür ist, dass der Rückkauf von einem oder wenigen Aktionären zu einem Preis erfolgt, der den Börsenkurs der Aktie nur unwesentlich überschreitet. Diese doppelte Analogie ist erforderlich, da eine Unterschreitung des Börsenkurses beim Rückkauf eigener Aktien keine Benachteiligung für alle anderen Aktionäre mit sich bringt. Wird der Börsenkurs beim Rückkauf aber wesentlich überschritten, dann entsteht die bereits erörterte spezifische Benachteiligung bei allen übrigen Aktionären.

Der Ausschluss des Andienungsrechts ist daher zulässig, falls der Erwerb der eigenen Aktien zu einem Preis erfolgt, der den Börsenkurs nur unwesentlich überschreitet.

H. Zwischenergebnis

Das Andienungsrecht des Aktionärs beim Erwerb eigener Aktien ist als allgemeines Mitgliedschaftsrecht (Vermögensrecht) einzuordnen. Der Gesetzgeber hat das Verfahren beim Rückkauf eigener Aktien nur ansatzweise geregelt. Diese Regelungslücke ist durch analoge Anwendung der §§ 186 Abs. 3 und 4 AktG zu ergänzen. Der Vorstand ist aufgrund des Andienungsrechts grundsätzlich dazu verpflichtet, beim Rückkauf eigener Aktien von allen Aktionären entsprechend der Beteiligungsquote zu gleichen Teilen zurückzukaufen. Der Ausschluss dieses Rechts ist grundsätzlich zulässig. In diesem Fall bedarf es in analoger Anwendung der §§ 186 Abs. 3 und 4 AktG eines Berichts des Vorstands zu den Gründen für den Ausschluss des Andienungsrechts sowie eines sachlichen Grunds hierfür. Ein sachlicher Grund für den Ausschluss des Andienungsrechts ist nur in eng umgrenzten Ausnahmefällen denkbar.

---

[469] Vgl. Hampel, Erwerb eigener Aktien , S. 10.

Es soll im Rahmen dieser Arbeit der Vorschlag einer Ergänzung der bisherigen gesetzlichen Regelungen gewonnen werden[470].

4. Übertragung der gefundenen Ergebnisse auf die in der Rechtspraxis bekannten Verfahren beim Erwerb eigener Aktien

Das Andienungsrecht ist nun unter Berücksichtigung der einzelnen in der Praxis bekannten Rückkaufsformen zu erörtern. Dabei wird in jedem Einzelfall zu prüfen sein, ob das Andienungsrecht des Aktionärs bei der jeweiligen Rückkaufsform beachtet wird, oder ob zusätzliche Verfahrensanforderungen zu stellen sind.

Die hier erörterten Verfahren sind im Hinblick auf das Andienungsrecht kritisch auf die folgenden beiden Fragen zu untersuchen:

(1) Gewährleistet die Rückkaufsmethode die Teilnahme aller Aktionäre am Erwerb eigener Aktien und damit das Andienungsrecht ?

(2) Hat der betreffende Aktionär ein Wahl- und Verwertungsrecht seines Andienungsrechts ?

A. Überblick über die in den USA praktizierten Rückkaufsformen.

Da in Deutschland bisher kaum Erfahrungen zur praktischen Ausgestaltung des Rückkaufs eigener Aktien vorliegen, ist eine kurze Übersicht[471] über die in den USA gebräuchlichen Rückkaufsformen geboten.

Die Ausschüttung von Eigenmitteln durch Aktienrückkäufe hat in den USA[472] neben der Dividende eine große Bedeutung erlangt. Während im Jahr 1977 einer Ausschüttung in Form von Dividenden von fast 30 Mrd. Dollar ein Rückkaufsvolumen von lediglich knapp 3,5 Mrd. Dollar entgegenstand, wurden im Jahr 1987 bereits fast 55 Mrd. Dollar durch Aktienrückkäufe und ca. 83 Mrd.

---

[470] Vgl. unten III. 6.

[471] Vgl. auch Günther/White, RdIW 1998, S. 337 ff sowie Posner, AG 1994, S. 312 ff.

[472] Vgl. hierzu insbesondere Posner, Erwerb eigener Aktien in der US-amerikanischen Unternehmenspraxis, AG 1994, S. 312 (316 ff).

Dollar in Form von Dividenden ausgeschüttet[473]. Diese erhebliche Bedeutung der Aktienrückkäufe führte zu der Ausbildung verschiedener Verfahren.

Dabei wird zwischen den Grundformen des Rückkaufs an der Börse (vgl. nachfolgend unter B.) sowie des Rückkaufs außerhalb des Börsengeschehens (vgl. nachfolgend unter C.) unterschieden. Die zweitgenannte Rückkaufsform kann entweder mittels eines öffentlichen Rückkaufangebots an alle Aktionäre (vgl. C. § 1 und § 2) oder durch einen Rückkauf von einem oder wenigen Aktionären mit individuell ausgehandeltem Rückkaufspreis (vgl. C. § 3) erfolgen. Wird außerhalb der Börse mittels eines öffentlichen Angebots an alle Aktionäre zurückgekauft, so kann dieses Angebot einen festgelegten Rückkaufspreis oder eine Preisspanne, innerhalb der zurückgekauft werden soll, zum Gegenstand haben.

Ebenfalls außerhalb der Börse vollzieht sich der bereits dargestellte[474] Rückkauf mittels der Ausgabe von übertragbaren Verkaufsoptionen auf eigene Aktien („Transferable Put Rights"). Dies gilt nicht, falls die Optionen an der Börse gehandelt werden.

B. Erwerb eigener Aktien durch Erwerb über die Börse

§ 1 Darstellung des Verfahrens unter Berücksichtigung der US-amerikanischen Praxis

Der Rückkauf eigener Aktien über die Börse ist in der US amerikanischen Rechtspraxis eine häufig praktizierte Methode des Erwerbs eigener Aktien[475]. Der Rückkauf erfolgt anonym über einen Broker zum aktuellen Börsenpreis, so dass der Verkäufer die Aktiengesellschaft nicht als Käuferin erkennt. Der Vorteil dieser Rückkaufsmethode ist die Tatsache, dass der Rückkauf jederzeit abgebrochen werden kann, und bei Bedarf Aktien ohne großes Aufsehen vom Markt genommen werden können[476].

Vor dem Beginn des Rückkaufs über die Börse erfolgt in den USA in der Regel eine Ankündigung durch die Gesellschaft. Gegenstand dieser Mitteilung ist der

---

[473] Bagwell/Shoven 1989, S. 129 (131).
[474] Vgl. III. 3. B. § 1.
[475] Hampel, Erwerb eigener Aktien S. 12 m.w.N.; Dann 1981, S. 113 (115).
[476] Posner, AG 1994, S. 312 (316).

Zeitraum, in dem zurückgekauft werden soll, sowie die Anzahl von Aktien, die zurückerworben werden sollen[477]. Der Rückkauf muss nicht unbedingt bekannt gegeben werden, eine Prämie im Vergleich zum Börsenkurs erhält der Aktionär nicht. Die Gesellschaft ist nach der Ankündigung nicht zum Rückkauf verpflichtet.

Der durchschnittliche Anteil der zurückgekauften Aktien (von allen ausgegebenen Aktien) betrug nach Untersuchungen in den USA (1981) im Durchschnitt ca. 5 % des Gesamtbestands[478]. Damit haben Aktienrückkäufe durch ein öffentliches Angebot außerhalb der Börse in den USA mit durchschnittlich 14.79 % der ausgegebenen Aktien[479] einen erheblich größeren Umfang Die durchschnittliche Kurssteigerung innerhalb von zwei Wochen nach dem Rückkauf betrug zwischen 2 und 3 %[480]. Die Kurssteigerung nahm dabei mit der Anzahl der zurückgekauften Aktien zu. Die Kursentwicklung nach dem Rückkauf über die Börse ist im Vergleich zu den ausserbörslichen Rückkaufsprogrammen aber eher moderat.

§ 2 Übertragung auf die deutsche Rechtslage unter Berücksichtigung des Andienungsrechts der Aktionäre

Bei einer börsennotierten Aktiengesellschaft ist nach der Vorstellung des Gesetzgebers der Erwerb eigener Aktien über die Börse vorzuziehen[481]. Es ist festzustellen, dass sich deutsche Aktiengesellschaften dieser Rückkaufsform in erheblichem Umfang bedienen[482].

Der Rückkauf über die Börse ist vom deutschen Gesetzgeber ausdrücklich vorgesehen und daher grundsätzlich zulässig[483]. Unter Erwerb und Veräußerung

---

477 Vgl. Miller/Mc Connel, 1995, S. 366.

478 Vermaelen 1981, S. 144.

479 Vermaelen 1981, S. 144.

480 Coment/Jarell 1991, S. 1262.

481 Begründung zum KonTraG Regierungsentwurf, BT-Drucks. 13/9712, S. 13.

482 Nach der Untersuchung des Deutschen Aktieninstituts zum Erwerb eigener Aktien in Deutschland, Juni 1999, S. 10, wird diese Methode bislang bevorzugt; vgl. auch Anhang 2, II.

483 Allg. Auffassung, vgl. ; Stellungnahme des Deutschen Aktieninstituts zum Erwerb eigener Aktien für das BMF, 1995 (unveröff.), Vorschlag für eine Gesetzesänderung, S. 19 , hier § 71b III.; Martens, AG 1996, S. 337 (329); Escher-Weingart/Kübler, ZHR 162 (1998), 537, 558; Wastl, DB 1997, S. 461 (463); kritisch Huber, Festschrift für Bruno Kropff, S. 101 (113).

über die Börse versteht der Gesetzgeber den Handel in allen Marktsegmenten im In- und Ausland, der zu einem Börsenpreis führt[484].

Im Rahmen des Rückkaufs über die Börse hat jeder Aktionär grundsätzlich die Möglichkeit, seine Aktien an die Gesellschaft zu veräußern. Die Gesellschaft tritt als anonymer Aufkäufer auf. Eine Gleichbehandlung der Aktionäre setzt allerdings voraus, dass die Gesellschaft den Aktionären den Erwerb eigener Aktien rechtzeitig mitteilt. Denn aufgrund des großen Volumens der zurückgekauften Aktien[485] kann der Rückkauf über die Börse erhebliche Kursschwankungen hervorrufen. Diesen Umstand kann der Aktionär nur dann berücksichtigen, wenn er über den Erwerb eigener Aktien frühzeitig informiert ist.

Der Gesetzgeber sieht beim Erwerb eigener Aktien die Gleichbehandlung der Aktionäre (§ 53a AktG) ausdrücklich dann als gewahrt an, wenn der Erwerb der eigenen Aktien über die Börse erfolgt[486].

Führen massive Rückkäufe der Gesellschaft über die Börse zu erheblichen Kurssteigerungen, so erhalten Aktionäre, die sich zeitlich später zum Verkauf entscheiden, einen höheren Erlös für ihre Aktien. Teile der juristischen Literatur stehen dieser Rückkaufsform daher reserviert gegenüber[487]. Da der Ankauf anonym durchgeführt wird, kann der Aktionär nicht feststellen, an welchen Börsenhandelstagen die Gesellschaft tatsächlich zurückkauft[488].

Beim Rückkauf über die Börse kann der Aktionär sein Andienungsrecht nicht isoliert verwerten, da keine Ausgabe von Verkaufsoptionen auf die zurückgekauften eigenen Aktien erfolgt. Er kann daher entweder seine Aktien an die Gesellschaft veräußern, oder die Aktien weiter halten.

Der in § 71 Abs. 1 Nr. 8 S. 4 AktG normierte Grundsatz, der Erwerb eigener Aktien genüge dem Grundsatz der Gleichbehandlung, trifft daher nur eingeschränkt zu.

---

484 Begründung zum KonTraG Regierungsentwurf, BT-Drucks. 13/9712, S. 13.
485 Immerhin bis zu 10 % des Grundkapitals.
486 Begründung zum KonTraG Regierungsentwurf, BT-Drucks. 13/9712, S. 13.
487 Zu dieser Rückkaufsform kritisch Huber, in: FS Bruno Kropff, S. 101 (113).
488 Huber, in: FS Bruno Kropff, S. 101 (113).

Durch das beträchtliche Rückkaufsvolumen besteht ferner die Möglichkeit, dass die Gesellschaft den Anschein einer breiten Nachfrage nach ihren Aktien erweckt. Auch im Hinblick auf mögliche Insidergeschäfte ist der Rückkauf über die Börse problematisch. In den USA wird aus diesem Grund der Rückkauf eigener Aktien einer strengen Aufsicht unterworfen[489]. Entsprechende Regelungen fehlen im deutschen Recht bislang.

§ 3 Zwischenergebnis

Der Rückkauf eigener Aktien über die Börse ist nach deutschem Recht zulässig. Er bedarf allerdings der Transparenz. Im Hinblick auf die Intention des Gesetzgebers, langfristige Kurspflege zu unterbinden, sind Rückkaufsprogramme bedenklich, die sich über eine lange Dauer erstrecken, und zahlreiche einzelne Rückkäufe zur Folge haben. Der Rückkauf eigener Aktien über die Börse verletzt das Andienungsrecht des Aktionärs in aller Regel nicht, bietet aber keine Wahl- und Verwertungsmöglichkeit für den Aktionär.

C. Ausserbörslicher Erwerb eigener Aktien

§ 1 Erwerb über ein öffentliches Rückkaufangebot zu einem festen Preis

a) Darstellung des Verfahrens unter Berücksichtigung der US-amerikanischen Praxis

In der US-amerikanischen Praxis gibt das Unternehmen vor dem Beginn des öffentlichen Rückkaufsangebots in der Regel einen festen Preis bekannt, zu dem eine bestimmte Anzahl von eigenen Aktien zurückgekauft werden soll. Es wird ferner ein Auslauftermin für das Programm sowie ggf. ein Vorbehalt der Verlängerung des Termins (meistens 3 Wochen bis ein Monat nach Beginn des Rückkaufsprogrammes) angegeben[490]. Der Rückkaufspreis orientiert sich üblicherweise am aktuellen Börsenkurs der Aktie. Um einen Verkaufsanreiz zu schaffen, wird in der Regel zusätzlich eine Prämie bezahlt. Diese Prämie übersteigt den aktuellen Kurs der Aktie teilweise erheblich.

---

[489] Hampel, Erwerb eigener Aktien und Unternehmenskontrolle, 1994 S. 63; Huber in: Festschrift für Bruno Kropff, S. 101 (114).

[490] Vermaelen 1981, S. 139 (143).

Die richtige Bestimmung der Höhe der Prämie ist mit Schwierigkeiten verbunden. Liegt sie zu niedrig, dann fehlt für Aktionäre der Anreiz zum Verkauf. Damit können nicht alle benötigten Aktien zurückgekauft werden. Liegt sie zu hoch, werden zu viele Aktien angeboten. Ist die Anzahl der zum Rückkauf angebotenen Aktien größer als die gesuchte Menge, so erfolgt in aller Regel ein pro rata Kauf zu gleichen Teilen von allen anbietenden Aktionären.

Der durchschnittliche Rückkaufspreis bei öffentlichen Rückkaufangeboten zu einem festen Preis lag in den USA im von *Vermaelen* untersuchten Zeitraum von 1970 bis 1980 mehr als 22 % über dem Börsenkurs der Aktie in den letzten fünf Tagen vor Beginn des Rückkaufs[491]. Der durchschnittliche Anteil der zurückgekauften Aktien am Grundkapital betrug 16.6 %. Die durchschnittliche Kurssteigerung in den ersten zwei Wochen betrug zwischen 11 % und 17,5 %[492]. Bei fremdfinanzierten Aktienrückkäufen steigt statistisch die Anzahl der zurückgekauften Aktien sowie die durchschnittliche Prämie[493]. Die Kurssteigerung ist dabei durchschnittlich um 4 % höher[494]. Das Handelsvolumen der betroffenen Aktien im Verlauf des Kaufangebots lag um ca. 300 % höher als üblich[495].

b) Übertragung auf die deutsche Rechtslage unter Berücksichtigung des Andienungsrechts

Nach der Umfrage des Verfassers (2001) haben über 40 % der befragten Unternehmen ihren Vorstand zum Rückkauf eigener Aktien durch ein öffentliches Angebot ermächtigt[496]. In der Praxis sind nur wenige Fälle dieser Rückkaufsmethode bekannt. Die Staatliche Mineralbrunnen AG (Bad Brückenau) hat aufgrund eines öffentlichen Kaufangebots an alle Aktionäre[497] insgesamt 8000 Stückaktien von ihren Aktionären zurückerworben[498]

Das Angebot zum Rückkauf eigener Aktien erfolgt in der Regel öffentlich. Jeder Aktionär erhält daher die Gelegenheit, seine Aktien der Gesellschaft anzudienen.

---

[491] Vermaelen 1981, S. 139 (144).
[492] Comment/Jarell 1991, S. 1257.
[493] Vermaelen 1981, p. 157 f.
[494] Vermaelen 1981, p. 158.
[495] Lakonishok/Vermaelen 1990, S. 465.
[496] Vgl. Anhang 2.
[497] Vgl. BAnz. v. 28.8. 1999, S. 15 060.
[498] Vgl. BAnz. v. 9.10.1999, S. 23 305.

Insbesondere die Nachteile, die sich aus Informationsdefiziten bei einem Rückkauf über die Börse für die Aktionäre ergeben können, bestehen bei dieser Rückkaufsform nicht. Denn jeder Aktionär erhält im Rahmen des öffentlichen Angebots die für den Rückkauf relevanten Informationen. Es ist allerdings zu beachten, dass sich das Rückkaufsangebot an alle Aktionäre richten muss. Die folgt aus dem Grundsatz der Gleichbehandlung der Aktionäre (§ 53a AktG).

Für die Bekanntgabe des Rückkaufsangebots kann auf den Rechtsgedanken von § 124 Abs. 1 S. 1 AktG zurückgegriffen werden. Es ist vor diesem Hintergrund gem. § 124 Abs. 1 S. 1 AktG unter Einhaltung einer Monatsfrist das öffentliche Angebot in den Gesellschaftsblättern (zumindest also im Bundesanzeiger, § 25 AktG) bekannt zu machen[499]. In dieser Bekanntmachung sind die Frist für den Rückkauf, der Rückkaufspreis (oder die Grundlagen, nach denen dieser ermittelt wird), die Anzahl der zurückgekauften Aktien und weitere Eckdaten des Rückkaufsprogramms anzugeben.

Werden mehr Aktien angeboten als zurückgekauft, muss ein pro rata Rückkauf erfolgen. Bei Beachtung dieser Grundsätze ist eine Verletzung des Andienungsrechts der Aktionäre ausgeschlossen.

Eine isolierte Verwertungsmöglichkeit des Andienungsrechts ist für den Aktionär dagegen nicht möglich, da keine handelbaren Verkaufsrechte auf eigene Aktien ausgegeben werden.

c) Zwischenergebnis

Der Rückkauf eigener Aktien mittels eines öffentlichen Festpreisangebots unterliegt im Hinblick auf das Andienungsrechts des Aktionärs bei Beachtung der oben dargestellten Grundsätze grundsätzlich keinen Bedenken. Eine isolierte Verwertungsmöglichkeit des Andienungsrechts ist für den Aktionär dagegen nicht möglich.

---

[499] Ebenso die Veröffentlichung der oben erwähnten Staatlichen Mineralbrunnen AG

§ 2 Ausserbörslicher Rückkauf eigener Aktien im Rahmen eines öffentlichen Angebots mit einer Preisspanne („Auktionsverfahren“)

a) Darstellung des Verfahrens unter Berücksichtigung der US-amerikanischen Praxis

Diese Rückkaufsform ist dem Rückkauf mittels einem Festpreisangebot in vielerlei Hinsicht ähnlich, und wird hier daher verkürzt dargestellt.

Die Gesellschaft gibt in der Regel eine Preisspanne an, innerhalb verkaufswillige Aktionäre ihre Aktien zum Rückkauf anbieten können. Die Untergrenze dürfte regelmäßig ein Betrag geringfügig über dem aktuellen Börsenkurs sein. Es wird ferner in der Regel die maximale Anzahl der zu kaufenden Aktien sowie die Dauer des Angebots angegeben. Es ergeht dann eine Aufforderung an die Aktionäre, der Gesellschaft den für sie minimal akzeptablen Verkaufspreis und Anzahl der Anteile, die veräußert werden sollen, anzugeben.

Nach Ablauf der Frist wird üblicherweise eine Angebotskurve erstellt, und der niedrigste Preis ausgewählt, zu dem die gewünschte Anzahl an Aktien erworben werden kann. Dann werden die gewünschten Aktien zu diesem Preis zurückgekauft. Auch Aktionäre, die zu einem geringeren Betrag verkaufen wollten, erhalten diesen Kaufpreis.

Falls die Menge der zu dem ermittelten Kaufpreis angebotenen Aktien die gesuchte Anzahl der eigenen Aktien übersteigt, erwirbt die Gesellschaft die zum relevanten Preis offerierten Anteile auf pro rata Basis von ihren Aktionären. Im Falle einer Unterzeichnung kann die Gesellschaft ihr Angebot zurückziehen, falls sie sich dies für die entsprechenden Umstände vorbehalten hat. Ebenso zulässig ist dann der Erwerb aller angebotenen Anteile unter Zahlung des von den Aktionären geforderten maximalen Preises, was allerdings die Liquidität der Gesellschaft erheblich belasten dürfte.

Der Rückkauf eigener Aktien im Auktionsverfahren machte im Zeitraum von 1980 bis 1990 den überwiegenden Teil der US-amerikanischen Rückkäufe aus, und erfreut sich besonders bei größeren Gesellschaften erheblicher Beliebtheit[500]. Es wurden durchschnittliche Kurssteigerungen in den ersten zwei Wochen nach dem Rückkauf zwischen 6,7 % und 8 %, eine durchschnittliche

[500] Coment/Jarell 1991, S. 1258.

Prämie von 13,4 % bzw. 15,7 % sowie ein durchschnittlicher Anteil an erworbenen Aktien von 13,1 % bzw. 15,28 % festgestellt[501].

Der ermittelte Rückkaufspreis lag bei durchschnittlich 13,4 % bzw. 15,7 % über dem Börsenkurs der Aktien vor der Ankündigung. Die Verkaufsangebote der Aktionäre lagen zwischen 2,64 % und 17,17 % über dem Börsenkurs der Aktien vor der Ankündigung.

Die durchschnittliche Dauer des Auktionsverfahrens betrug 22 Tage[502]. Das Handelsvolumen der Aktien stieg am Tage der Ankündigung des Erwerbs eigener Aktien um 800 %, während des Programms war es um ca. 300 % gesteigert, um anschließend vorübergehend wieder unter das vorherige Niveau zu fallen[503].

b) Übertragung auf die deutsche Rechtslage unter Berücksichtigung des Andienungsrechts

Diese Rückkaufsform wirft die gleichen Fragestellungen wie der Rückkauf mit einem Festpreisangebot auf[504]. Insoweit kann hier auf die Ausführungen oben[505] verwiesen werden.

§ 3 Ausserbörslicher individuell ausgehandelter Rückkauf eigener Aktien

a) Darstellung des Verfahrens unter Berücksichtigung der US-amerikanischen Praxis

Diese Form des Rückkauf ist in der US amerikanischen Praxis weniger verbreitet[506] und tritt oft bei Aktiengesellschaften mit kleinerem Aktionärskreis sowie im Zusammenhang mit Übernahmeversuchen auf. Dabei werden Aktienpakete von bestimmten Aktionären oder Aktionärsgruppen zurückgekauft. Oft wird zudem ein Stillhalteabkommen („Standstill Agreement") vereinbart.

---

[501] Coment/Jarell 1991, S. 1253-1258.
[502] Bagwell, 1992, S. 75.
[503] Bagwell 1992, S. 91.
[504] Zur Abgrenzung und den Vor- und Nachteilen beider Rückkaufsformen aus empirischer Sicht vgl. Persons 1994, S. 1375 ff.
[505] Vgl. oben III. 4. C. § 1.
[506] Vgl. Dann 1981, S. 113 (115).

Dieses ist eine vertragliche Vereinbarung zwischen der Gesellschaft und einem substantiellen Anleger, mit der die Stimmen aus verbleibenden Aktienbeständen des Anteilseigners auf ein bestimmtes Maximum beschränkt werden. Dies soll den Einfluss eines Großaktionärs zugunsten einer erhöhten Selbständigkeit der Verwaltung beschränken. Auch die Verpflichtung, sich nicht an Konkurrenzkämpfen im Management oder an Übernahmeversuchen zu beteiligen, kommt in Betracht.

Mit dem Ankauf des Aktienblocks ist eine Prämie verbunden, die den Börsenkurs in aller Regel überschreitet.

Der Kurs der Aktie fiel nach empirischen Untersuchungen (1983) zeitlich nach der Ankündigung des Rückkaufs. Die durchschnittliche Kursentwicklung betrug innerhalb von zwei Tagen nach der Ankündigung des Rückkaufs – 4,52 %[507].

Die durchschnittlich bezahlte Prämie betrug 10,2 % bei einem durchschnittlich zurückgekauften Anteil von 9,8 % der ausgegebenen Aktien[508].

b) Übertragung auf die deutsche Rechtslage unter Berücksichtigung des Andienungsrechts

In der deutschen Praxis wurde diese Rückkaufsform bereits angewendet. Die Jenoptik AG kaufte im Wege des individuell ausgehandelten Rückkaufs ausserbörslich fast 5 % eigene Aktien zurück[509]. Der individuell ausgehandelte Rückkauf hat zwingend den Ausschluss des Andienungsrechts zur Folge[510]. Auch der Gesetzgeber steht dieser Rückkaufsform ersichtlich reserviert gegenüber[511]. Teile der Literatur vertreten den Standpunkt, dass bei einer börsennotierten Aktiengesellschaft der Rückkauf eigener Aktien grundsätzlich über die Börse zu erfolgen hat[512]. Tatsächlich stellt ein mit einem oder wenigen Aktionären ausgehandelter Rückkauf stets eine Ungleichbehandlung im

---

507 Dann/De Angelo 1983, S. 290.
508 Dann/De Angelo 1983, S. 290.
509 Vgl. Börsenzeitung vom 25. 8. 1999, S. 21.
510 Vgl. Bosse, NZG 2000, S. 16 ff.
511 So führt die Gesetztesbegründung in: Begründung zum Regierungsentwurf BT-Drucks. 13/9712, S. 13 hierzu aus: „ein Rückkauf- oder Wiederverkaufsangebot hat sich daher an alle Aktionäre zu richten“. Dies schließt die Zulässigkeit der hier betrachteten Rückkaufsform aus.
512 Lutter in Kölner Kommentar, § 71 Rn. 15; ebenso Hefermehl/Bungeroth in: Geßler-Hefermehl-Eckardt-Kropff, § 71 Rn. 125; Martens, AG 1996, S. 337, (340 re. Spalte).

formellen Sinn und damit eine Verletzung des Andienungsrechts dar. Denn alle anderen Aktionäre haben nicht die Möglichkeit, am Rückkauf teilzunehmen.

Teilweise wird diese Rückkaufsform in der Literatur schlicht als unzulässig angesehen, da sie mit dem Gleichbehandlungsgrundsatz nicht zu vereinbaren sei[513]. Auch die dem Gesetzesentwurf zum KonTraG zugrundeliegende Stellungnahme des Deutschen Aktieninstituts zur Reform des Erwerbs eigener Aktien (1995) sieht unter § 71b AktG (Verfahren beim Erwerb eigener Aktien) den individuell ausgehandelten Rückkauf nicht vor. Teilweise wurden im Gesetzgebungsverfahren zum KonTraG gesetzliche Vorschriften für eine Verhinderung von Missbräuchen gefordert.[514]. Trotz dieser berechtigten Bedenken sind Situationen denkbar, in denen ein individuell ausgehandelter Rückkauf entscheidende Vorteile bietet, die mit den anderen Rückkaufsformen nicht erreicht werden können.

Auf die bereits zu der Rechtfertigung des Ausschlusses des Andienungsrechts dargestellten Fallgruppen kann verwiesen werden[515]

c) Zwischenergebnis

Der individuell ausgehandelte Rückkauf ist im Hinblick auf das Andienungsrecht des Aktionärs grundsätzlich unzulässig, falls der mit dieser Rückkaufsform zwingend verbundene Ausschluss des Andienungsrechts nicht ausnahmsweise gerechtfertigt ist. Es ist gemäß den oben dargestellten Grundsätzen[516] in analoger Anwendung der §§ 186 Abs. 3 und 4 AktG das Vorliegen eines sachlichen Grunds zu prüfen. Der Erwerb eigener Aktien muss demnach ein geeignetes und erforderliches Mittel sein, um den angestrebten Zweck zu erreichen. Es ist dabei zu differenzieren. Bei Gesellschaften mit geschlossenem Aktionärskreis besteht ein vom Gesetzgeber anerkanntes Bedürfnis nach dieser Rückkaufsform. Ist die Gesellschaft börsennotiert, so sind an die Rechtfertigung des Rückkaufs von einem oder einzelnen Aktionären hohe Anforderungen zu stellen. Es ist insbesondere zu prüfen, ob das angestrebte Ziel im Interesse der Gesellschaft liegt, und nicht auch durch ein anderes weniger einschneidendes Mittel erreicht werden kann. Dies gilt insbesondere im Hinblick

---

[513] Huber in FS Bruno Kropff, 1997, S. 101 (116); kritisch auch Escher-Weingart/Kübler, ZHR 1998, S. 537 (547).
[514] Wastl, DB 1997, 461 (464).
[515] Vgl. III. 3. G.
[516] Vgl. III. 3. G.

darauf, dass ein individuell ausgehandelter Rückkauf in der Regel ein Sinken des Kurses der Aktien der Gesellschaft zur Folge hat.

§ 4 Begebung von Verkaufsrechten („Put-Optionen") im Rahmen des Rückkaufs eigener Aktien

Der Rückkauf eigener Aktien durch Ausgabe von Verkaufsrechten auf eigene Aktien wurde bereits im Rahmen der Erörterung des Vermögenswerts des Andienungsrechts dargestellt[517]. Im Vergleich zu den oben dargestellten Rückkaufsformen hat die Ausgabe von Verkaufsrechten auf eigene Aktien den Vorteil, dass der Aktionär entweder die Verkaufsrechte ausnutzen und seine Aktien an die Gesellschaft abgeben oder durch die Veräußerung dieser Rechte sein Andienungsrecht „versilbern" kann. Auf diese Weise wird den Belangen der Aktionäre in vollem Umfang Rechnung getragen. Falls der Vorstand die Optionen allen Aktionären entsprechend ihrer Beteiligung anbietet, so ergeben sich im Hinblick auf das Andienungsrecht keine Bedenken. Ein Ausschluss des Andienungsrechts ist unter den Voraussetzungen der §§ 186 Abs. 3 und 4 AktG ebenfalls zulässig.

D. Verpflichtung des Vorstands der Aktiengesellschaft zur Wahl einer bestimmten Rückkaufsform ?

Es stellt sich abschließend die Frage, ob der Vorstand der Aktiengesellschaft zur Wahl eines bestimmten Rückkaufsverfahrens verpflichtet ist. Den vorstehenden Ausführungen konnte entnommen werden, dass sich die bekannten Rückkaufsformen durchaus unterschiedlicher Lösungsansätze bedienen. Je nach Zweck des Rückkaufs kann im Einzelfall das angestrebte Ziel nur mit einer bestimmten Rückkaufsform erreicht werden. Ein Verbot einzelner Rückkaufsformen würde daher zu weit gehen. Soweit durch entsprechende Verfahrensvorschriften sichergestellt ist, dass die Andienungsrechte der Aktionäre gewahrt werden, ist eine Verpflichtung zur Wahl einer bestimmten Rückkaufsform zu verneinen. Je nach Wahl der Rückkaufsform hat die Verwaltung der Aktiengesellschaft aber auf eine gleichmäßige Bedienung aller Aktionäre zu achten.

---

[517] Vgl. III. 3. B.

Dies gilt nicht, wenn ein - unter den Voraussetzungen von § 186 Abs. 3 und 4 AktG gerechtfertigter - individuell ausgehandelter Rückkauf eigener Aktien erfolgt. Eine Verpflichtung ein bestimmtes Verfahren zu wählen, besteht daher nicht.

5. Veräußerung erworbener eigener Aktien: Das Erwerbsrecht des Aktionärs

Die Veräußerung von bereits erworbenen eigenen Aktien stellt äußerlich gesehen die Ausgabe von Aktien gegen Einlagen und damit materiell betrachtet eine Kapitalerhöhung dar. Wie bei der Kapitalerhöhung werden Aktien „verkauft", als Gegenleistung erhält die Gesellschaft den Kaufpreis, der den Einlagen sowie dem Aufgeld (Agio) bei der Kapitalerhöhung entspricht.

Der Gesellschaft steht bei der Veräußerung eigener Aktien die Möglichkeit offen, die Aktien entweder über die Börse oder außerhalb der Börse zu veräußern. Damit besteht beispielsweise die Möglichkeit, ein Aktienpaket bei einem institutionellen Anleger oder einer befreundeten Gesellschaft zu placieren. Dies hat zur Folge, dass alle übrigen Aktionäre keine Möglichkeit zum Erwerb der verkauften Aktien haben. Nach der Umfrage des Verfassers (2001) machen über 70 % der befragten Unternehmen von der Möglichkeit, den Vorstand zum Ausschluss des Erwerbsrechts der Aktionäre zu ermächtigen, Gebrauch. Es ist zunächst zu prüfen, inwieweit der Vorstand bei diesem Verfahren gesetzlichen Einschränkungen unterliegt .

A. Gesetzliche Regelung des Verfahrens bei der Veräußerung eigener Aktien

Zur Veräußerung eigener Aktien setzt § 71 Abs. 1 Nr. 8 S. 5 AktG nur für den Fall, dass der Vorstand zur Veräußerung außerhalb der Börse ermächtigt werden soll, eine ausdrückliche Ermächtigung im Beschluss der Hauptversammlung voraus. In
§ 71 Abs. 1 Nr. 8 S. 5 2. HS AktG wird für diesen Fall auf die §§ 186 Abs. 3, 4 AktG und § 192 Abs. 2 Nr. 4 AktG verwiesen. Diese Verweisung ist nicht eindeutig. Beide unter Bezug genommene Vorschriften sind nach dieser Verweisung anwendbar, wenn der Vorstand zu einer „anderen Veräußerung" ermächtigt wird. Unter einer „anderen Veräußerung" ist jede Veräußerung außerhalb der Börse zu verstehen.

Es ist anzunehmen, dass der Verweis auf § 193 Abs. 2 Nr. 4 AktG den Fall der Bedienung eines Aktienoptionsprogramms durch den Rückkauf eigener Aktien betrifft. Dies ist eine „andere Veräußerung", da alle übrigen Aktionäre vom Erwerb der Aktien ausgeschlossen sind, der sich zudem außerhalb der Börse vollzieht. Dadurch soll sichergestellt werden, dass die Bedienung von Aktienoptionen aus eigenen Aktien nicht zum Leerlaufen der Anforderungen führt, die bei Begründung von Bezugsrechten durch bedingtes Kapital gelten[518]. Die Verweisung betrifft nur § 193 Abs. 2 Nr. 4 AktG und nicht dessen Nr. 2 und 3, die ebenfalls Vorschriften für Aktienoptionsprogramme enthalten. Damit muss nach dem Wortlaut des Gesetzes der Kreis der Bezugsberechtigten sowie der Ausgabebetrag in der Ermächtigung nicht angegeben werden. Warum diese ansonsten im Rahmen der Bereitstellung des bedingten Kapitals für Zwecke der Mitarbeiterbeteiligung erforderlichen Festlegungen nicht erforderlich sein sollen, ist nicht ersichtlich. Dies widerspricht der Intention des Gesetzgebers, für beide Beschaffungsformen von Aktien für Zwecke der Mitarbeiterbeteiligung ein einheitliches Transparenzniveau zu schaffen.

De lege ferenda wäre daher zu empfehlen[519], die missglückte Verweisung zu korrigieren.

Der zusätzliche Verweis auf § 186 Abs. 3 und 4 AktG im Falle dieser „anderen Veräußerung" ist mehrdeutig. Der Aktionär hat bei der Ausgabe von „nackten Optionen" durch ein bedingtes Kapital kein gesetzliches Bezugsrecht auf die Optionen. Durch den Verweis auf § 186 Abs. 3 und 4 AktG werden aber die Regeln zum Ausschluss des gesetzlichen Bezugsrechts des Aktionärs für anwendbar erklärt. Da ein Bezugsrecht auf im Rahmen des bedingten Kapitals ausgegebene Aktien aber bereits kraft Gesetzes ausgeschlossen ist, kann die Verweisung auf § 186 Abs. 3 und 4 nur für Veräußerungen außerhalb der Börse zu anderen Zwecken als der Mitarbeiterbeteiligung eingreifen[520]. Dies hat zur Folge, dass ein formeller Ausschluss des Erwerbsrechts beim Erwerb eigener Aktien zum Zwecke der Mitarbeiterbeteiligung nicht erforderlich ist und die materiellen Voraussetzungen dieses Ausschlusses[521] nicht vorliegen müssen[522].

---

518 Hüffer, § 71 Rn. 19k.

519 Vgl. hierzu den Vorschlag de lege ferenda unter III. 6.

520 Krieger in: Münchener Handbuch des Gesellschaftsrechts Band 4 Aktiengesellschaft, S. 868,

521 Vgl. hierzu III. 5. D.

522 Krieger in: Münchener Handbuch des Gesellschaftsrechts Band 4 Aktiengesellschaft, S. 868, der für die Praxis einen Vorstandsbericht empfielt, eine sachliche Rechtfertigung aber als nicht erforderlich ansieht.

Für die hier betrachteten Fälle des Ausschlusses des Erwerbsrechts außerhalb der Mitarbeiterbeteiligung ist daher nur § 186 Abs. 3 und 4 AktG anwendbar.

Das Erwerbsrecht des Aktionärs bedurfte nach Ansicht des Gesetzgebers einer mit dem Bezugsrecht vergleichbaren Absicherung. Es stellt sich zunächst die Frage, inwieweit sich Bezugs- und Erwerbsrecht unterscheiden. Um diese vom Gesetzgeber vorausgesetzte Rechtsposition des Aktionärs in das geltende Aktienrecht einzuordnen, bedarf es zunächst einer Erörterung der Rechtsnatur des Bezugsrechts des Aktionärs (vgl. nachfolgend unter B.). Anschließend soll ein Vergleich des Bezugsrechts mit dem Erwerbsrecht erfolgen (vgl. nachfolgend unter C.).

B. Rechtsnatur des Bezugsrechts gem. § 186 Abs. 3 AktG

Inhalt des in § 186 Abs. 1 AktG geregelten Bezugsrechts ist das subjektive Recht des Aktionärs, bei einer Kapitalerhöhung junge Aktien in einem Umfang zu erhalten, der seiner bisherigen Beteiligung am Grundkapital entspricht[523]. Der Aktionär hat damit im Fall einer Kapitalerhöhung das Recht auf den Bezug der ausgegebenen Aktien. Das Bezugsrecht soll sicherstellen, dass die Aktionäre ihre mitgliedschaftliche Stellung sowie deren vermögensrechtliche Bezüge entsprechend ihrer Beteiligung erhalten können[524]. Die Schutzfunktion des Bezugsrechts umfasst dabei zwei Aspekte. Der Aktionär erleidet durch die Kapitalerhöhung eine Verminderung seiner Herrschaftsbefugnisse, da sich seine Beteiligungsquote entsprechend verringert. Weiterhin verlieren die „alten" Aktien durch die Kapitalerhöhung in der Regel an Wert, da junge Aktien zu einem Ausgabepreis begeben werden, der unter dem Börsenkurs liegt[525]. Nimmt der Aktionär im Verhältnis seiner Beteiligung an der Kapitalerhöhung teil, so kann er seine Beteiligungsquote unverändert halten, und profitiert von dem – regelmäßig unter dem Börsenkurs festgelegten – Bezugspreis. Der Ausschluss des Bezugsrechts stellt daher einen intensiven Eingriff in die Rechtsposition des Aktionärs dar[526].

---

[523] Vgl. Hüffer, § 186 Rn. 1; Lutter in: Kölner Kommentar, § 186 Rn. 2.
[524] Vgl. Lutter in: Kölner Kommentar, § 186 Rn. 7.
[525] Vgl. hierzu Hüffer, § 186 Rn. 2; Hefermehl/Bungeroth in: Geßler/Hefermehl/Eckardt/Kropff, § 186 Rn. 1.
[526] Lutter in: Kölner Kommentar, § 186 Rn. 50; ; Hefermehl/Bungeroth in: Geßler/Hefermehl/Eckardt/Kropff, § 186 Rn. 84.

Das Bezugsrecht ist Bestandteil des allgemeinen Mitgliedschaftsrechts. Es ist nicht selbständig übertragbar. Aus dem Bezugsrecht erwächst dem Aktionär allerdings ein sog. Bezugsanspruch[527], der selbständig übertragbar ist. Das Bezugsrecht selbst ist mitgliedschaftliches Vermögensrecht[528].

Bei der Veräußerung von zurückgekauften eigenen Aktien erfolgt ebenfalls eine Ausgabe von Aktien gegen eine Kaufpreiszahlung, die wirtschaftlich einer Einlage entspricht. Die Grundkapitalziffer verändert sich aber dabei im Gegensatz zur Kapitalerhöhung nicht[529]. Da der Gesellschaft Kapital gegen die Ausgabe von Aktien zufließt, liegt wirtschaftlich betrachtet ein mit der Kapitalerhöhung vergleichbarer Vorgang vor. Materiell gesehen steht den Aktionären daher in diesem Fall ein mit dem Bezugsrecht gem. § 186 Abs. 1 AktG vergleichbares Recht zu[530]. Ein Bezugsrecht gem. § 186 Abs. 1 AktG steht dem Aktionär nicht zu, weil das Gesetz ein solches nur für die Ausgabe von neuen Aktien vorsieht. Dies sind nach § 182 Abs. 1 S. 4 AktG nur diejenigen Aktien, die unmittelbar aus einer Kapitalerhöhung stammen. Zurückgekaufte Aktien stammen dagegen von Aktionären und werden daher bei der Veräußerung nicht originär geschaffen. Dennoch sind die oben erörterten Schutzfunktionen des Bezugsrechts direkt betroffen. Durch die Ausgabe der zurückgekauften Aktien unter Ausschluss des Erwerbsrechts verringert sich die Beteiligungsquote des einzelnen Aktionärs. Dabei ist zu beachten, dass der Gesellschaft wegen § 71b AktG keine Rechte aus den gehaltenen eigenen Aktien zustehen. Diese Rechte leben mit einer Veräußerung wieder auf, was eine entsprechende Verringerung der Rechtspositionen der übrigen Aktionäre zur Folge hat.

Es liegt daher bei der Veräußerung von zurückgekauften eigenen Aktien eine mit der Kapitalerhöhung vergleichbare Sachlage vor. Erwerbs- und Bezugsrecht sind damit grundsätzlich vergleichbar. Die Rechtsposition des Erwerbsrechts soll nachfolgend dogmatisch eingeordnet werden.

---

[527] Vgl.hierzu Lutter in: Kölner Kommentar, § 186 Rn. 10; ; Hefermehl/Bungeroth in: Geßler/Hefermehl/Eckardt/Kropff, § 186 Rn. 16.

[528] Lutter in: Kölner Kommentar, § 186, Rn. 7; Hüffer, § 186 Rn. 6.

[529] Wurden die eigenen Aktien zum Zwecke der Einziehung erworben oder die anschließende Veräußerung von einem Beschluß der Hauptversammlung abhängig gemacht, dann waren die eigenen Aktien offen vom Grundkapital abzusetzen, vgl. § 272 HGB.

[530] Begründung zum KonTraG Regierungsentwurf, BT-Drucks. 13/9712, S. 14.

C. Dogmatische Einordnung des Erwerbsrechts bei der Veräußerung eigener Aktien

Bei der dogmatischen Einordnung des Erwerbsrechts ist eine Orientierung am Bezugsrecht sowie am Grundsatz der Gleichbehandlung der Aktionäre geboten. Eine dogmatische Einordnung ist zur Frage der Zulässigkeit eines Ausschlusses dieser Rechtsposition erforderlich. Das aktienrechtliche System der Rechte des Aktionärs wurde bereits oben[531] dargestellt. Daran anknüpfend werden dem hier entwickelten Erwerbsrecht rechtliche Konturen erarbeitet, die eine Einfügung in dieses System erlauben.

Eine Verwandtschaft des Erwerbsrechts mit dem Grundsatz der Gleichbehandlung der Aktionäre ist nicht zu verkennen. Eine strikte Anlehnung an diesen Grundsatz würde jedoch vernachlässigen, dass es sich hier um eine eigenständige Rechtsposition handelt. Entscheidend ist die bereits herausgearbeitete[532] Vergleichbarkeit mit dem Bezugsrecht des Aktionärs. Eine Bezeichnung als Bezugsrecht ist aber irreführend, da dieses nur bei Ausgabe von neuen Aktien gegeben ist. Der Gesetzgeber hat hier eine neue Rechtsposition geschaffen, die mit dem Bezugsrecht des Aktionärs vergleichbar ist. Es folgt aus der Mitgliedschaft des Aktionärs, und ist als allgemeines Mitgliedschaftsrecht einzuordnen, da es allen Mitgliedern gleichermaßen zusteht. Der Aktionär darf entsprechend seinem Aktienbesitz von der veräußernden Gesellschaft Aktien erwerben. Daher ist auch das Erwerbsrecht als Hauptrecht einzuordnen. Als solches folgt es kraft der ausdrücklichen Verweisung den Regeln des Bezugsrechts (§ 186 Abs. 3 und 4 AktG).

D. Konsequenz der Anwendung der Vorschriften zum Bezugsrecht: Möglichkeiten des Ausschlusses des Erwerbsrechts

Der Ausschluß des Erwerbsrechts ist unter den in § 186 Abs. 3 und 4 AktG normierten Voraussetzungen kraft der Verweisung in § 71 Abs. 1 Nr. 8 AktG zulässig[533].

[531] Vgl. oben III. 3. D.

[532] Vgl. oben III. 5. B.

[533] Ebenso Reichert/Harbarth, ZIP 2001, 1441 (1442).

§ 1 Zwingender Inhalt des Beschlusses

Der Beschluss der Hauptversammlung zum Erwerb eigener Aktien unter Ausschluss des Erwerbsrechts bedarf einer Mehrheit, die mindestens drei Viertel des bei Beschlussfassung vertretenen Grundkapitals umfasst (§ 186 Abs. 3 S. 2 AktG).

Der Vorstand hat der Hauptversammlung in einem Bericht über die wesentlichen Umstände des Ausschlusses des Erwerbsrechts zu berichten (§ 186 Abs. 4 S. 2 AktG). In diesem ist auch der vorgeschlagene Rückkaufspreis zu begründen.

Das Erwerbsrecht muß ausdrücklich ausgeschlossen werden (§ 186 Abs. 4 S. 1 AktG).

§ 2 Erfordernis eines sachlichen Grundes für den Ausschluss des Erwerbsrechts ?

Der Ausschluss des Erwerbsrechts bedarf eines sachlichen Grundes[534]. Dies ergibt sich aus der Verweisung auf § 186 Abs. 3 und 4 AktG. Aufgrund der vergleichbaren Sachlage hat hier eine Anlehnung an die zum Bezugsrechtsausschluss ergangene Rechtsprechung[535] zu erfolgen[536]. Demnach muss der Ausschluss des Erwerbsrechts im Gesellschaftsinteresse liegen, und geeignet, erforderlich und verhältnismäßig sein[537]. Die Übertragbarkeit der zur Rechtfertigung des Bezugsrechtsausschlusses entwickelten Fallgruppen[538] auf die Veräußerung eigener Aktien liegt nahe. Dafür spricht, dass dem Aktionär aus Bezugsrecht und Erwerbsrecht vergleichbare Rechtspositionen erwachsen[539]. Die zur Rechtfertigung des Bezugsrechtsausschlusses entwickelten Fallgruppen sind daher im Hinblick darauf zu erörtern, ob diese auch bei der Veräußerung eigener Aktien zu sachgerechten Ergebnissen führen.

---

[534] Begründung zum KonTraG Regierungsentwurf, BT-Drucks. 13/9712, S. 13, dies folgt schon aus der Verweisung auf § 186 Abs. 3 und 4.
[535] Grundlegend BGHZ 71, 40, 43; vgl. Zuletzt BGHZ 125, 239, 244; Hüffer, § 186 Rn. 25 ff m.w.N.
[536] Reichert/Harbarth, ZIP 2001, S. 1441 (1442).
[537] BGHZ 71, 40, 43; Hüffer, § 186 Rn. 25 f.
[538] Vgl Lutter, in: Kölner Kommentar, § 186 Rn. 49; Hefermehl/Bungeroth in: Geßler/Hefermehl/Eckardt/Kropff, § 186 Rn. 104; Hüffer, § 186 Rn. 29 ff.
[539] Vgl. oben III. 5. C.

a) Verwendung eigener Aktien bei Akquisitionen

Dieser Anwendungsfall des Ausschlusses des Erwerbsrechts ist nach den ersten praktischen Untersuchungen Hauptmotiv für den Erwerb eigener Aktien[540]. Die Veräußerung der eigenen Aktien ist in diesem Fall vergleichbar mit einer Sachkapitalerhöhung unter Ausschluß des Bezugsrechts, die zulässig ist, wenn der Gegenstand nicht unter Einsatz von Barmitteln erworben werden kann[541]. Der Ausschluss des Bezugsrechts setzt außerdem ein hinreichendes Interesse der Gesellschaft am Erwerb des „Einlagegegenstands“ voraus[542]. Diese Grundsätze sind auf den Erwerb eigener Aktien übertragbar, da in diesem Fall eine vergleichbare Sachlage gegeben ist. Liegt demnach der Erwerb des Unternehmens oder der Beteiligung im Interesse der Gesellschaft, dann ist der Ausschluss des Erwerbsrechts sachlich gerechtfertigt.

b) Einführung von Aktien an ausländischen Börsen, an denen sie bislang noch nicht gehandelt wurden.

Dieser Zweck des Erwerbs eigener Aktien wird vereinzelt bei international orientierten Konzernen genannt[543]. In seinem Urteil zur Deutschen Bank hat der Bundesgerichtshof die Zulässigkeit des Ausschlusses des Bezugsrechts in diesem Fall bestätigt[544]. Dies ist sachgerecht, da bei größeren Aktiengesellschaften die Einführung der Aktien an ausländischen Börsen aufgrund der dann erleichterten Kapitalaufnahme in der Regel im Interesse der Gesellschaft liegt[545]. Die Aktien können in diesem Fall auch als „Tauschwährung“ für Unternehmenskäufe im Ausland eingesetzt werden. Erwirbt die Gesellschaft die Aktien zum Zweck der Einführung an ausländischen Börsen zurück, so ergeben sich kaum Unterschiede zum Bezugsrechtsausschluss bei einer Kapitalerhöhung. Die Erwerb eigener Aktien zur Einführung dieser Aktien an ausländischen Börsen, an denen sie bislang noch nicht gehandelt wurden, rechtfertigt daher den Ausschluss des Erwerbsrechts.

---

540 Deutsches Aktieninstitut: Erwerb eigener Aktien 1999, S. 5; vgl. statt vieler die Tagesordnung der Deutschen Telekom AG zur HV am 29.5.2001 unter TOP 10 sowie die Tagesordnung der e on AG zur HV am 18.5.2001 unter TOP 7.

541 Vgl.Hüffer, AktG, § 186 Rn. 34; Lutter in: Kölner Kommentar, § 186, Rn. 78 ff.

542 Vgl.Hüffer, AktG, § 186 Rn. 34; Lutter in: Kölner Kommentar, § 186, Rn. 78 ff.

543 Vgl. beispielsweise die Tagesordnung der Deutschen Telekom AG zur HV am 29.5.2001 unter TOP 10.

544 BGHZ 125, 239 (242).

545 Hüffer, AktG, § 186 Rn. 31; Lutter in: Kölner Kommentar, § 186, Rn. 72.

c) Kooperation mit anderen Unternehmen

Der Ausschluss des Bezugsrechts kann gerechtfertigt sein, wenn er der Kooperation mit einem anderen Unternehmen dient, welches seine Kooperation von einer Beteiligung abhängig macht[546]. Die eigenen Aktien können in diesem Fall zum Aufbau einer strategischen Kooperation dahingehend verwendet werden, dass sie dem Partnerunternehmen als Aktienpaket zum Aufbau einer Beteiligung angeboten werden. In diesem Fall kann die Beteiligung durch die Veräußerung eigener Aktien an diesen strategischen Partner erfolgen, so dass auch hier der Ausschluss des Erwerbsrechts sachlich gerechtfertigt ist.

d) Vereinfachter Bezugsrechtsausschluss gem. § 186 Abs. 3 S. 4 AktG

Zulässig ist auch der vereinfachte Bezugsrechtsausschlusses gem. § 186 Abs. 3 S. 4 AktG aufgrund der Verweisung von § 71 Abs. 1 Nr. 8 S. 5 AktG. Demnach ist der Ausschluss des Erwerbsrechts sachlich gerechtfertigt, wenn der Börsenkurs bei der Veräußerung eigener Aktien nicht wesentlich unterschritten wird und der Anteil der veräußerten eigenen Aktien 10 % des Grundkapitals nicht überschreitet. Die 10 % Grenze ist bereits in § 71 Abs. 1 Nr. 8 AktG enthalten, so dass dieses Kriterium in aller Regel erfüllt sein wird. Was unter einer „unwesentlichen Unterschreitung" zu verstehen ist, kann als in Rechtsprechung und juristischer Literatur als ungeklärt bezeichnet werden[547]. Nach zutreffender Abweichung ist darunter in der Regel eine Abweichung zu verstehen, die 5 % des Börsenkurses der Aktie nicht überschreitet[548]. Nach der Umfrage des Verfassers machen über 90 % der befragten Unternehmen von der Möglichkeit eines vereinfachten Ausschlusses des Erwerbsrechts Gebrauch[549].

Dies ist damit die ganz vorherrschende Form des Ausschlusses des Erwerbsrechts.

E. Zwischenergebnis

Das Erwerbsrecht bei der Veräußerung eigener Aktien ist als allgemeines Mitgliedschaftsrecht (Vermögensrecht) einzustufen. Der Ausschluss dieser

---

[546] BGHZ 83, 319, 323; Hüffer, AktG, § 186 Rn. 31; Lutter in: Kölner Kommentar, § 186, Rn. 69.

[547] Hüffer, AktG, § 186 Rn. 39d.

[548] A.A. Hüffer, AktG, § 186 Rn. 39d, der eine Einzelfallbetrachtung vorzieht.

[549] Vgl. Anhang 2.

Rechtsposition ist nach den Vorschriften über den Bezugsrechtsausschluss (§ 186 Abs. 3 und 4 AktG) zu beurteilen. Dabei kann auf aufgrund einer vergleichbaren Sachlage auf die zum Bezugsrechtsausschluss entwickelten Grundsätze zurückgegriffen werden. Es können dabei konkrete Fallgruppen gebildet werden, bei denen der Ausschluss des Erwerbsrechts in der Regel gerechtfertigt ist.

6. Vorschlag für eine Ergänzung der gesetzlichen Regelungen zum Erwerb eigener Aktien (§ 71 Abs. 1 Nr. 8 AktG) de lege ferenda

Die gesetzliche Regelung zum Erwerb eigener Aktien ist, wie bereits erörtert, unvollständig. Die Regelungslücken wurden durch eine Ergänzung des § 71 Abs. 1 Nr. 8 AktG im Wege der Analogie geschlossen.

Es wird de lege ferenda die folgende Regelung vorgeschlagen:

§ 71 Abs. 1 Nr. 8 S. 5 AktG wird wie folgt neu gefasst (Änderungen sind durch Unterstreichung hervorgehoben):

„Eine andere Erwerbsmethode und Veräußerung kann die Hauptversammlung beschließen; § 186 Abs. 3, 4 und § 193 Abs. 2 Nr. 2, 3 und 4 sind in diesem Fall entsprechend anzuwenden."

Damit finden die §§ 186 Abs. 3 und 4 AktG auch für den Fall Anwendung, dass außerhalb der Börse zurückgekauft wird. Das Andienungsrecht der Aktionäre ist somit entsprechend dem Erwerbsrecht abgesichert.

7. Informationsrechte beim Rückkauf sowie der Veräußerung eigener Aktien über die Börse

Die rechtzeitige Information der Aktionäre von den Rahmenbedingungen eines Erwerbs eigener Aktien dient durch die Publizität der Vorbeugung von Missbräuchen. Beim Rückkauf eigener Aktien durch ein öffentliches Angebot an alle Aktionäre stehen entsprechende Informationen bereits aufgrund der Veröffentlichung des Angebots zur Verfügung. Erfolgt der Rückkauf aber über die Börse, so kann dies grundsätzlich ohne vorherige Information der Aktionäre geschehen. Eine frühzeitige Information der Öffentlichkeit ist daher ein wirksames Mittel, um die oben erörterte[550] Gefahr des Ausnutzens von Insiderinformationen einzuschränken. Dabei ist zwischen der Information über die bestehende Ermächtigung zum Erwerb eigener Aktien und derjenigen über den Beginn des Rückkaufs zu unterscheiden.

Wie bereits erörtert, setzt ein dem Gleichbehandlungsgrundsatz genügender Rückkauf über die Börse voraus, dass eine rechtzeitige Information über den Zeitpunkt des Beginns des Rückkaufs erfolgt. Da der Kaufpreis dem Börsenkurs entspricht, erübrigt sich eine diesbezügliche Information.

Während des Gesetzgebungsverfahrens zum KonTraG wurden zusätzliche Informationsrechte beim Rückkauf eigener Aktien in der rechtswissenschaftlichen Literatur diskutiert. *Martens* äußerte die Ansicht, es sei ausreichend, die Aktionäre über den Beschluss der Hauptversammlung zum Erwerb eigener Aktien zu informieren[551]. Eine gesetzliche Verpflichtung des Vorstands, den konkreten Erwerb eigener Aktien den Aktionären anzukündigen, lehnte er dagegen ab[552].

Er begründet seine Auffassung damit, dass sich der Kapitalbedarf der Gesellschaft kurzfristig ändern könne. Außerdem könne sich der Börsenkurs kurzfristig derart ändern, dass der ursprüngliche Plan des Erwerbs eigener Aktien als nicht mehr vertretbar erscheine. Gegen diese Ansicht argumentieren *vRosen/Helm*, die bei fehlender Information der Anleger einen Vertrauensverlust befürchten[553]. Die lange Geltungsdauer (maximal 18 Monate) des Ermächtigungsbeschlusses mache es dem Anleger schwer, abzuschätzen, wann ein Kursanstieg die Folge einer allgemeinen Höherschätzung des Wertes, und wann dieser eine Reaktion des Marktes auf Rückkäufe eigener Aktien der Gesellschaft sei.

Es ist zunächst zu prüfen, in welchem Umfang den Aktionären kraft gesetzlicher Regelung zwingend Informationen betreffend den Rückkauf eigener Aktien zur Verfügung gestellt werden müssen (vgl. nachfolgend unter A.). Soweit und in dem Umfang, in welchem bei dieser Betrachtung die Unvollständigkeit der gesetzlichen Regelungen festgestellt wird, sollen

---

[550] Vgl. II. 4. F.
[551] Martens, AG 1996, 337 (341).
[552] Martens, AG 1996, 337 (341).
[553] Von Rosen/Helm, AG 1996, 434 (439).

anschließend im Wege der Gesetzesanalogie ungeschriebene Informationsrechte herausgearbeitet werden (vgl. nachfolgend unter B.).

A. Gesetzliche Informationsrechte beim Erwerb eigener Aktien

§ 1 Information der Hauptversammlung gem. § 71 Abs. 3 S. 1 AktG

Der Vorstand hat nach geltendem Recht gem. § 71 Abs. 3 S. 1 AktG die nächste Hauptversammlung über die Gründe, den Zweck, über die Zahl der erworbenen Aktien und den auf sie entfallenden Betrag des Grundkapitals, sowie über den Gegenwert der Aktien zu unterrichten[554]. Diese ex-post Information führt aber nicht dazu, dass die Aktionäre den Zeitpunkt des Beginns des Rückkaufs sowie der anschließenden Veräußerung erfahren.

§ 2 Weitere Informations- und Publizitätspflichten nach dem AktG und dem WpHG

Im folgenden sollen die wesentlichen Melde- und Informationspflichten dargelegt werden, die von börsennotierten Aktiengesellschaften beim Erwerb eigener Aktien zu beachten sind. Für die Frage der Entwicklung von ergänzenden Informationspflichten sind vorrangig die bereits gesetzlich vorgesehenen Pflichtangaben darzulegen.

a) Informationen zum Erwerb eigener Aktien im Rahmen der Regelpublizität

Die im amtlichen Handel notierte Gesellschaft hat Anleger und Öffentlichkeit gem.
§ 44 Abs. 1 Nr. 3 BörsG angemessen zu unterrichten. Dies beinhaltet unter anderem die Hinterlegung des Jahresabschlusses sowie des Lageberichts (§ 65 BörsZulVO). Da der Jahresabschluss Angaben über den Rückkauf eigener Aktien enthalten muss[555], wird auf diesem Weg eine (nachträgliche) Information der Öffentlichkeit und der Aktionäre gewährleistet. Diese Information wird durch die Zwischenberichtserstattung ergänzt. Nach der Vorschrift des § 55 BörsZulVO ist im zu erstellenden Zwischenbericht entsprechend den Angaben nach § 160 Abs. 1 Nr. 2 und 5 AktG über den Erwerb eigener Aktien zu

---

[554] Entsprechende Angaben sind auch gem. § 160 Abs. 1 Nr. 2 AktG im Anhang zu machen.
[555] Vgl. § 160 Abs. 1 Nr. 2 AktG.

berichten[556]. Dadurch soll gegenüber den Anteilseignern eine ausreichende Transparenz gewährleistet werden[557].

b) Unterrichtung des Bundesaufsichtsamts für den Wertpapierhandel von der Erteilung der Ermächtigung zum Rückkauf eigener Aktien (§ 71 Abs. 3 S. 3 AktG)

Die Verpflichtung der Gesellschaft, das Bundesaufsichtsamt für den Wertpapierhandel (nachfolgend: BAWe) unverzüglich über die Ermächtigung durch die Hauptversammlung zu unterrichten, soll diesem die Untersuchung von auffälligen Handelsbewegungen im zeitlichen Zusammenhang mit dem Beschluss der Hauptversammlung ermöglichen[558]. Die Unterrichtung hat durch den Vorstand der Gesellschaft unverzüglich zu erfolgen. Zu beachten ist, dass bei einem Verstoß gegen die Mitteilungspflicht keine Sanktionsmöglichkeit des BAWe besteht[559]. Diese Unterrichtung führt zu keiner zusätzlichen Information für die Aktionäre.

c) Ad hoc Publizität und Meldepflichten beim Erwerb eigener Aktien

Insbesondere die Frage, in welchem Umfang der Erwerb eigener Aktien den Ad-hoc Vorschriften des Wertpapierhandelsgesetzes unterliegt, war lange Zeit ungeklärt[560]. Mit dem Schreiben vom 28. Juni 1999[561] hat sich das BAWe zu dieser Frage geäußert[562]. Dieses Schreiben wird den nachfolgenden Ausführungen zu Grunde gelegt.

---

556 Begründung zum KonTraG Regierungsentwurf, BT-Drucks. 13/9712 S. 13.
557 Begründung zum KonTraG Regierungsentwurf, BT-Drucks. 13/9712 S. 14.
558 Begründung zum KonTraG Regierungsentwurf, BT-Drucks. 13/9712 S. 14.
559 Durch das sich im Entwurfsstadium befindliche 4. Finanzmarktförderungsgesetz soll die unterlassene Anzeige gem. § 406 AktG (n.F.) als Ordnungswidrigkeit geahndet werden können.
560 Zu dieser Frage geäußert haben sich u.a. Benckendorff, Erwerb eigener Aktien im deutschen und US-amerikanischen Recht, 1998, S. 287 ff; Martens, AG 1996, S. 337 (341); Assmann/Uwe H. Schneider, WpHG 2. Aufl. 1999, § 21 Rn. 32 ff; v. Rosen/Helm, AG 1996, 334, 440.
561 Schreiben des BAWe vom 28. Juni 1999.
562 Vgl. hierzu v.Aerssen, WM 2000, 391 ff; Bosse, ZIP 1999, S. 2047.

aa) Mitteilungspflicht der Gesellschaft gem. § 15 WpHG

Der Vorschlag der Verwaltung an die Hauptversammlung, den Vorstand zum Rückkauf eigener Aktien zu ermächtigen, legt die rechtliche Grundlage für den späteren Erwerb eigener Aktien. Eine kursbeeinflussende Tatsache i.S.v. § 15 WpHG setzt unter anderem voraus, dass die meldepflichtige Tatsache dazu geeignet ist, den Börsenkurs des betreffenden Wertpapiers erheblich zu beeinflussen[563]. Zu dem hier betrachteten Zeitpunkt steht weder fest, ob die Hauptversammlung dem Vorschlag von Vorstand und Aufsichtsrat folgen wird, noch ob der Vorstand tatsächlich von der Ermächtigung Gebrauch macht.

Das BAWe geht daher davon aus, dass der Beschluss des Vorstands, mit Zustimmung des Aufsichtsrats der Hauptversammlung die Ermächtigung zum Erwerb eigener Aktien vorzuschlagen, in der Regel keine Ad-hoc Tatsache ist (Schreiben des BAWe Ziff. 2 a)). Für die hier erörterte Frage von Informationsrechten ist festzustellen, dass eine Information der Aktionäre zu diesem Zeitpunkt noch nicht als geboten erscheint.

Auch bei Vorliegen des Beschlusses der Hauptversammlung, den Vorstand zum Erwerb eigener Aktien zu ermächtigt, ist noch nicht abzusehen, ob und in welchem Umfang der Vorstand von der Ermächtigung zum Erwerb eigener Aktien Gebrauch machen wird und wann gegebenenfalls mit dem Rückkauf begonnen wird. Daher ist nach Auffassung des BAWe auch der Ermächtigungsbeschluss der Hauptversammlung in der Regel keine Ad-hoc Tatsache (Schreiben des BAWe Ziff. 2 a))[564].

Die Auffassung des BAWe wird gestützt durch die Betrachtung von vergleichbaren Sachverhalten: In Betracht kommen hier zustimmungspflichtige Geschäfte (wie etwa wenn die Ausnutzung von bedingtem Kapital von einer Zustimmung des Aufsichtsrats abhängig gemacht wird), bei denen ebenfalls noch eine erforderliche Mitwirkungshandlung eines Gesellschaftsorgans fehlt. In diesen Fällen ist eine Ad-hoc Tatsache nach ganz allgemeiner Auffassung erst

[563] Vgl. zu diesem Tatbestandsmerkmal auch Fürhoff/Wölk, WM 1997, S. 449 (454).
[564] Abweichend Kraft/Altvater, NZG 1998, S. 448 (450 re.Spalte unten); Martens, AG 1996, S. 337 (340); vRosen/Helm, AG 1996, S. 434, (439f), die allerdings den Beschluß des Vorstands zum Beginn des Erwerbs als gewichtiger einstufen. Die Gesetzesbegründung zum KonTraG äußert sich zu dieser Frage nicht.

dann gegeben, wenn der rechtsverbindliche Beschluss auf der letzten Entscheidungsebene vorliegt[565].

bb) Ad-hoc Publizität gem. § 15 WpHG für den Beschluss des Vorstands zum Beginn des Erwerbs eigener Aktien

Der Erwerb eigener Aktien bedarf als Geschäftsführungsmaßnahme eines Beschlusses des Vorstands. Die Frage, ob dieser Beschluss eine Ad-hoc Tatsache gem. § 15 WpHG ist, war bislang umstritten. Gerade in diesem Stadium ist eine Information der Aktionäre geboten. Teilweise wird dies mit der Begründung abgelehnt, der Beschluss des Vorstands sei bereits eine „kursimmanente Tatsache" und sei aufgrund ihres geringen Verbindlichkeitsgrades nicht dazu geeignet, den Kurs unmittelbar zu beeinflussen[566]. Diese Auffassung verdient keine Zustimmung. Als kursbeeinflussende Tatsache ist der Beschluss des Vorstandes dem Kurs gerade nicht „immanent". Das BAWe steht daher zu Recht auf dem Standpunkt, dass dem Beschluss des Vorstandes erhebliche Kursrelevanz zukommen kann (Schreiben des BAWe Ziff. 1 a)), und der Beschluss dann der Ad-hoc Publizität nach § 15 WpHG unterliegt[567]. Nach Auffassung des BAWe ist unter Bezugnahme auf die Ermächtigung der Hauptversammlung der wesentliche Inhalt des Rückkaufsbeschlusses bekannt zu geben. Darf der Erwerb eigener Aktien nur mit Zustimmung des Aufsichtsrates durchgeführt werden, entsteht die Publizitätspflicht in jedem Fall erst dann, wenn entsprechende Beschlüsse des Vorstandes und des Aufsichtsrates vorliegen (Schreiben des BAWe Ziff. 1 a)) [568]. Diese Verpflichtung ergänzt die oben erörterte Verpflichtung der Gesellschaft, ihre Aktionäre über den tatsächlichen Beginn des Rückkaufs zu informieren.

---

[565] Geibel in: Schäfer, Wertpapierhandelsgesetz, Börsengesetz mit BörsZulV, Verkaufsprospektgesetz mit VerkaufsprospektV Kommentar, § 15 Rn. 75; Kümpel in: Assmann/Schneider, WpHG, § 15 Rn. 50.

[566] So Martens, AG 1996, 337, 341; Peltzer, WM 1998, 322 (330).

[567] Ebenso vRosen/Helm, AG 1996, S. 434 (440); Kraft/Altvater, NZG 1998, S. 448 (451); Stellungnahme des DAV zum Referententwurf zum KonTraG in ZIP 1997, S. 163 (171 re. Spalte Unten); Schäfer in : Schäfer, Wertpapierhandelsgesetz, Börsengesetz mit BörsZulV, Verkaufsprospektgesetz mit VerkaufsprospektV Kommentar, § 14 Rn. 69.

[568] Nach der Auffassung von Martens, AG 1996, 337, (re. Sp. Unten) ist der Beschluß des Vorstands meldepflichtig, falls zu erwarten ist, daß der Erwerb eine wesentliche Kursbeeinflussung gem. § 15 WpHG auslösen wird.

Auch bei Abgabe einer entsprechenden Ad-hoc Mitteilung wird der Aktionär nicht über die weiteren Umstände des Erwerbs eigener Aktien informiert, da lediglich die Tatsache, dass mit dem Erwerb eigener Aktien begonnen wird, zu veröffentlichen ist.

cc) Veröffentlichungspflicht der börsennotierten Gesellschaft (§ 25 WpHG)

Der durch Art. 5 Nr. 1 des KonTraG eingefügte § 25 Abs. 1 S. 3 WpHG stellt nunmehr klar, dass die Gesellschaft bei Erreichen oder Überschreiten der Schwellen des § 21 WpHG[569] dies wie eine Mitteilung eines Inhabers bedeutender Stimmrechtsanteile in einem überregionalen Börsenpflichtblatt zu veröffentlichen hat (Schreiben des BAWe Ziff. 3) [570]. Diese Klarstellung war erforderlich, da die Aktiengesellschaft keine Stimmrechte aus eigenen Aktien ausüben kann (§ 71b AktG)[571], der Erwerb eigener Aktien durch die Aktiengesellschaft somit nicht unter den Wortlaut des § 21 WpHG fällt[572].
Das BAWe stellt ferner klar, dass die Gesellschaft spätestens neun Kalendertage, nachdem sie 5% oder mehr eigene Aktien erworben hat, das Erreichen oder das Überschreiten des Stimmrechtsanteils unter Angabe der Gesellschaft und ihres Sitzes in einem überregionalen Börsenpflichtblatt zu veröffentlichen hat (Schreiben des BAWe Ziff. 3). Im Fall der Veräußerung der zuvor erworbenen eigenen Aktien ist nach Auffassung des BAWe eine dementsprechende Erklärung mit dem Unterschreiten des Schwellenwerts zu veröffentlichen. Werden zunächst 5% der eigenen Aktien zurückgekauft und erfolgt später eine Aufstockung auf 10% der eigenen Aktien, muss eine weitere Erklärung veröffentlicht werden, da der Schwellenwert von 10% erreicht worden ist. Diese Information ermöglicht Aktionären aber lediglich eine ex-post Betrachtung, und überschneidet sich daher nicht mit den Informationsrechten.

---

569 In Betracht kommt hier vor allem die 5 % Schwelle, ausnahmsweise auch die 10 % Schwellenquote.

570 Opitz in : Schäfer, Wertpapierhandelsgesetz, Börsengesetz mit BörsZulV, Verkaufsprospektgesetz mit VerkaufsprospektV Kommentar, Stuttgart 1999, § 25 Rn. 9 hält zu Recht bei Aufkäufen eigener Aktien eine Veröffentlichungspflicht nach § 15 WpHG auch dann für möglich, wenn die 5 % Schwelle des § 21 WpHG nicht erreicht wird.

571 Außerdem stellt die Regelung des § 21 WpHG ausschließlich auf den Erwerb von Stimmrechten bei anderen Gesellschaften ab, vgl. Begr. KonTraG BT Drucks. 13/9712, S. 30.

572 Opitz, in : Schäfer, Wertpapierhandelsgesetz, Börsengesetz mit BörsZulV, Verkaufsprospektgesetz mit VerkaufsprospektV Kommentar, Stuttgart 1999, § 21 Rn. 3; Nach Schneider , in :Assmann/Schneider, WpHG 1995 (Vorauflage) , § 21 Rn. 33, sollte schon die ursprüngliche Vorschrift des § 21 WpHG auf den Erwerb eigener Aktien analog anwendbar sein.

d) Angaben im Anhang gem. § 160 Abs. 1 Nr. 2 AktG

Im Anhang sind gem. § 160 Abs. 1 Nr. 2 AktG detaillierte Angaben über den Bestand an eigenen Aktien zu machen. Die Vorschrift unterscheidet dabei zwischen Aktien, die im Laufe des Geschäftsjahrs erworben oder veräußert wurden (Fluktuationsangaben), und solchen, die lediglich gehalten wurden (Bestandsangaben)[573]. Dabei werden eigene Aktien, die ein abhängiges oder im Mehrheitsbesitz stehendes Unternehmen oder ein Dritter für Rechnung der Gesellschaft oder eines abhängigen oder im Mehrheitsbesitz der Gesellschaft stehenden Unternehmens hält, hinzugerechnet.

aa) Bestandsangaben

Die Bestandsangaben erfordern die Angabe der Zahl sowie des Nennbetrages (im Fall von Stückaktien deren rechnerischer Anteil am Grundkapital) sowie den gesamten Anteil der Aktien am Grundkapital. Die Angabe des Nennbetrages erfordert im Hinblick auf die Kapitalgrenzen der §§ 71 II, 71c II AktG nicht Einzelbeträge, sondern einen Gesamtnennbetrag[574]. Es sind auch der Zeitpunkt des Erwerbs sowie die Gründe des Erwerbs anzugeben.

bb) Fluktuationsangaben

Fluktuationsangaben erfordern zusätzlich Angaben über den Erwerbs- und Veräußerungspreis sowie über die Verwendung des Veräußerungserlöses. Diese Angaben erfordern eine detaillierte Aufstellung, die einen erheblichen Umfang erreichen kann. Allerdings trägt die damit verbundene Transparenz wesentlich zur Vermeidung der bereits erörterten Gefahren des Erwerbs eigener Aktien bei. Der Aktionär kann sich somit ein umfassendes Bild von den gesellschaftsrechtlichen und wirtschaftlichen Begleitumständen machen. Vor diesem Hintergrund ist festzustellen, dass durch die Pflichtangaben im Anhang die wesentlichen Umstände des Rückkaufs eigener Aktien zu veröffentlichen sind.

---

[573] Lutter in: Kölner Kommentar, § 160 Rn. 44; Hüffer, § 160 Rn. 7 f.
[574] So auch Hüffer, § 160 Rn. 8.

e) Zusätzliche Publizitätspflichten beim Erwerb eigener Aktien für am Neuen Markt notierte Aktiengesellschaften.

Die Deutsche Börse AG hat mit Wirkung zum 1.1.2001 das Regelwerk Neuer Markt geändert. Die neue Ziff. 7.2. des Regelwerks betrifft die sog. „meldepflichtigen Wertpapiergeschäfte". Mit Wirkung ab dem 1.3.2001 sind die am Neuen Markt notierten Aktiengesellschaften verpflichtet, An- und Verkäufe von Organmitgliedern und der Gesellschaft von Aktien der Gesellschaft unverzüglich elektronisch an die Deutsche Börse AG weiterzuleiten. Dabei sind neben der Anzahl der betroffenen Aktien auch deren Kaufpreis anzugeben. Unter den Begriff der meldepflichtigen Wertpapiergeschäfte fällt nach dem eindeutigen Wortlaut von Ziff. 7.2. des Regelwerks Neuer Markt auch der Rückkauf und die anschließende Veräußerung eigener Aktien durch die Gesellschaft.

Demnach ist der Vorstand gem. Ziff. 7.2. des Regelwerks verpflichtet, derartige Transaktionen unter Angabe des Ankaufs- und Verkaufspreis unverzüglich an die Deutsche Börse AG weiterzuleiten. Die Veröffentlichung dieser Daten führt zu einer vollständigen Information der Aktionäre der betreffenden Gesellschaft. Diese Information erfolgt öffentlich auf der Homepage der Deutschen Börse AG.

Für Aktionäre der am Neuen Markt notierten Aktiengesellschaften besteht daher – falls die Vorschriften des Regelwerks Neuer Markt eingehalten werden – kein weitergehendes Informationsbedürfnis. Dies gilt aber nicht für in anderen Marktsegmenten notierte Gesellschaften.

B. Ungeschriebene Informationspflichten beim Erwerb eigener Aktien und der anschließenden Veräußerung kraft Gesetzesanalogie

Die Gefahr von Missbräuchen ist beim Erwerb eigener Aktien besonders groß[575]. Dieser Gefahr kann wirksam mit einer möglichst umfassenden Publizität begegnet werden. Dabei ist schon im Hinblick auf das Interesse der Aktionäre seitens des Vorstands für eine umfassende Darlegung der Umstände des Erwerbs eigener Aktien und der anschließenden Veräußerung geboten. Nur so kann verhindert werden, dass die bereits erörterten Gefahren für Gläubiger und Aktionäre verwirklicht werden.

---

[575] Vgl. II. 4.

Aufgrund der gesetzlichen Regelungen ist die Gesellschaft in der Regel verpflichtet, den Zeitpunkt des Rückkaufs eigener Aktien anzukündigen. Eine gesetzliche Verpflichtung, den Aktionären weitergehende Informationen zur Verfügung zu stellen, existiert nicht. Insbesondere sieht das Gesetz keine zeitnahe Information der Aktionäre über die Umstände der anschließenden Veräußerung der eigenen Aktien vor. Gerade diese Informationen sind unabdingbare Voraussetzung zur zeitnahen Beurteilung der Umstände des Erwerbs eigener Aktien und dessen Auswirkungen auf die Vermögenslage der Gesellschaft sowie die Beachtung der Erwerbs- und Andienungsrechte der Aktionäre.

Der Gesetzgeber beabsichtigt, mit der Vorschrift des § 71 Abs. 3 S. 1 AktG eine vollständige Information der nächsten Hauptversammlung sicherzustellen. Die für den Anhang der Gesellschaft geltende Vorschrift des § 160 Abs. 1 Nr. 2 S. 2 AktG differenziert im Gegensatz zu § 71 Abs. 3 S. 1 AktG zwischen der Veräußerung und dem Erwerb eigener Aktien. Entsprechend hätte auch in § 71 Abs. 3 S. 1 AktG die Veräußerung eigener Aktien ausdrücklich erwähnt werden können. Dies hätte der Intention des Gesetzgebers, hier eine weitgehende Transparenz zu schaffen, entsprochen. Die Nichtberücksichtigung der Veräußerung eigener Aktien in der Vorschrift ist daher als Gesetzeslücke einzuordnen. Diese Regelungslücke ist in analoger Anwendung von §§ 71 Abs. 3 S. 1, 160 Abs. 1 Nr. 2 S. 2 AktG auszufüllen. Demnach ist der Vorstand in analoger Anwendung dieser Vorschriften auch verpflichtet, die nächste Hauptversammlung über die Gründe, den Zweck, über die Zahl der veräußerten Aktien und den auf sie entfallenden Betrag des Grundkapitals, sowie über den Verkaufspreis der Aktien zu unterrichten.

Die gesetzliche Regelung sieht ferner keine Information der Aktionäre vor dem tatsächlichen Beginn des Erwerbs eigener Aktien und der Veräußerung eigener Aktien vor. Im Regelfall ist die Gesellschaft aufgrund der Ad-hoc Publizität zu derartigen Informationen verpflichtet. Tätigt die Gesellschaft Aktienrückkäufe oder Veräußerungen eigener Aktien ohne vorherige Information der Aktionäre, so sind deren Andienungs- und Erwerbsrechte nur eingeschränkt durchsetzbar.

Auch hier handelt es sich um eine Gesetzeslücke, da der Gesetzgeber eine vollständige Information der Aktionäre beabsichtigt. Es folgt daher eine Verpflichtung aus § 71 Abs. 3 S. 1 AktG in analoger Anwendung, die Aktionäre vor der Durchführung des Erwerbs eigener Aktien bzw. der Veräußerung eigener Aktien über die Börse über den Zweck, die Zahl der zu erwerbenden bzw. zu veräußernden Aktien und den auf sie entfallenden Betrag des

Grundkapitals zu unterrichten. Auch vereinzelte Stimmen der Literatur fordern zumindest eine Information über den Beginn und des Endes des Erwerbs eigener Aktien sowie über den voraussichtlichen Rückkaufspreis[576]. Falls der Rückkauf über einen längeren Zeitraum erfolgt, ist die Mitteilung dieses Zeitraums sowie eines Preisrahmens, der relativ an den derzeitigen Börsenkurs angeknüpft sein kann, ausreichend.

Teilweise wird dagegen eine Informationspflicht beim Erwerb eigener Aktien mit dem Hinweis abgelehnt, dass trotz einer entsprechenden Absichtserklärung des Vorstands, eigene Aktien zu erwerben, der Erwerb noch ungewiss sei, und oftmals kurzfristig unterbleibe[577]. Diese Ansicht ist aber abzulehnen. Allein die Möglichkeit, dass der angekündigte Erwerb unterbleibt, kann es nicht rechtfertigen, diesen ohne Ankündigung durchzuführen[578].

Die SAP AG beachtet in ihrem anlässlich der außerordentlichen Hauptversammlung am 18. 1. 2000 beschlossenen Ermächtigung zum Erwerb eigener Aktien das Informationsbedürfnis der Anleger weitgehend. So ist jeweils eine öffentliche Ankündigung vorgesehen, soweit innerhalb eines Monats mehr als 100 000 eigene Aktien zurückgekauft werden sollen. Bei einer möglichen Kursbeeinflussung soll eine derartige Ankündigung stets erfolgen[579]

C. Zwischenergebnis

Der Vorstand ist gem. § 71 Abs. 3 S. 1 AktG verpflichtet, die nächste Hauptversammlung über die Gründe, den Zweck, über die Zahl der erworbenen Aktien und den auf sie entfallenden Betrag des Grundkapitals, sowie über den Gegenwert der Aktien zu unterrichten. Weitergehende gesetzliche Verpflichtungen nach dem Aktiengesetz und dem WpHG ermöglichen keine vollständige Information der Aktionäre über die Umstände des Erwerbs eigener Aktien.

Neben diesen gesetzlich geregelten Informationspflichten sind in ergänzender Gesetzesauslegung weitere Informationspflichten zu beachten. Die Gesellschaft

---

[576] Von Rosen/Helm, AG 1996, 434 (439).
[577] Martens, AG 1996, S. 337, (431).
[578] vRosen/Helm, AG 1996, 434 (439).
[579] Vgl. TOP 2 (S. 26) der Tagesordnung zur außerordentlichen Hauptversammlung der SAP AG am

ist demnach zur Information der Aktionäre über den Zweck, Beginn, Ende, Ankaufs- sowie Verkaufspreis beim Erwerb eigener Aktien und der Veräußerung eigener Aktien über die Börse verpflichtet. Diese Verpflichtung ist gesetzlich nicht geregelt, ergibt sich aber aus § 71 Abs. 3 S. 1 AktG in analoger Anwendung. Soweit der Rückkauf bzw. Verkauf ohnehin mittels eines öffentlichen Angebots erfolgt, sind diese Ankündigungen nicht erforderlich. Falls zahlreiche Transaktionen beim An- oder Verkauf erforderlich sind, sind Informationen über den groben Zeit- und Preisrahmen als ausreichend.

Der Vorstand ist ferner in analoger Anwendung der §§ 71 Abs. 3 S. 1, 160 Abs. 1 Nr. 2 S. 2 AktG verpflichtet, die nächste Hauptversammlung über die Gründe, den Zweck, über die Zahl der veräußerten Aktien und den auf sie entfallenden Betrag des Grundkapitals, sowie über den Verkaufspreis der Aktien zu unterrichten.

IV. Rechtsfolgen des unzulässigen Erwerbs eigener Aktien und prozessuale Durchsetzung des Andienungs- und Erwerbsrechts

1. Einführung in die Problemstellung

Die Frage der Durchsetzung der oben dargestellten Rechtspositionen im Prozessweg ist für die betroffenen Aktionäre von entscheidender Bedeutung. Dabei ist zu unterscheiden, ob Rechtsschutz bereits gegen den Ermächtigungsbeschluss zum Erwerb eigener Aktien (vgl. nachfolgend 3. A.) oder erst gegen den Kauf oder die Veräußerung der eigenen Aktien durch die Gesellschaft (vgl. nachfolgend 3. B.) gesucht wird.

Ist Ersteres der Fall, dann sind möglicherweise die Voraussetzungen einer Anfechtungsklage gem. § 243 Abs. 1 AktG gegeben. Es ist in diesem Fall zu prüfen, ob der Beschluss den ausdrücklichen gesetzlichen Mindestanforderungen des § 71 Abs. 1 AktG genügt. Ist dies nicht der Fall, dann begründet dies die Anfechtbarkeit des Beschlusses.

Entsprechendes muss für einen Beschluss gelten, der den hier erarbeiteten ungeschriebenen Mindestanforderungen (Anwendung des § 186 Abs. 3, 4 AktG analog) beim Ausschluss des Andienungsrechts beim Erwerb eigener Aktien nicht genügt. Problematisch ist dagegen die Frage, welches Rechtsmittel gegen eine Veräußerung bzw. einen Rückkauf durch den Vorstand ohne Beachtung der hier erarbeiteten Rechtspositionen statthaft ist. Eine Anfechtungsklage kommt hier nicht in Betracht.

Die juristische Literatur und Rechtsprechung haben sich noch nicht mit der Frage des Rechtsschutzes gegen rechtswidrige Maßnahmen des Vorstands beim Erwerb eigener Aktien beschäftigt. Die Vorschrift des § 71 Abs. 4 AktG ordnet lediglich die Rechtsfolgen für den Rückkauf eigener Aktien entgegen § 71 Abs. 1 und 2 AktG an. In materieller Hinsicht ist zu beachten, dass ein Erwerb eigener Aktien unter Verletzung des Andienungsrechts der Aktionäre einen unzulässigen Erwerb eigener Aktien darstellt. Vor einer Erörterung der prozessualen Situation bei einem unzulässigen Erwerb eigener Aktien ist daher die materielle Rechtslage im Fall eines unzulässigen Erwerbs eigener Aktien zu erörtern (vgl. nachfolgend unter 2.).

2. Rechtsfolgen eines unzulässigen Erwerbs eigener Aktien

Hinsichtlich der Rechtsfolgen des unzulässigen Erwerbs eigener Aktien ist zwischen den Auswirkungen für die anlässlich des Erwerbs abgeschlossenen Rechtsgeschäfte (vgl. hierzu unter A.), der Verpflichtung der Gesellschaft, einen rechtmäßigen Zustand wiederherzustellen (vgl. hierzu unter B.) sowie den Konsequenzen für die Organe der Gesellschaft (vgl. hierzu unter C.) zu unterscheiden.

A. Auswirkungen für das schuldrechtliche und dingliche Rechtsgeschäft

Ein unzulässiger Erwerb eigener Aktien liegt dann vor, wenn der Erwerb gegen § 71 Abs. 1 oder 2 AktG verstößt (vgl. § 71c Abs. 1 AktG). Gem. § 71 Abs. 4 S. 1 AktG ist in diesem Fall das dingliche Erwerbsgeschäft trotz Verstoß gegen § 71 Abs. 1 und 2 AktG nicht unwirksam. Die Gesellschaft erwirbt damit wirksam die eigenen Aktien. Dagegen ist das schuldrechtliche Rechtsgeschäft unwirksam (§ 71 Abs. 4 S. 2 AktG). Erfüllungsansprüche bestehen aus diesem Grund nicht. Hat die Gesellschaft bereits den Kaufpreis für die eigenen Aktien bezahlt, so kann sie diesen nach Bereicherungsrecht zurückfordern. Im unzulässigen Rückkauf eigener Aktien liegt nach h.M. zugleich eine verbotene Rückgewähr der geleisteten Einlage, Rückgewährsansprüche nach § 62 AktG sind daher zu prüfen. Nach der hier vertretenen Ansicht ist § 57 AktG in diesem Fall nicht anwendbar[580]. Der Aktionär kann die Rückgewähr der Aktien nach §§ 812 ff BGB fordern[581].

Das schuldrechtliche Rechtsgeschäfts ist bei einer den Vorschriften des Umwandlungsgesetzes unterfallenden Strukturmaßnahme ausnahmsweise aufgrund der Vorschriften der §§ 29 Abs. 1 S. 1 2. HS UmwG[582], 125 S. 1 UmwG[583] sowie § 207 Abs. 1 S. 1 UmwG[584] nicht unwirksam. Diese Vorschriften schließen eine Anwendung von § 71 Abs. 4 S. 2 AktG und damit die Nichtigkeit des Rechtsgeschäfts aus. Dies ist erforderlich, um die im

580 Vgl. hierzu II. 6. C.
581 Vgl. Hüffer, § 71 Rn. 24; Lutter in: Kölner Kommentar, § 71 Rn. 75.
582 Abfindungsangebot für Anteilsinhaber des übertragenden Rechtsträgers im Verschmelzungsvertrag.
583 Spaltung.
584 Angebot der Barabfindung bzw. eigener Anteile bei Formwechsel.

Rahmen der Strukturmaßnahmen erforderlichen Abfindungsangebote mit den §§ 71 ff AktG zu koordinieren.

B. Verpflichtung der Gesellschaft, einen rechtmäßigen Zustand wiederherzustellen

Hat die Gesellschaft eigene Aktien entgegen § 71 Abs. 1 oder 2 AktG erworben, so ist sie gem. § 71c Abs. 1 AktG zur Veräußerung dieser Aktien innerhalb eines Jahres nach Erwerb verpflichtet. Maßgeblich für den Zeitpunkt des Erwerbs ist das dingliche Rechtsgeschäft[585]. Mit dieser Vorschrift wird gesetzlich abgesichert, dass ein unzulässiger Erwerb (der dinglich wirksam ist) nicht von Dauer sein kann. Aufgrund der Ausnahme des § 71 Abs. 2 S. 1 AktG ist ein Erwerb eigener Aktien nach § 71 Abs. 1 Nr. 4, 5 und 6 AktG ohne Einschränkungen möglich. Weder die Verpflichtung zur Bildung einer Rücklage noch die Kapitalgrenze von 10 % findet auf diese privilegierten Fälle des Erwerbs eigener Aktien Anwendung. Damit sind erhebliche Gefahren für Gesellschaft, Aktionäre und Gläubiger verbunden. Um sicherzustellen, dass dieser Zustand nicht von Dauer ist, muss die Gesellschaft diese Aktien insoweit veräußern, als sie 10 % ihres Grundkapitals übersteigen. Unzulässigerweise erworbene Aktien sind dabei nicht mitzuberechnen, da sie gesondert nach Abs. 1 der Vorschrift zu beurteilen sind. Insofern ist § 71 Abs. 2 AktG nur auf die Fälle des § 71 Abs. 1 Nr. 4 bis 6 AktG anzuwenden[586]. Nach § 71c Abs. 3 AktG ist die Gesellschaft zur Einziehung der eigenen Aktien verpflichtet, wenn sie nicht rechtzeitig nach Maßgabe des § 71c Abs. 1 oder 2 AktG veräußert wurden. Die Einziehung erfolgt gem. § 237 AktG. Scheitert die Einziehung, so ist der Vorstand zur unverzüglichen Veräußerung verpflichtet[587].

---

[585] Vgl. § 71 Abs. 4 , wo auch mit dem Begriff "Erwerb" das dingliche Rechtsgeschäft bezeichnet wird.

[586] Ebenso Hüffer, § 71c Rn. 4; Hefermehl/Bungeroth in: Geßler/Hefermehl/Eckardt/Kropff, § 71c Rn. 8; Lutter in: Kölner Kommentar, § 71c Rn. 8

[587] Hüffer, § 71c Rn. 8; Lutter in: Kölner Kommentar, § 71c Rn. 35.

C. Konsequenzen eines unzulässigen Erwerbs eigener Aktien für die Organmitglieder der Aktiengesellschaft

§ 1 Bußgeldbewehrung

Der unzulässige Erwerb eigener Aktien entgegen § 71 Abs. 1 Nr. 1 bis 4 oder Abs. 2 AktG ist gem. § 405 Abs. 1 Nr. 4 a) AktG bußgeldbewehrt. Die Formulierung der Vorschrift ist allerdings missglückt. Denn die genannten Vorschriften sind Erlaubnistatbestände, gegen die gerade nicht verstoßen werden kann. Die eigentliche Bedeutung der Vorschrift ist es, jeden unzulässigen Erwerb zu erfassen. Hierzu hätte es allerdings angesichts des Vorbehalts des Gesetztes einer klaren Formulierung bedurft. Die Vorschrift ist daher nicht als Grundlage einer Bußgeldbewehrung geeignet[588]. Der unzulässige Erwerb eigener Aktien kann nicht gem. § 405 Abs. 1 Nr. 4 a) AktG mit einem Bußgeld belegt werden.

§ 2 Schadensersatzverpflichtung von Organmitgliedern

Soweit der Gesellschaft durch den unzulässigen Erwerb eigener Aktien ein Schaden entsteht, sind die jeweiligen Vorstandsmitglieder gem. § 93 Abs. 3 Nr. 3 AktG zum Schadensersatz verpflichtet. Ist streitig, ob der Vorstand bei der Entscheidung über den Erwerb eigener Aktien seiner Sorgfaltspflicht genügt hat, so trifft ihn gem. § 93 Abs. 2 S. 2 AktG die Beweislast hierfür. Für Aufsichtsratsmitglieder gilt dies gem.
§ 116 AktG entsprechend.

3. Prozessuale Durchsetzbarkeit des Andienungs- und Erwerbsrechts beim Rückkauf eigener Aktien

Der Rechtsschutz beim Rückkauf eigener Aktien hat bislang in der juristischen Literatur eine untergeordnete Rolle gespielt. Rechtsprechung zu diesem Bereich existiert kaum[589]. In der Regel begnügt sich die einschlägige Literatur[590] mit der Kommentierung des § 71 Abs. 4 AktG, der die Rechtsfolgen des unzulässigen Erwerbs regelt. Abgesehen von den bereits oben dargestellten Rechtsfolgen des

---

[588] A.A. Hüffer, § 71 Rn. 24.

[589] Als eine der wenigen Entscheidungen beschäftigt sich BGHZ 33, 175 (186) mit der Frage der Gefahr der Überfremdung bei § 71 Abs. 1 Nr. 1 AktG.

[590] Statt aller Hüffer, AktG 4. Aufl. § 71 Rn. 24 ff.

unzulässigen Erwerbs eigener Aktien stellt sich zudem die Frage, ob der einzelne Aktionär sich gegen Maßnahmen der Verwaltung oder Beschlüsse der Hauptversammlung wehren kann, die entgegen den §§ 71 ff AktG gefasst wurden.

Das Andienungsrecht des Aktionärs gibt diesem eine Rechtsposition dahingehend, dass die Gesellschaft grundsätzlich verpflichtet ist, bei einem Erwerb eigener Aktien von jedem Aktionär Aktien zu gleichen Teilen zurückzukaufen[591]. Bei Vorliegen eines sachlichen Grundes kann das Andienungsrecht ausgeschlossen werden. Das Vorliegen eines sachlichen Grundes ist analog § 186 Abs. 3 S. 4 AktG dann nicht erforderlich, wenn der Rückkauf zu einem börsennahen Kurs erfolgt. Es bedarf ferner gem. § 186 Abs. 4 AktG der ordnungsgemäßen Bekanntmachung des Ausschlusses des Andienungsrechts sowie eines Berichts des Vorstands über die Gründe des Ausschlusses. Unter diesen Prämissen, die bereits oben[592] nachgewiesen wurden, ist die Möglichkeit eines Rechtsschutzes zu überprüfen.

A. Anfechtung des Beschlusses der Hauptversammlung zum Erwerb eigener Aktien gem. § 243 Abs. 1 AktG.

Zur Anfechtung gem. § 243 Abs. 1 AktG sind alle Aktionäre nach Maßgabe des § 245 Nr. 1 bis 3 AktG, der Vorstand gem. § 245 Nr. 4 AktG sowie unter den Voraussetzungen des § 245 Nr. 5 AktG Mitglieder des Vorstands sowie des Aufsichtsrats befugt. Die Klage muss gem. § 246 Abs. 1 AktG innerhalb eines Monats nach der Beschlussfassung erhoben werden. Die Anfechtungsbefugnis ist ein Gestaltungsklagerecht, da die Klage gem. §§ 246, 248 AktG durch das rechtskräftige Urteil eine unmittelbare Veränderung der materiellen Rechtslage bewirkt[593]. Als Anfechtungsgegenstand kommen nur Beschlüsse der Hauptversammlung in Betracht. In der Regel wird im Beschluss zum Erwerb eigener Aktien zugleich eine Regelung über deren Veräußerung getroffen. Zulässig ist es aber auch, die Veräußerung von einem Beschluss der Hauptversammlung abhängig zu machen. Der Rückkauf eigener Aktien gem. § 71 Abs. 1 Nr. 8 AktG setzt zwingend eine Ermächtigung des Vorstands durch die Hauptversammlung voraus.

---

591 Vgl. III. 3.. H.
592 Vgl. III. 3.
593 Hefermehl/Bungeroth in: Geßler/Hefermehl/Eckardt/Kropff, § 243 Rn. 6.
Hüffer, § 243 Rn. 3; Lutter in: Kölner Kommentar, § 243 Rn. 11.

Die Anfechtung kann gem. § 243 Abs. 1 AktG auf die Verletzung des Gesetzes oder der Satzung gestützt werden.

Als Gesetz im Sinne von § 243 Abs. 1 AktG ist jede Rechtsnorm anzusehen. Entscheidend ist der Gesetzesbegriff des Art. 2 EGBGB[594]. Das Andienungs- und Erwerbsrecht der Aktionäre ist nicht ausdrücklich normiert. Als Ausfluss aus dem Gleichbehandlungsgebot ist es aber als ungeschriebene Rechtsnorm anzusehen.

Die Verletzung des Gleichbehandlungsgrundsatzes begründet die Anfechtbarkeit des entsprechenden Beschlusses[595]. Wie bereits erörtert wurde, setzt der Ausschluss des Andienungs- und Erwerbsrechts der Aktionäre gem. § 186 Abs. 3 und 4 AktG einen sachlichen Grund voraus. Fehlt dieser, dann liegt schon aus diesem Grund eine Anfechtbarkeit des entsprechenden Beschlusses vor. Diese Schlussfolgerung wird durch die Tatsache gestützt, dass die ungleiche Zuteilung junger Aktien als Unterfall der Verletzung des Gleichbehandlungsgrundsatzes angesehen wird, die eine Anfechtbarkeit begründet[596]. Aufgrund der bereits festgestellten Vergleichbarkeit der beiden Rechtspositionen „Bezugsrecht" und „Andienungs- bzw. Erwerbsrecht" ist eine Anfechtbarkeit daher auch bei einer Verletzung von letzteren zu bejahen.

In der Praxis wird der Ausschluss des Andienungsrechts im Beschluss der Hauptversammlung regelmäßig nicht erwähnt, so dass eine Anfechtung des Beschlusses eher die Ausnahme sein dürfte. Üblich ist eine „Blanko-Ermächtigung", die auch den Rückkauf von einem einzelnen Aktionär ermöglicht. Beabsichtigt der Vorstand den Rückkauf von einem einzelnen Aktionär, so hat er dies entgegen dieser Praxis ausdrücklich in seinen Vorschlag zur Tagesordnung und damit in den entsprechenden Beschluss der Hauptversammlung aufzunehmen. Fehlen diese Angaben, so ist ein späterer Rückkauf von einem einzelnen Aktionär unzulässig. Nur falls der Ausschluss des Andienungsrechts ausdrücklich in den Beschluss der Hauptversammlung aufgenommen wurde, und sachliche Gründe für diesen Ausschluss nicht ersichtlich sind, kommt eine Anfechtung in Betracht.

---

594 Hüffer, § 243 Rn. 5; Hefermehl/Bungeroth in: Geßler/Hefermehl/Eckardt/Kropff, § 243 Rn. 13.

595 Hüffer, § 243 Rn. 21; Lutter in: Kölner Kommentar, § 243 Rn. 152.

596 Lutter in: Kölner Kommentar, § 243 Rn. 167.

Fehlt der Bericht des Vorstands zu den Gründen des Ausschlusses des Andienungs- bzw. Erwerbsrechts, so ist der Beschluss der Hauptversammlung schon aus diesem Grund anfechtbar.

Die Anfechtung des Hauptversammlungsbeschlusses wird aus diesen Gründen eher eine Ausnahme sein.

B. Rechtsschutz gegen die Durchführung des Erwerbs eigener Aktien zur Durchsetzung des Andienungsrechts bzw. des Erwerbsrechts

Der tatsächliche Rückkauf eigener Aktien erfolgt als Geschäftsführungsmaßnahme aufgrund eines Beschlusses des Vorstands. Hierzu fasst der Vorstand (ggf. unter Zustimmung des Aufsichtsrats) einen entsprechenden Beschluss, der die wesentlichen Umstände des Rückkaufs enthalten muss. Wird nicht von allen Aktionären zurückgekauft, so ist das Andienungsrecht der übrigen Aktionäre zumindest in formeller Hinsicht verletzt. Liegen auch die bereits oben erörterten Voraussetzungen des Ausschlusses des Andienungsrechts nicht vor, so stellt sich die Frage nach dem Rechtsschutz des Aktionärs.

Im Fall der Verletzung des Bezugsrechts kann der Berechtigte seinen Bezugsanspruch durch Klage gegen die Gesellschaft verfolgen. Mit Hilfe einer einstweiligen Verfügung kann der Berechtigte die Gesellschaft daran hindern, neue Aktien an Nichtberechtigte auszugeben und dadurch seinen Bezugsrechtsanspruch durchsetzen[597].

Nach der Eintragung der Kapitalerhöhung kann der Berechtigte die Gesellschaft nur noch auf Schadensersatz in Anspruch nehmen. Diese Grundsätze sind aufgrund der Vergleichbarkeit der Rechtspositionen auf die Verletzung des Andienungsrechts übertragbar, so dass auch bei dessen Verletzung eine gerichtliche Geltendmachung möglich ist. Die Kontrolle des Vorstandshandelns erfolgt zudem durch den Aufsichtsrat, der seine Zustimmung (falls diese nach dem Beschluss oder der Satzung erforderlich ist) verweigern kann. Dem Aktionär bleibt ebenfalls die Möglichkeit, dem Vorstand auf der nächsten Hauptversammlung die Entlastung zu verweigern. Falls der Gesellschaft durch das Verhalten des Vorstands ein Schaden entstanden ist, besteht ein

[597] Lutter in: Kölner Kommentar, § 186 Rn. 70; Bungeroth in: Geßler/Hefermehl/Eckardt/Kropff, § 186. Rn. 75; Hüffer, § 186 Rn. 17.

Schadensersatzanspruch gem. § 93 Abs. 2 AktG gegen das betreffende Vorstandsmitglied.

Auch die Veräußerung eigener Aktien erfolgt aufgrund eines Beschlusses des Vorstands. Werden die Aktien nicht an alle Aktionäre veräußert, so liegt – bei fehlender Ermächtigung durch die Hauptversammlung zu dieser „anderen Veräußerung" eine Verletzung des Erwerbsrechts vor. Gegen diese Veräußerung kann der Einzelaktionär mit einer Unterlassungsklage gerichtlich vorgehen, um das Handeln des Vorstands überprüfen zu lassen.

V. Zusammenfassung der Ergebnisse

1. Der Erwerb eigener Aktien ist für den Aktionär mit typischen Gefahren verbunden. Diese Gefahren können durch Betrachtung der historischen Entwicklung des Erwerbs eigener Aktien herausgearbeitet und bewertet werden. Trotz dieser Gefahren ist ein Verbot des Erwerbs eigener Aktien im Hinblick auf dessen Vorteile de lege ferenda nicht erforderlich. Aufgrund der Gefahren des Erwerbs eigener Aktien können schützenswerte Interessen der Aktionäre beim Erwerb eigener Aktien beeinträchtigt sein.

2. Die Rechtspositionen der Aktionäre beim Erwerb und der Veräußerung eigener Aktien lassen sich konkret herausarbeiten. Dabei wird der vermögensrechtliche Charakter dieser Rechtspositionen verdeutlicht. Bei der Frage nach der Rechtsposition des Aktionärs ist zu trennen zwischen dem Erwerb eigener Aktien und der anschließenden Veräußerung der eigenen Aktien durch die Gesellschaft. Beim Rückkauf durch die Gesellschaft besteht ein vermögenswertes Interesse des Aktionärs, seine Aktien der Gesellschaft zu verkaufen (Andienungsrecht). Verkauft die Gesellschaft dagegen die eigenen Aktien, so hat der Aktionär ein Interesse daran, die Möglichkeit zu erhalten, entsprechend seiner Beteiligung Aktien zu erwerben (Erwerbsrecht). Die jeweilige Interessenlage verschärft sich, wenn die Erwerbs- und Veräußerungsvorgänge nicht zu Marktbedingungen erfolgen.

3. Diese Rechtspositionen können systemkonform in das geltende Aktienrecht eingeordnet werden. Der Ausschluss dieser Rechtspositionen ist bei Vorliegen von sachlichen Gründen im Interesse der Gesellschaft zulässig. In diesem Fall ist § 186 Abs. 3 und 4 AktG analog anzuwenden. In methodischer Hinsicht bietet sich insbesondere die historische Auslegung in Verbindung mit der Rechtsanalogie (in Teilbereichen auch teleologische Methode) zum Erarbeiten von Lösungen an.

4. Der Vorstand einer Aktiengesellschaft ist nach geltendem Recht nicht zur Wahl eines bestimmten Verfahrens beim Rückkauf eigener Aktien verpflichtet.

   Weder das geltende deutsche Recht noch das europäische Recht bietet zum Schutz der hier entwickelten Rechtspositionen dienende

Vorschriften. Ein Blick auf die historische Entwicklung bestätigt, dass auch die geltende Gesetzesregelung keinen hinreichenden Schutz vor Missbrauch bietet, wenn der Vorstand aufgrund der Ermächtigung der Hauptversammlung den Rückkauf und die anschließende Veräußerung in eigener Verantwortung im Rahmen der Geschäftsführungsbefugnis ohne Zweckbindung vornehmen kann. Die vorbehaltlose Übertragung der US-amerikanischen Regelungen zur Ausgestaltung des Erwerbs eigener Aktien scheidet aufgrund zwingender Vorgaben des deutschen Rechts aus.

5. Die gesetzliche Regelung gebietet ausgehend vom Wortlaut der Norm nicht die Angabe des mit dem Erwerb eigener Aktien verfolgten Zwecks. Mit dem Rückkauf eigener Aktien werden von der Verwaltung typische Zwecke verfolgt, die im Einzelfall missbräuchlich sein können. Um den Handlungsspielraum der Verwaltung einzuschränken, ist der mit dem Erwerb eigener Aktien verfolgte Zweck entgegen dem Wortlaut des Gesetzes zwingend in den Beschluss der Hauptversammlung aufzunehmen. Dieses Ergebnis wird durch die Abgrenzung der Kompetenzen zwischen Hauptversammlung und Verwaltung gestützt.

6. De lege ferenda muss der gesetzlich vorgeschriebene Mindestinhalt der Vorschrift des § 71 Abs. 1 Nr. 8 AktG daher erweitert werden um die Angabe des Zweckes (bzw. der Zwecke) des Erwerbs eigener Aktien. Im Falle eines Rückkaufs von einem oder wenigen Aktionären muss der Ausschluss des Andienungsrechts der übrigen Aktionäre ausdrücklich im Hauptversammlungsbeschluss festgelegt werden. Der Ausschluss bedarf eines sachlichen Grundes, der in einem Vorstandsbericht zu erläutern ist (für die Veräußerung eigener Aktien sind diese Gedanken bereits im Gesetz geregelt).

7. Der im Rahmen dieser Arbeit de lege ferenda erarbeitete Vorschlag zur Ergänzung der derzeitigen gesetzlichen Regelung lautet daher wie folgt:

   § 71 Abs. 1 Nr. 8 AktG Satz 1 AktG ist wie folgt zu ergänzen und neu zu fassen (Änderungen sind durch Unterstreichung hervorgehoben):

   „..aufgrund einer höchstens 18 Monate geltenden Ermächtigung der Hauptversammlung, die den niedrigsten und höchsten Gegenwert, <u>den Zweck des Erwerbs sowie</u> den Anteil am Grundkapital, der zehn vom Hundert nicht übersteigen darf, festlegt. <u>Die Angabe von mehreren Zwecken ist zulässig</u>."

Es wird zudem die folgende Regelung vorgeschlagen:

§ 71 Abs. 1 Nr. 8 S. 5 AktG wird wie folgt neu gefasst (Änderungen sind durch Unterstreichung hervorgehoben):

„Eine andere Erwerbsmethode und Veräußerung kann die Hauptversammlung beschließen; § 186 Abs. 3, 4 und § 193 Abs. 2 Nr. 2, 3 und 4 sind in diesem Fall entsprechend anzuwenden."

8. Um diese genannten Rechtspositionen zu sichern, muss ein geeignetes Verfahren verankert sein, hierzu sind den Aktionären spezifische Informationen zur Verfügung zu stellen. Die Gesellschaft ist daher zur Information der Aktionäre über den Zweck, Beginn, Ende, Ankaufs- sowie Verkaufspreis beim Erwerb eigener Aktien und der Veräußerung eigener Aktien über die Börse verpflichtet. Diese Verpflichtung ist gesetzlich nicht geregelt, ergibt sich aber aus § 71 Abs. 3 S. 1 AktG in analoger Anwendung. Falls mehrere Transaktionen beim An- oder Verkauf erforderlich sind, sind Informationen über den groben Zeit- und Preisrahmen als ausreichend anzusehen. Der Vorstand ist in analoger Anwendung der §§ 71 Abs. 3 S. 1, 160 Abs. 1 Nr. 2 S. 2 AktG verpflichtet, die nächste Hauptversammlung über die Gründe, den Zweck, über die Zahl der veräußerten Aktien und den auf sie entfallenden Betrag des Grundkapitals, sowie über den Verkaufspreis der Aktien zu unterrichten.

Anhang 1: Vorschlag für einen Beschluss der Hauptversammlung nach § 71 Abs. 1 Nr. 8 AktG zum Erwerb eigener Aktien

Vorstand und Aufsichtsrat schlagen vor, wie folgt zu beschließen:

a) Der Vorstand wird ermächtigt, mit Zustimmung des Aufsichtsrats bis zum [18 Monate ab diesem Beschluss] eigene Aktien der Gesellschaft (Stamm- und/oder Vorzugsaktien) von bis zu 10 % des Grundkapitals zu erwerben. Die Ermächtigung kann ganz oder in Teilbeträgen, einmal oder mehrmals ausgeübt werden.

b) Der Erwerb von eigenen Aktien erfolgt über die Börse oder im Rahmen eines öffentlichen Kaufangebots der Gesellschaft. Der von der Gesellschaft gezahlte Gegenwert je Aktie darf den Schlusskurs für die Stammaktien bzw. Vorzugsaktien der Gesellschaft im XETRA-Handel (oder einem vergleichbaren Nachfolgesystem) am Handelstag vor dem Erwerb eigener Aktien bzw. im Falle eines öffentlichen Kaufangebots vor dem Tag der Veröffentlichung des öffentlichen Kaufangebots (ohne Erwerbsnebenkosten) um nicht mehr als 10 % überschreiten und um nicht mehr als 10 % unterschreiten.

c) Die Veräußerung der erworbenen eigenen Aktien hat über die Börse oder mittels eines an alle Aktionäre gerichteten öffentlichen Angebots zu erfolgen. Der Vorstand wird aber ermächtigt, mit Zustimmung des Aufsichtsrates eine andere Form der Veräußerung vorzunehmen, soweit dies im Interesse der Gesellschaft erforderlich ist, um die unter lit. d) festgelegten Zwecke des Erwerbs eigener Aktien zu erreichen. In diesem Fall darf der Veräußerungspreis für eine Aktie der Gesellschaft (ohne Veräußerungsnebenkosten) den durchschnittlichen Schlusskurs der Aktie im XETRA-Handel (oder einem vergleichbaren Nachfolgesystem) an den letzten fünf Handelstagen vor der Veräußerung der eigenen Aktien nicht wesentlich unterschreiten. Das Erwerbsrecht der Aktionäre ist in diesem Fall ausgeschlossen.

d) Die Ermächtigung wird ausschließlich zu folgenden Zwecken erteilt:

- zur Nutzung der eigenen Aktien als Akquisitionswährung

- zur Veränderung der Kapitalstruktur der Gesellschaft

- zur Einziehung der Aktien

- zur Einführung der Aktien der Gesellschaft an ausländischen Börsen, an denen diese bislang nicht gehandelt werden.

e) Der Vorstand wird weiter ermächtigt, eigene Aktien mit Zustimmung des Aufsichtsrats ohne weiteren Beschluss einzuziehen.

f) Die derzeit bestehende, durch die Hauptversammlung vom [Datum einfügen] erteilte und bis zum [Datum einfügen] befristete Ermächtigung zum Erwerb eigener Aktien wird mit Wirksamwerden dieser Ermächtigung unwirksam.

- Vorstandsbericht gem. §§ 71 Abs. 1 Nr. 8 S. 5 i.V.m. 186 Abs. 4 S. 2 AktG -

Anhang 2: Umfrage zum Inhalt der Ermächtigung der Hauptversammlung zum Erwerb eigener Aktien nach § 71 Abs. 1 Nr. 8 AktG

I. Überblick

Im Rahmen einer Untersuchung wurden im Zeitraum von Februar 2001 bis Mai 2001 vom Verfasser insgesamt 100 börsennotierte Aktiengesellschaften zum Inhalt ihrer Ermächtigung zum Erwerb eigener Aktien befragt. Insgesamt 51 Unternehmen antworteten auf die Umfrage.

II. Fragebogen

Es wurden bei der Umfrage die folgenden Fragen gestellt:

1. Wir haben neben dem Rückkauf über die Börse auch den Rückkauf über ein öffentliches Angebot an Aktionäre vorgesehen

   ☐ Ja   ☐ Nein

2. Unser Ermächtigungsbeschluß sieht vor, daß die erworbenen Aktien auch außerhalb der Börse unter Bezugsrechtsausschluß veräußert werden können

   ☐ Ja   ☐ Nein

3. Im Falle des Erwerbs über die Börse darf die maximale Abweichung des Rückkaufs- und Veräußerungspreises betragen

   ☐ 5 %   ☐ 10 %   ☐ 20 % oder mehr

4. Im Falle des Erwerbs über ein öffentliches Angebot an alle Aktionäre darf der Rückkaufspreis vom Börsenkurs maximal abweichen

□ 5 % □ 10 % □ 20 %, mehr.

5. Im Falle der Veräußerung der erworbenen eigenen Aktien unter Bezugsrechtsausschluß darf die maximale Unterschreitung des Börsenkurses betragen

□ 5 % □ 10 % □ 20 % oder mehr

□ Bezugsrechtsausschluß ist nicht vorgesehen.

6. Der Rückkauf eigener Aktien zum Zwecke der Mitarbeiterbeteiligung ist vorgesehen

□ ja □ nein

7. Die Zwecke des Rückkaufs sind abschließend in der Ermächtigung aufgeführt

□ ja □ nein

III. Befragte Unternehmen

Durch einen Rückgriff auf die Datenbank des Bundesaufsichtsamts für den Wertpapierhandel wurden gezielt 100 börsennotierte Aktiengesellschaften angeschrieben, die eine Ermächtigung zum Rückkauf eigener Aktien gem. § 71 Abs. 3 S. 3 AktG beim Bundesaufsichtsamts für den Wertpapierhandel angezeigt hatten. Alle Unternehmen, die auf die Umfrage geantwortet haben, konnten daher die gestellten Fragen gezielt und erschöpfend beantworten. Nur die Antworten dieser 51 Unternehmen werden nachfolgend ausgewertet.

IV. Ermächtigung zum Erwerb eigener Aktien über ein öffentliches Angebot

Neben dem Rückkauf eigener Aktien über die Börse besteht die Möglichkeit eines ausserbörslichen Erwerbs über ein Angebot an alle Aktionäre. Dies bedarf einer Ermächtigung durch die Hauptversammlung, die auch den Kaufpreis für das öffentliche Angebot festlegt. Über 40 % der befragten Unternehmen sehen zumindest die Möglichkeit eines Erwerbs eigener Aktien im Rahmen eines öffentlichen Angebots vor (vgl. Abb.1).

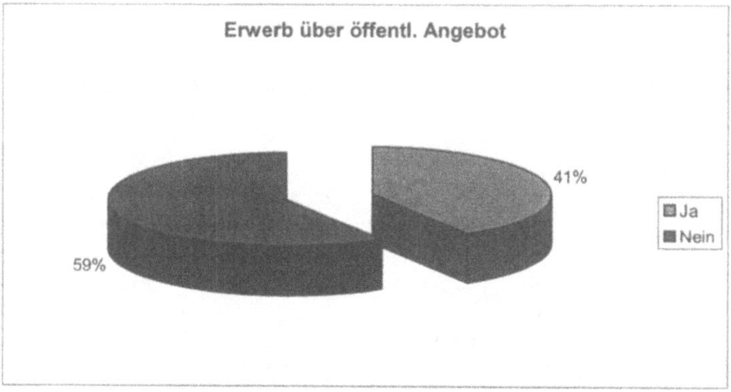

Abb. 1: Erwerb über öffentliches Angebot

V. Kaufpreis beim Erwerb eigener Aktien

Die Festlegung des Kaufpreises für den Erwerb eigener Aktien ist zwingend in den Ermächtigungsbeschluss aufzunehmen (vgl. § 71 Abs. 1 Nr. 8 S. 1 AktG). Alle befragten Unternehmen wählten die relative Anknüpfung des Kaufpreises an den Börsenkurs der Aktie. Im Rahmen der Umfrage konnte die Erkenntnis gewonnen werden, dass der mögliche Kaufpreis für den Erwerb eigener Aktien beim ausserbörslichen Erwerb eigener Aktien deutlich höher liegt als beim Erwerb über die Börse. So sehen 33 % der untersuchten Ermächtigungen beim Erwerb über ein öffentliches Angebot eine Überschreitung des Börsenkurses um bis zu 20 % vor (vgl. Abb. 2). Beim Erwerb über die Börse liegt dieser Wert mit 8 % deutlich niedriger (vgl. Abb. 3).

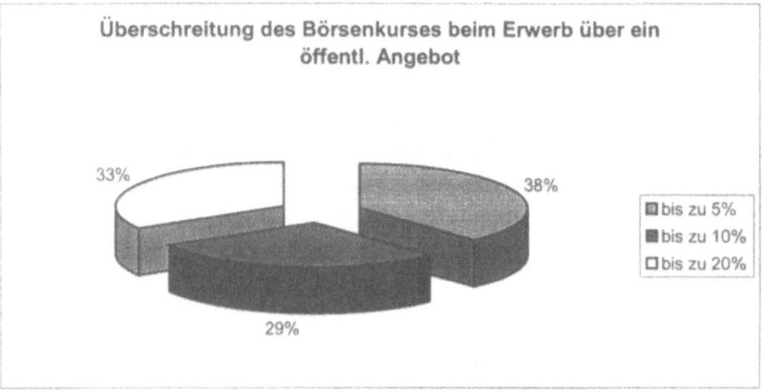

Abb.2: Überschreitung des Börsenkurses beim Erwerb über ein öffentl. Angebot

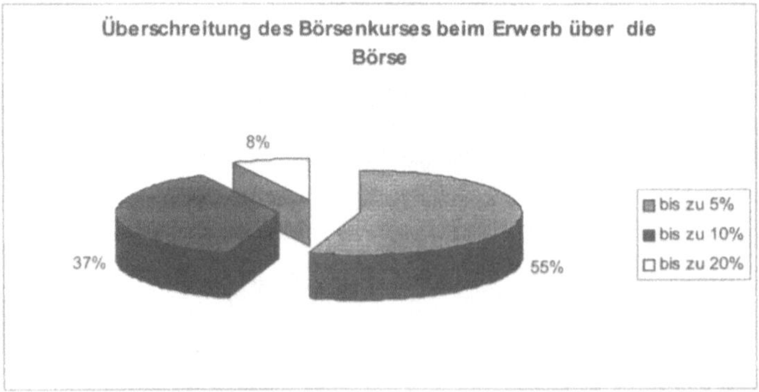

Abb. 3: Überschreitung des Börsenkurses beim Erwerb über die Börse

VI. Ausschluss des Erwerbsrechts

Über 70 % der befragten Unternehmen wurden zur Veräußerung der erworbenen eigenen Aktien unter Ausschluss des Erwerbsrechts ermächtigt (vgl. Abb.4). Dabei nutzten über 90 % die Möglichkeit eines vereinfachten Bezugsrechtsausschlusses gem. § 186 Abs. 3 S. 4 AktG mit der Folge, dass bei einer Veräußerung der erworbenen eigenen Aktien der Verkaufspreis den Börsenkurs der Aktie nicht mehr 5 % unterschreiten darf (vgl. Abb. 5). Bis zu dieser Grenze liegt ein „unwesentliches" Unterschreiten des Börsenkurses i.S.v. § 186 Abs. 3 S. 4 AktG vor.

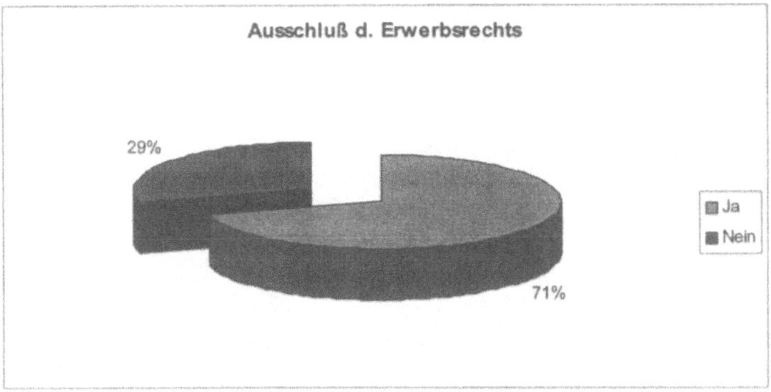

Abb. 4: Ausschluss des Erwerbsrechts

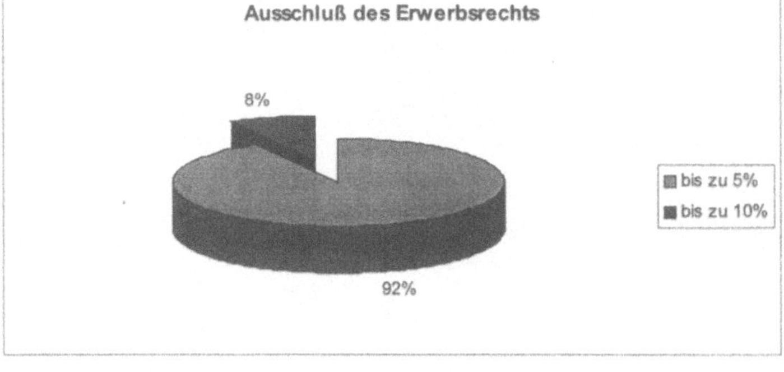

Abb. 5: Unterschreitung des Börsenkurses; Veräußerung bei Ausschluss des Erwerbsrechts

VII. Erwerb eigener Aktien zum Zwecke der Mitarbeiterbeteiligung

Nach der Umfrage haben knapp 30 % der befragten Unternehmen einen Erwerb eigener Aktien zum Zwecke der Mitarbeiterbeteiligung vorgesehen (vgl. Abb. 6). Dies hat für diese Unternehmen zur Folge, dass für den Ermächtigungsbeschluss § 193 Abs. 2 Nr. 4 AktG zu beachten ist.

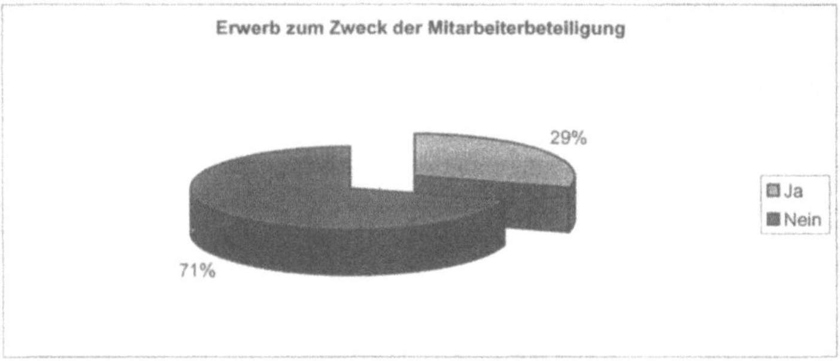

Abb. 6: Erwerb zum Zweck der Mitarbeiterbeteiligung

VIII. Abschließende Festlegung von Zwecken des Erwerbs eigener Aktien

Erstaunlich ist die Tatsache, dass immerhin knapp die Hälfte der befragten Unternehmen freiwillig die Zwecke des Rückkaufs eigener Aktien abschließend in die Ermächtigung aufgenommen haben (vgl. Abb. 7).

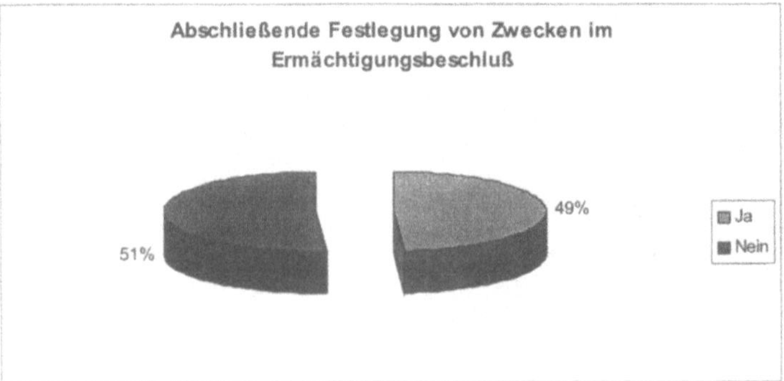

Abb. 7: Abschließende Festlegung von Zwecken im Ermächtigungsbeschluss

Literaturverzeichnis

Achleitner Ann-Kristin/ Daniel Wichels	Aktienrückkaufprogramme – Beratungsaufgabe für Investmentbanken, Die Bank 1999, S. 703 ff
Adams, Michael	Die Ursurpation von Aktionärsbefugnissen mittels Ringverflechtung in der „Deutschland AG“, AG 1994, S. 148 ff
Aha, Christof	Verbot des Erwerbs eigener Aktien nach den §§ 71 ff. AktG und eigener Genussscheine nach § 10 Abs. 5 Satz 5 KWG, AG 1992, 218 ff
Ankele, Jörg	Zum Vorschlag der Kommission der Europäischen Gemeinschaften für eine Zweite gesellschaftsrechtliche Richtlinie, BB 1970, S. 988 ff
Assmann, Heinz-Dieter/Schneider, Uwe H.	Wertpapierhandelsgesetz, Kommentar, 2. Aufl. 1999 (zit.: Bearbeiter in Assmann/Schneider)
Auerbach, W.	Das Actienwesen, 1873
Bagwell, Laurie Simon / Shoven, John B.	Cash Distributions to Shareholders, in: Journal of Economic Perspectives – Vol. 3 No. 3 Summer 1989 , S. 129 – 140 (zit.: Bagwell/Shoven 1989)
Baumbach/Hefermehl,	Wechselgesetz und Scheckgesetz, 19. Aufl. (1995)
Benckendorff, Andreas	Erwerb eigener Aktien im deutschen Recht und US-amerikanischen Recht, 1998
Bertheim, Curt	Erwerb eigener Aktien, 1933
Bilanzkommentar	Beckscher Bilanzkommentar, 2. Aufl. München 1990 (zit.: Bearbeiter in: Beckscher Bilanzkommentar)
Bosse, Christian	Handel in eigenen Aktien durch die Aktiengesellschaft, WM 2000, S. 806 ff

ders.:	Die Zulässigkeit des individuell ausgehandelten Rückkaufs eigener Aktien („Negotiated repurchase“) in Deutschland, NZG 2000, S. 16 ff
ders.:	Melde- und Informationspflichten nach dem Aktiengesetz und Wertpapierhandelsgesetz im Zusammenhang mit dem Rückkauf eigener Aktien, ZIP 1999, S. 2047 ff
ders.:	Mitarbeiterbeteiligung und Erwerb eigener Aktien, NZG 2001, S. 594 ff.
ders.:	Probleme des Rückkaufs eigener Aktien, NZG 2000, S. 923 ff.
Bösselmann, Kurt	Die Entwicklung des deutschen Aktienwesens im 19. Jahrhundert, Berlin 1939 (zit.: Bösselmann, Entwicklung des Aktienwesens)
Bradley, Michael / Wakeman, L. Macdonald	The Wealth Effects Of Targeted Share Repurchases, in: Journal of Financial Economics 11 (1983) S. 301-328 (zit.: Bradley/Wakeman, 1983)
Brinkmann/Endemann	Lehrbuch des Handelsrechts, 1860
Brodmann, Erich	Aktienrecht, Kommentar, 1928
Büdenbender, Ulrich	Eigene Aktien und Aktien an der Muttergesellschaft (I), DZWiR 1998, S. 1 ff
Büdenbender, Ulrich	Eigene Aktien und Aktien an der Muttergesellschaft (II), DZWiR 1998, S. 55 ff
Bundesministerium der Finanzen	Schreiben zur Steuerrechtlichen Behandlung des Erwerbs eigener Aktien vom 2.12.1998 (IV C 6 – S 2741-12/98), veröff: DStR 1998, S. 2011 ff

Bundesrath	Entwurf eines Gesetzes betreffend die Kommanditgesellschaft auf Aktien und die Aktiengesellschaft nebst Begründung und Anlagen, Vorgelegt dem Bundesrath am 7. September 1883, Berlin 1883 (zit.: Entwurf eines Gesetzes über die Aktiengesellschaften (1883))
Bungert, Hartwin/Hentzen, Matthias	Kapitalerhöhung zur Durchführung von Verschmelzung oder Abspaltung bei parallelem Rückkauf eigener Aktien durch die übertragende Gesellschaft, DB 1999, S, 2501 ff
Burckhardt, Sebastian	Der Erwerb eigener Aktien und Stammanteile, 1983
Burgard, Ulrich	Die Berechnung des Stimmrechtsanteils nach §§ 21-23 WpHG, BB 1995, S. 2069 ff
Butzke, Volker	Gesetzliche Neuregelungen beim Erwerb eigener Aktien, WM 1995, 1389 ff
Cahn, Andreas/ Farrenkopf, Stefan	Abschied von der qualifizierten wechselseitigen Beteiligung ?, AG 1984, S. 178 ff
Castan, Edger	Rückkauf eigener Aktien, WiSt 1997, S. 465 ff
Claussen, Carsten P.	Wie ändert das KonTraG das Aktiengesetz ? , DB 1998, S. 177 ff
Claussen, Casten Peter	25 Jahre deutsches Aktiengesetz von 1965 (II) , AG 1991, S. 10 ff
Comment, Robert / Jarell, Gregg A.	The Relative Signalling Power of Dutch-Auction and Fixed-Price Self Tender Offers and Open-Market Share Repurchases in: : Journal of Finance Vol. XLVI, No. 4 September 1991 S. 1343 ff (zit.: Comment/Jarell, 1991)

Daimler Chrysler AG	Aktienrückkaufsermächtigung unter TOP 9 der Tagesordnung zur ordentlichen Hauptversammlung der Daimler Chrysler AG am 19. April 2000
Dann, Larry Y.	Common Stock Repurchases: An Analysis of Returns to Bondholders and Stockholders in: Journal of Financial Economics 9 (1981) S. 113-138 (zit.: Dann, 1981)
Dann, Larry Y. / DeAngelo, Harry	Standstill Agreements, Privately Negotiated Stock Repurchases, And The Market for Corporate Control, in: Journal of Financial Economics 11 (1983) S. 275-300 (zit.: Dann/DeAngelo 1983)
Deutsche Telekom AG	Aktienrückkaufsermächtigung unter TOP 13 der Tagesordnung zur ordentlichen Hauptversammlung der Deutsche Telekom AG am 25.5.2000 (S. 11)
Deutscher Anwaltsverein	Referentenentwurf zur Änderung des Aktiengesetzes („KonTraG") – Stellungnahme des DAV, ZIP 1997, S. 163 ff
Deutsches Aktieninistitut e.V.	Der Erwerb eigener Aktien durch die Gesellschaft, Stellungnahme für das Bundesministerium der Finanzen, Dezember 1995 (zit.: DAI, Stellungnahme Aktienrückkauf)
Deutsches Aktieninistitut e.V.	Der Erwerb eigener Aktien in Deutschland, Ergebnisse einer Untersuchung des Deutschen Aktieninstituts zum Rückkauf eigener Aktien durch die Gesellschft, Juni 1999 (zit.: Deutsches Aktieninstitut, Erwerb eigener Aktien).
Düringer-Hachenburg	Das Handelsgesetzbuch, Kommentar, kommentiert von Ring, Fritz/Flechtheim, Julius/Hachenburg, Max, III. Band / 1. Teil (§§ 178-230 a), 3. Aufl. 1934 (zit.: Düringer/Hachenburg-Bearbeiter)

Eberstadt, Gerhardt	Rückkauf eigener Aktien – ein wichtiges Element zur Stärkung des Finanzplatzes Deutschland, WM 1996, S. 1809 ff
Escher-Weingart, Christina/Kübler, Friedrich	Erwerb eigener Aktien, ZHR 162 (1998), 537 ff
EU Kommission	Vorschlag einer Takeover Richline 1997, abgedr. in ZIP 1997, S. 2172 ff
Flechtheim	Zur Aktienrechtsnovelle, BankA 1931, S. 10 ff
Flechtheim	Zur Aktienrechtsnovelle, eine Ergänzung, BankA 1931, S. 65 ff
Fleischer, Holger	Finanzielle Unterstützung des Aktienerwerbs und Leveraged Buyout, AG 1996, S. 494 ff
Fürhoff, Jens/Wölk, Armin	Aktuelle Fragen zur Ad hoc Publizität, WM 1997, S. 449 ff
Gadow , W.	Großkommentar Aktiengesetz, bearbeitet von Gadow, Eberhard Schmidt, E. Heinrichen, W. Schmidt, Berlin 1939 (zit.: Gadow, Großkommentar Aktiengesetz)
Ganske, Joachim	Das Zweite gesellschaftsrechtliche Koordinierungsgesetz vom 13. Dezember 1978, NJW 1978, S. 2461 ff
Geiger, Martin	Der Erwerb eigener Aktien im schwedischen Recht, AG 1997, S. 163 ff
Gessler, Ernst	Die Behandlung eigener Aktien bei der Verschmelzung, in: Festschrift für Wolfgang Schilling, 1973, S. 145 ff

Geßler, Ernst/Hefermehl, Wolfgang/ Eckhardt, Ullrich/Kropff, Bruno	Aktiengesetz, Kommentar, Band I, §§ 1-75, 1973-1984 (zit.: {Bearbeiter} in: Geßler/Hefermehl/Eckardt/Kropff)
	Aktiengesetz, Kommentar, Band III, §§ 148-178, 1973 (zit.: {Bearbeiter} in: Geßler/Hefermehl/Eckardt/Kropff)
	Aktiengesetz, Kommentar, Band IV, §§ 179-240, 1988-1993 (zit.: {Bearbeiter} in: Geßler/Hefermehl/Eckardt/Kropff)
Giger, Ernst	Der Erwerb eigener Aktien aus aktienrechtlicher und steuerrechtlicher Sicht, Bern 1995
Goldschmidt, L.	Herabsetzung des Grundkapitals einer Aktiengesellschaft durch Ankauf und Amortisation eigener Aktien, ZHR 21 (1876), S. 1 ff
Goldschmit, Friedrich	Die Aktiengesellschaft, Handelsgesetzbuch § 178 bis § 319, München 1927 (zit.: Goldschmit, Aktiengesellschaft)
Grunewald, Barbara	Austrittsrechte als Folge von Mischverschmelzungen und Verfügungsbeschränkungen (§ 29 UmwG) in: Festschrift für Boujong, 1996 S. 175 ff
Günther, Thomas/Muche, Thomas/White, Mark	Zulässigkeit des Rückkaufs eigener Aktien in den USA und Deutschland – vor und nach KonTraG, RdIW 1998, S. 337 ff
Habersack, Mathias/Mayer, Christian	Der neue Vorschlag 1997 einer Takeover Richtlinie – Überlegungen zur Umsetzung in das nationale Recht, ZIP 1997, S. 2141 ff
Hampel, Volker	Erwerb eigener Aktien und Unternehmenskontrolle, Beiträge zur Theorie der Finanzmärkte, Nr. 10, Frankfurt 1994 (zit.: Hampel, Erwerb eigener Aktien)

Heinsius, Theodor	Die Ausführung einer Verkaufskommission in eigenen Aktien durch ein Kreditinstitut und das Verbot des Erwerbs eigener Aktien nach § 71 AktG, AG 1988, S. 253 ff
Henn, Günter	Handbuch des Aktienrechts, 6. Aufl. 1998
Henn, Günther	Die Gleichbehandlung der Aktionäre in Theorie und Praxis, AG 1985, S. 240 ff
Hettlage, Manfred	Die AG als Aktionär, AG 1981, S. 92 ff
Hoffmann-Becking, Michael (Hrsg.)	Münchner Handbuch zum Gesellschaftsrecht , Band 4. Aktiengesellschaft, München 1988 (zit.: Münchner Handbuch Aktiengesellschaft)
Hopt, Klaus J.	Aktionärskreis und Vorstandsneutralität, in: ZGR 1993, S. 535 ff
Hopt, Klaus J.	Ideelle und wirtschaftliche Grundlagen der Aktien- Bank- und Börsenrechtsentwicklung im 19. Jahrhundert: Wissenschaft und Kodifikation des Privatrechts im 19. Jahrhundert; Bd. 5, 1980 (zit.: Hopt, Ideele und wirtschaftliche Grundlagen)
Hopt, Klaus J.	Europäisches und deutsches Übernahmerecht, ZHR 161 (1997), S. 368 ff
Huber, Ulrich	Zum Aktienerwerb durch ausländische Tochtergesellschaften, in: Festschrift für Konrad Duden zum 70. Geburtstag, München 1977, S. 137 ff
Huber, Ulrich	Rückkauf eigener Aktien, in: Festschrift für Bruno Kropff, Düsseldorf 1997, S. 101 ff
Hüffer, Uwe	Aktiengesetz Kommentar, 4. Aufl. 1999 (zit.: Hüffer, Aktiengesetz)

Hüffer, Uwe	Harmonisierung des aktienrechtlichen Kapitalschutzes, NJW 1979, S. 1065 ff
Jolls, Christine	Stock Repurchases and incentive Compensation, in: Working Paper No. 6467, National Bureau of Economic Research, Cambridge (zit.: Jolls, Stock Repurchases)
Kale, Jayant R. / Noe, Thomas H. / Gay, Gerald D.	Share Repurchase Through Transferable Put Rights: Theory and Case Study, in: Journal of Financial Economics 25 (1989) S. 141 ff (zit.: Kale/Noe/Gay 1989)
Kallmeyer, Harald	Pflichtangebote nach dem Übernahmekodex und dem neuen Vorschlag 1997 einer Takeover-Richtlinie, ZIP 1997, S. 2147 ff
Kalss, Susanne	Der Erwerb eigener Aktien im österreichischen Recht, AG 1996, S. 550 ff
Karsten Schmidt	Gesellschaftsrecht, 3. Aufl. 1997
Kessler, Manfred	Die Leitungsmacht des Vorstandes einer Aktiengesellschaft (II), AG 1995, S. 120 ff
Kiem, Roger	Der Erwerb eigener Aktien bei der kleinen AG, ZIP 2000, S. 209 ff
Kindl, Johann	Der Erwerb eigener Aktien nach dem KonTraG, DStR 1999, S. 1276 ff
Kleindiek, Detlev	Stock Options und Erwerb eigener Aktien, ZGR 1998, S. 23 ff
Klingenberg, Dietgard	Der Aktienrückkauf nach dem KonTraG aus bilanzieller und steuerlicher Sicht, BB 1998, S. 1575 ff

Koeppel, Wilhelm	Oeffentlichkeit und Aktienrecht zur Kurspflege, BankA 31/32, S. 74 ff
Kölner Kommentar zum Aktiengesetz	Band 1 §§ 75-75 AktG, 2. Aufl. 1986-1988 (zit.: {Bearbeiter} in: Kölner Kommentar)
	Band 2, §§ 76 –117 AktG und Mitbestimmung im Aufsichtsrat, 2. Aufl. 1988-1996 (zit.: {Bearbeiter} in: Kölner Kommentar)
	Band 4 Rechnungslegung der Aktiengesellschaft, §§ 238-289, 316-330, 340-340o HGB, §§ 150, 152, 170-176 AktG 2. Aufl. 1989-1991 (zit.: {Bearbeiter} in: Kölner Kommentar)
Korte, Heinz W.	Aktienerwerb und Kapitalschutz bei Umwandlungen, WiB 1997, S. 953 ff
Kraft, Gerhard/Altvater, Christian	Die zivilrechtliche, bilanzielle und steuerliche Behandlung des Rückkaufs eigener Aktien, NZG 1998, S. 448 ff
Kröner, Michael/ Hadzic, Edin	Der Erwerb eigener Anteile nach § 71 Abs. 1 Nr. 8 AktG unter Berücksichtigung von § 50c EStG, DB 1998, S. 2133 ff
Kropff, Bruno	Aktiengesetz, Textausgabe des Aktiengesetzes vom 6.9.1965 mit Begründung des Regierungsentwurfs und Bericht des Rechtsausschusses des Deutschen Bundestags, Düsseldorf 1965
Larenz, Karl	Methodenlehre der Rechtswissenschaft, 6. Aufl. Heidelberg 1991
Lehmann, Karl	Das Recht der Aktiengesellschaften, Zweiter Band, Berlin 1904

Leven, Franz-Josef	Der Erwerb eigener Aktien – Ein neues Instrument des Eigenkapitalmanagements und seine Bedeutung für den Privatanleger in: Die Aktie im Aufwind, Wiesbaden 1998
Lingemann, Stefan/Wasmann, Dirk	Mehr Kontrolle und Transparenz im Aktienrecht: Das KonTraG tritt in Kraft, BB 1998, S. 853 ff
Löwenfeldt	Das Recht der Actiengesellschaften – Kritik und Reformvorschläge, 1879 (zit.: Löwenfeldt, Reformvorschläge)
Lutter, Marcus	Stellungnahme zur Aktienrechtsreform 1997, in AG/S 1997, S. 52 ff
Lutter, Marcus	Die entgeltliche Ablösung von Anfechtungsrechten – Gedanken zur aktiven Gleichbehandlung im Aktienrecht , ZGR 1978, S. 346 ff
Lutter, Markus/Gehling, Christian	Entgeltliche Kurspflegevereinbarung bei einer Neuemission, WuB II A. § 71 a AktG 1.92
Lutter/Hommelhoff	GmbHG Kommentar, 13. Aufl. Köln 1991
Martens, Klaus Peter	Erwerb und Veräußerung eigener Aktien im Börsenhandel, AG 1996, S. 337 ff
Martens, Klaus Peter	Eigene Aktien und Stock Options in der Reform, AG S/1997, S. 83 ff
Martens, Klaus Peter	Der Erwerb eigener Aktien zum Umtausch im Verschmelzungsverfahren, in: Festschrift für Boujong, 1996, S. 335 ff
Michalski, Lutz	Abwehrmechanismen gegen unfreundliche Übernahmeangebote („unfriendly takovers“) nach deutschem Aktienrecht, AG 1997, S. 152 ff

Mick, Marcus	Aktien- und bilanzsteuerrechtliche Implikationen beim Einsatz von Eigenkapitalderivaten beim Aktienrückkauf, DB 1999, S. 1201 ff
Mick, Marcus/Wiese, Tobias	Erwerb eigener Anteile und § 50c EstG, DStR 1998, S. 1201 ff
Miller, James M. / McConnel, John J.	Open-Market Share Repurchase Programs and Bid-Ask Spreads on the NYSE: Implications for Corporate Payout Policy, in: Journal of Financial and Quantitative Analysis Vol. 30 No. 3 September 1995 S. 365-382 (zit.: Miller/Mc Connel, 1995)
Müller, Welf	Zum Entwurf eines Gesetzes zur Durchführung der zweiten Richtlinie des Rates der Europäischen Gemeinschaften zur Koordinierung des Gesellschaftrechts (Kapitalschutzrichtlinie), WPg 1978, S. 565 ff
Müller-Graff, Peter-Christian	Europäisches Gemeinschaftsrecht und Privatrecht, NJW 1993, S. 13 ff
Neye, Hans-Werner	Der Vorschlag 1997 einer Takeover-Richtlinie, ZIP 1997, S. 2172 ff
Nobel, Peter	Die Regelungen des Erwerbs und des Umgangs mit eigenen Aktien im Schweizer Aktienrecht, AG 1996, S. 443 ff
Nohel, Tom / Tarhan, Vefa	Share Repurchases and Firm Performance: New Evidence On The Agency Costs Of Free Cash Flow, in Journal of Financial Economics 49 (1998) S. 187-222 (zit.: Nohel/Tarhan, 1998)
o.V.	Aktienrückkauf fördert shareholder value, HB v. 10.6.1996, S. 17
o.V.	Börsenzeitung vom 27.7.1999 S. 18: Kögel rechnet mit weniger Umsatz

o.V.	FAZ v. 14.8.1999, S. 14: Aktienrückkaufprogramm bei Hoechst abgeschlossen
o.V.	Börsenzeitung vom 1.7.1999, Zweifel am Konzept der Berliner Elektro, S. 13
o.V.	Pressemitteilung der BASF AG vom 8.3.2000, Größter Aktienrückkauf in Deutschland startet
o.V.	FAZ vom 4.8.1998, Gleichbehandlung der Aktionäre gefährdet, S.13
o.V.	FAZ vom 18.11.1999, Die ENBW verweigert ihre Zustimmung zur Zerschlagung der AGIV, S. 21
o.V.	Börsenzeitung vom 25.8.1999, Jenoptik kauft eigene Aktien, S. 21
o.V.	Handelsblatt vom 25.6.1999 S. 13: RWE wendet sich dem Kunden zu: Die Vorzugsaktien sollen eliminiert werden.
Oser, Peter	Pflicht zur (Neu-) Bildung der Rücklage für eigene Aktien im Konzernabschluß ? DB 1999, S. 1125-1127
Paefgen, Walter	Eigenkapitalderivate bei Aktienrückkäufen und Managementbeteiligungsmodellen, AG 1999, S. 67 ff
Paus, Bernhard	Teilwertabschreibungen und verdeckte Gewinnausschüttungen bei eigenen Anteilen, BB 1998, S. 2138 ff
Pellens, Bernhard /Schremper, Ralf	Aktienrückkauf in Deutschland, Arbeitsbericht Nr. 76, 1999 (zit.: Pellens/Schremper, Aktienrückkauf)
Peltzer, Oliver	Die Neuregelungen des Erwerbs eigener Aktien im Lichte der historischen Erfahrungen, WM 1998, S. 322 ff

Persons, John C.	Signalling and Takover Deterrence with Stock Repurchases: Dutch Auctions versus Fixed Price Tender Offers, in: Journal of Finance Vol. XLIX, No. 4 September 1994 S. 1373 ff (zit.: Persons, 1989)
Piepenburg, Manfred	Sind die Vorschriften zum Rückkauf eigener Aktien noch zeitgemäß ? BB 1996, S. 2582 ff
Pluta, Jörg	Der Rückkauf eigener Aktien – die Sicht der Investoren, Manuskript der Rede, die anläßlich der Veranstaltung des DAI zu Rückkauf eigener Aktien im Rahmen der internationalen Anlegermesse in Düsseldorf am 8.11.1996 gehalten worden ist (zit.: Pluta, Erwerb eigener Aktien)
Pöhls	Das Recht der Aktiengesellschaften, 1842
Posner, Dirk	Der Erwerb eigener Aktien in der US amerikanischen Unternehmenspraxis, AG 1994, S. 312 ff
Rams, Andreas	Aktienrückkauf: Flexibilisierung der Unternehmensfinanzierung, Die Bank 1997, S. 216 ff
Referentenentwurf zur Änderung des Aktiengesetzes („KonTraG“)	Abgedr. in: ZIP 1996, S. 2129 ff
Reichert, Jochem/Harbarth, Stephan	Veräußerung und Einziehung eigener Aktien, ZIP 2001, S. 1441 ff.
Reichsjustitzministerium	Entwurf eines Gesetzes über Aktiengesellschaften und Kommanditgesellschaften sowie Entwurf eines Einführungsgesetzes nebst erläuternden Bemerkungen, veröffentlicht durch das Reichsjustizministerium, Berlin 1930 (zit: Entwurf eines Gesetzes über Aktiengesellschaften 1930)
Ruth, Rudolf	Eigene Aktien und Verwaltungsaktien, 1928

SAP AG	Aktienrückkaufsermächtigung unter TOP 2 der Tagesordnung zur außerordentlichen Hauptversammlung der SAP AG am 18.1.2000, S. 26
Saria, Gerhard	Schranken beim Erwerb eigener Aktien nach § 71 Abs. 1 Nr. 8 AktG, NZG 2000, S. 458 ff
Schäfer, Frank A.	Zulässigkeit und Grenzen der Kurspflege, WM 1999, S. 1345 ff
Schanz, Kay-Michael	Feindliche Übernahmen und Strategien der Verteidigung, NZG 2000, S. 337 ff
Schlaus, Wilhelm	Auskauf opponierender Aktionäre, AG 1988, S. 113 ff
Schmalenbach Gesellschaft, Arbeitskreis „Externe Unternehmensrechnung“	Behandlung „eigener Aktien“ nach deutschem Recht und US-GAAP unter besonderer Berücksichtigung der Änderungen des KonTraG, DB 1998, S. 1673 ff
Schmiansky, Bunte, Lwowoski	Bankrechts-Handbuch, Band III, 1997
Schmid, Hubert	Eigene Aktien nach der Neuregelung durch das KonTraG, DB 1998, S. 1785 ff
Schmid, Hubert/Wiese, Götz Tobias	Bilanzielle und steuerliche Behandlung eigener Aktien, DStR 1998, S. 993 ff
Schmidt, Kerstin	Wechselseitige Beteiligungen im Gesellschafts- und Kartellrecht, 1995
Schmidt, Ludwig (Hrsg.)	Kommentar zum Einkommenssteuerrecht, 17. Aufl. München 1998 (zit.: Schmidt, EstG)
Schockenhoff, Martin/Wagner, Eike	Ad-hoc Publizität beim Aktienrückkauf, AG 1999, S. 548 ff

Schön, Siegfried	Geschichte und Wesen der eigenen Aktie, 1937
Schubert, Werner/ Hommelhoff, Peter	Die Aktienrechtsreform am Ende der Weimarer Republik, 1987 (zit.: Schubert/Hommelhoff, Aktienrechtsreform)
Seibert, Ulrich	Kontrolle und Transparenz im Unternehmensbereich (KonTraG) – Der Referenten Entwurf zur Aktienrechtsnovelle, WM 1997, S. 1 ff
Sinha, Sidharth	Share Repurchase as a Takover Defense, in: Journal of Financial and Quantitative Analysis Vol. 26 No. 2 June 1991 S. 233 ff (zit.: Sinha 1991)
Skog, Rolf	Der Erwerb eigener Aktien: Reformbestrebungen in den EU Mitgliedsstaaten, ZGR 1997, S. 306 ff
Streck, Michael	Körperschaftssteuergesetz, 5. Aufl. 1997 (zit.: Streck, KStG)
Thiel, Jochen	Bilanzielle und steuerliche Behandlung eigener Aktien nach der Neuregelung des Aktienerwerbs durch das KonTraG, DB 1998, S. 1583 ff
Thiel, Jochen	Replik zum Beitrag von Hubert Schmidt in DB 1998, S. 1785-1786, DB 1998, S. 1786 ff
Thömmes, Otmar	Steht dem Tochterunternehmen aus dem Besitz von Aktien der Muttergesellschaft eine Dividende zu ?, AG 1987, S. 34 ff
Van Aerssen, Rick	Erwerb eigener Aktien und Wertpapierhandelsgesetz: Neues von der Schnittstelle Gesellschaftsrecht/Kapitalmarktrecht, in: WM 2000, S. 391 ff
Vermaelen, Theo	Common Stock Repurchases and Market Signalling: An Empirical Study, in: Journal of Financial Economics 9 (1981) S. 139 ff (zit.: Vermaelen, 1981)

Von Kräwel	Der Rückkauf eigener Actien, Archiv für Theorie und Praxis des Allgemeinen Deutschen Handels- u. Wechselrechts 29 (1874) S. 12 ff (zit.: von Kräwel, Busch's Archiv 29)
Von Rosen, Rüdiger	Der Rückkauf eigener Aktien – Ein Instrument der Shareholder Value Politik, Manuskript der Rede, die anläßlich der Veranstaltung des DAI zu Rückkauf eigener Aktien im Rahmen der internationalen Anlegermesse in Düsseldorf am 8.11.1996 gehalten worden ist (zit.: vRosen, Erwerb eigener Aktien)
Von Rosen, Rüdiger/ Helm, Leonhard	Der Erwerb eigener Aktien durch die Gesellschaft, AG 1996, 434 ff
Von Völderndorff	Das Reichsgesetz über Kommanditgesellschaften auf Aktien und die Aktiengesellschaften vom 18. Juli 1884, 1885 (zit.: Von Völderndorff, Reichsgesetz)
Wastl, Ulrich	Erwerb eigener Aktien nach dem Referentenentwurf zur Änderung des AktG und HGB, DB 1997, S. 461 ff
Wastl, Ulrich/Wagner, Franz	Wechselseitige Beteiligungen im Aktienrecht, AG 1997, S. 241 ff
Wastl, Ulrich/Wagner, Franz/Lau, Thomas	Der Erwerb eigener Aktien aus juristischer Sicht, Frankfurt 1997
Wastl/Wagner	Das Phänomen der wechselseitigen Beteiligung aus juristischer Sicht, 1997
Watter, Rolf	Kursmanipulationen am Aktienmarkt unter Berücksichtigung von sogenannten Stützungskäufen, SZW 1990, S. 193 ff
Weiß, Daniel M.	Aktienoptionspläne für Führungskräfte, Köln 1998; (zit: Weiß, Aktienoptionspläne)
Welkamer	Die eigene Aktie und die Unternehmung, 1933

Wiese, Götz Tobias	Die steuerliche Behandlung des Aktienrückkaufs im Lichte des BMF-Schreibens vom 2.12.1998, DStR 1999, S. 187 ff
Wiese, Götz Tobias	KonTraG: Erwerb eigener Aktien und Handel in eigenen Aktien, DB 1998, S. 609
Wolf, Martin	Konzerneingangsschutz bei Übernahmeangeboten, AG 1998, S. 212 ff
Würdinger, Hans	Aktienrecht, 1959
Ziebe, Jürgen	Der Erwerb eigener Aktien und eigener GmbH-Geschäftsanteile in den Staaten der Europäischen Gemeinschaft, 1982. (zit. Ziebe, Erwerb eigener Aktien)
Ziebe, Jürgen	Die Regelung des Erwerbs eigener Aktien in den Mitgliedstaaten der Europäischen Gemeinschaft, AG 1982, S. 175 ff
Zilias, Manfred/Lanfermann, Josef	Die Neuregelung des Erwerbs und Haltens eigener Aktien (Teil I), WPg 1980, S. 89 ff
Zilias, Manfred/Lanfermann, Josef	Die Neuregelung des Erwerbs und Haltens eigener Aktien (Teil II), WPg 1980, S. 61 ff
Zimmer, Daniel	Das Gesetz zur Kontrolle und Transparenz im Unternehmensbereich, NJW 1998, S. 3521 ff
Zippelius, Reinhold	Juristische Methodenlehre, München 1999
Zöllner, Wolfgang	Wertpapierrecht, 14. Auflage München 1987

Ralf Schremper

Aktienrückkauf und Kapitalmarkt

Eine theoretische und empirische Analyse deutscher Aktienrückkaufprogramme

Frankfurt/M., Berlin, Bern, Bruxelles, New York, Oxford, Wien, 2002.
XXVII, 298 S., 39 Abb., zahlr. Tab.
Bochumer Beiträge zur Unternehmungsführung und Unternehmensforschung. Herausgegeben vom Direktorium des Instituts für Unternehmungsführung und Unternehmensforschung der Ruhr-Universität Bochum. Bd. 63
ISBN 3-631-39356-3 · br. € 50.10*

Seit 1998 können deutsche Aktiengesellschaften den Erwerb eigener Aktien als Instrument der Finanzierungspolitik nutzen. Über hundert deutsche Gesellschaften haben bereits davon Gebrauch gemacht. Allerdings gehen die Meinungen über Sinn und Nutzen von deutschen Rückkaufprogrammen noch weit auseinander. In dieser Arbeit wird daher zunächst analysiert, welche Rahmenbedingungen deutsche Gesellschaften beim Erwerb eigener Anteile berücksichtigen müssen. Darauf aufbauend werden erstmals die tatsächlichen Kursreaktionen deutscher Aktienrückkaufprogramme empirisch untersucht. Schließlich werden mögliche Erwerbsmotive zur Durchführung von Rückkäufen systematisiert sowie empirisch eruiert, inwieweit diese Motive die gemessenen Kursreaktionen erklären können. Die Arbeit richtet sich zum einen an Wissenschaftler auf dem Gebiet der empirischen Kapitalmarktforschung und zum anderen an Investmentbanker, Unternehmensberater sowie Mitarbeiter börsennotierter Gesellschaften aus den Bereichen Finanzen, Rechnungswesen, Unternehmensplanung und Investor Relations.

Kolibri 360 GmbH
Ferdinand-Jühlke-Straße 7
99095 Erfurt, Deutschland
produktsicherheit@kolibri360.de

Druck:
CPI Druckdienstleistungen GmbH
im Auftrag der
Kolibri 360 GmbH
Ferdinand-Jühlke-Str. 7
99095 Erfurt